中國学術思想 研究輯刊

四 編

林 慶 彰 主編

第 15 冊

從古代的生命禮儀透視其生死觀：
以《禮記》為主的現代詮釋

林 素 英 著

花木蘭文化出版社

國家圖書館出版品預行編目資料

從古代的生命禮儀透視其生死觀：以《禮記》為主的現代詮
釋／林素英 著 — 再版 — 台北縣永和市：花木蘭文化出版社，
2009〔民98〕

序 2、目 2+192 面：19×26 公分
（中國學術思想研究輯刊 四編；第 15 冊）

ISBN：978-986-6449-14-7（精裝）

1. 禮記 2. 生命禮儀 3. 生死觀 4. 研究考訂

531.27   98001927

ISBN - 978-986-6449-14-7

9 789866 449147

中國學術思想研究輯刊

四　編　第十五冊　　　　　　　　ISBN：978-986-6449-14-7

從古代的生命禮儀透視其生死觀：
以《禮記》爲主的現代詮釋

作　　　者　林素英

主　　　編　林慶彰

總 編 輯　杜潔祥

出　　　版　花木蘭文化出版社

發 行 所　花木蘭文化出版社

發 行 人　高小娟

聯絡地址　台北縣永和市中正路五九五號七樓之三

　　　　　電話：02-2923-1455 ／傳眞：02-2923-1452

網　　　址　http://www.huamulan.tw 信箱 sut81518@ms59.hinet.net

印　　　刷　普羅文化出版廣告事業

封面設計　劉開工作室

再　　　版　2009 年 3 月

定　　　價　四編 28 冊（精裝）新台幣 46,000 元

從古代的生命禮儀透視其生死觀：
以《禮記》為主的現代詮釋

林素英　著

作者簡介

林素英，臺北縣人，國立臺灣師範大學文學博士，曾任教於花蓮師院語教系，現任臺灣師大國文系教授。她因為嚮往生命理想的實現而勤於耕耘「禮學」的園地，發現經由「禮」，可以為社會人生建立秩序、條理與價值，因此很努力為讀者推薦一個有「理」而且有「禮」的生命情境。已出版有關禮學的著作有：《古代生命禮儀中的生死觀》、《古代祭禮中之政教觀》、《喪服制度的文化意義》（文津出版社）；《從郭店簡探究其倫常意義》、《禮學思想與應用》、《甜蜜的包袱——禮記》、《陌生的好友——禮記》（萬卷樓圖書公司）以及《少年禮記》（漢藝色研，已絕版）等，另有數十篇禮學、詩學及其他論題之單篇論文。

提　　要

　　生死問題自古以來即縈繞人心，令人揮之不去，古人如何面對，今人如何吸取古人的生命智慧以建立生命的價值觀，當是現代人應該思考的問題。因此，本書即從古代之生命禮儀，挑選貫穿個人生命歷程中最重要的冠、婚、喪、祭之四大禮儀活動，進行有關生死觀之探究。全書之架構，本諸先儀（現象呈現）後禮（禮義闡釋）的原則，依據：現象的呈顯→本質的探究→本質間關係的建立→生死觀的凝塑之步驟進行研究。全書之內容：第一章為緒論，說明研究的動機與目的、研究的範圍與材料、研究的方法與限制。第二至五章，分別從：生命教育的始成——莊重的冠禮，生命繁衍的機緣——神聖的婚禮，生命莊嚴的收筆——慎終的喪禮，生命薪傳的達成——追遠的祭禮，以呈現古代生命禮儀的現象。第六章則為根據前面四章所組構之生死觀論述，分別以死而不絕的生命觀、總體存在的和諧觀、以死教生的價值觀，呈現古代生命禮儀中的生死觀。最後第七章之結語，則在全篇論文之回顧與延展之外，更由古禮中的生死觀反思現代人的生死觀，希望藉由禮學深入生命核心活動的一面，以展現經學有血有肉的另一向度，庶幾可達到經學旨在指導人生的不朽價值！

目

次

自 序

　　喪親之痛，刻骨銘心。如果說這份置之死地而後生的親身體驗是生命成長的一大試鍊，那麼，在我曾經踏過的歲月中，這種成長的試鍊來得並不少。

　　或許是年紀太小，尚不懂得什麼是死別的滋味；或許是關係疏淡，還激不起死別的悽愴。總之，第一次感受死亡的震撼，第一次深刻體會生命的割離，是十二歲時朝夕相處的祖母之死。只記得，生命中加深的這一道烙印，使得原本喜愛胡思亂想的女孩，愈發喜歡思索生命的問題。

　　大姊壯年而逝，徒留稚子四人。讓我深深感到：人，絕非「一死」就已「了之」。每一條剪斷的生命之線，都要靠更多的親情來彌縫其中的裂痕。每個人，無論何時何地，都該對生命善盡保護、珍愛的責任。

　　喪母的錐心痛感，是對人生的另一次深刻體驗：母親的角色意謂著家庭中的重要支柱。當這根支柱倒塌時，不論其他的木棍是否夠粗夠大，都必須先取代這個空位，在取代中壯大自己的腰身，在壯大中增強自己的支撐力。因為，生命就是全幅的負重與承擔。

　　外甥之死，是對於死生有命的堅強證明。否則又該如何說明溺水的人可獲救，而下水救人的反而歸陰的事實？死亡，沒有一定的順序，沒有既定的章法，但卻是一股強悍的力量，隨時都有可能插進生命的線路，剪斷這條生命之線。

　　每一次與親人的生死割離，總會禁不住淚流滿面。然而每一次擦乾淚水之後，是更堅毅的面對生命的挑戰。生命不能逃避，也無法閃躲。因為唯有面對陽光，黑暗才會轉而遁形；唯有洞見存在的處境，才能踏穩另一步腳程。是這些對死亡的強烈感受，使我對生命意義的追尋有一份特殊的趨力，有一

份特別的敏感。或許，這就是研究「生死觀」的宿緣吧！

不過，宿緣之外，更有近因——那是兩年多前的喪父。當時，是眼中的淚，抑或心中的血，實已交雜而無法辨認。不知是對「家的瓦解」的悽然，或是對「枷的消滅」的茫然，然而可以確定的是：不再以莊子的忘情於生死信而以爲然。否則，妻死又何須鼓盆而歌？那是移情，而非忘情，更非無情。莊子的深刻凝鍊、超脫凡塵，難道不是來自他濃烈的生命感受？難道不是基於他堅韌的生命情愛？福永光司以莊子爲中國的第一位存在主義者，應是源於他對莊子的心靈契悟。

感謝業師對「忘情生死—莊子」的論題不以爲畸型，更不以探討生死觀爲忌諱，於是置身於生死問題之中，更成爲我理所當然之事。然而愈是鑽進莊子的領域，愈是感覺莊子擺脫不了那份濃烈的生命之情，於是思索以孔子與之對照，覺得從他們兩人的相互對應整合，應該才是中國人更完整的「生死觀」，因而轉由孔子的生死觀下筆。無奈下筆方知原先構想生命由生、到死、到葬、到祭的一貫理念，須到《禮記》才能建構出系統的觀念，因此毅然轉入「從古代的生命禮儀透視其生死觀」的探索歷程。

論文寫作期間，感謝業師不以我跨出傳統經學的研究方式爲離經叛道，也不以我引用西方資料爲不當比附，在我心存惶惑之時，更以學術的天空是廣闊的、學術的道路是多向性的予我慰藉，使我能勇於嘗試、敢於前進。因爲，我的信念是：欲使經學眞正達到指導人生的價值，就必須讓經學走入人生的脈絡，進入人體的血脈當中。請讓經學從孤高的神殿中走下來，與生命握手！請讓經學展現他有血有肉的一面，與現代人的生命同在！

附記：本書原爲 1993 年之碩士論文，承蒙文津出版社慨允，於 1997 年與博士
　　　論文相繼出版，在此再致謝忱！此次出版，除修訂先前稍許脫落處外，
　　　並略有增刪，且以新版面與讀者見面。

2008 年 12 月謹誌

第一章　緒　論

第一節　研究的動機與目的

　　生命是奧祕無比的，從出生的一刻開始，即已漸次的邁入死亡。因此，要懂得尊重生命，就要先認識死亡。

一、動機的確立

　　死亡，是具體的個體生命不歡迎的結局。然而這種結局卻始終不因它之不受歡迎，而對具體的個體生命作絲毫的妥協。儘管科學的發展和醫學的進步，延長了人類的壽命，卻不能改變人必死的結局，死神總是成功的使一個人的生命和個體分離，因此，人類自有思維以來，縈繞於心、無法釋懷的最大問題，便是生死問題。

　　死神無國界，死亡是亙古以來人類共同的威脅。長久以來，「死亡」被默認為共同的禁忌話題，人們也避免正式提及這個字眼，每當死亡發生時，總是以其他的文字來美化死亡。然而有關死亡的問題，在美國社會心理學家羅斯韋爾・帕克（Rosewell. Park）於一九一二年正式提出「死亡學」的學術概念後，「死亡」的問題已被公開、廣泛的討論，討論的範圍不僅涉及死亡概念、死亡標準、死亡方式、死亡權利，更涉及人們怎樣正確的對待死亡。由於東西方文化思想的差異，因而對於死亡的思考，也各有不同的傾注方向。西方注重於探討死亡的本質和特殊的死亡方式，東方則注重於探討死亡的價值和面對死亡的態度。雖然東西方文化思想對死亡的思考各有側重，但對於進一

步揭開死亡之謎，則是共同的關懷。基於這種對生命的終極關懷，哲學家、宗教家、社會學家、倫理學家、心理學家、歷史學家、科學家以及醫學界等均從各自的角度，發表其對死亡的見解，期望能經由各個不同角度的詮釋，幫助人們更坦然的面對死亡，更勇敢的接受生存的挑戰。

二、題目的選定

　　沒有開始，就沒有結束；沒有生，就沒有死的問題。因此，探討死亡問題就須以曾經存在、具有生命爲前提。

　　人，是唯一懂得反省，知道反思的動物。所以，當我們看到「未知生，焉知死？」〔註1〕時，馬上可以思索「未知死，焉知生？」的對立層面。因爲：對「死」的思考，將影響到對「生」的思考；對「死」的理解，將影響到對「生」的理解；對「死」的態度，更將影響到對「生」的態度。因此，人，唯有能正確的認識死亡，才懂得如何尊重生命；也唯有透過兩個對立層面的探討，才更能豐富生命的意義，追尋生命的價值。

　　基於學術研究的開始，必須謹守「大處著眼，小處著手」的基本原則，〔註2〕於是確立對「生死觀」的探求，爲本論文的大著眼處。然而因爲對於生死觀的討論，主要涉及抽象的形上思考，若直接由形上學的角度探究生死觀的問題，則易使人感覺意高旨遠，遙不可及。因此將對於生死觀的探討限定範圍，而以日常生活中所能經驗到的實際體驗作基準，再上推其形上根源，所以選定「古代的生命禮儀」，且以《禮記》爲主要討論中心，以配合「小處著手」的原則。

　　中國哲學的特色，在於它始終是以生命問題爲關懷重點的「生命的學問」，〔註3〕因此特別注重生命整體觀念的體現。而中國人的生活又極爲重「禮」，所以自古以來即有禮儀制度的訂定，尤其是知識分子的生活更與「禮」息息相關。漢代以後的史官由於知道禮的重要性，因此在修史書時都會有禮書、禮樂志、禮儀志等篇卷的記載，然而先秦時代，這類有關禮制的資料卻保存得並不多。這些先秦時期的禮制雖然保存得少，但由於它是禮制的源頭，因此從這些碩果僅存的資料實可以探索制禮的原則和禮義的消息，因而古禮

〔註1〕《論語・先進》，頁97。

〔註2〕周師一田：〈禮記導讀〉收於《國學導讀叢編》上冊（康橋，1979年），頁208。

〔註3〕牟宗三：《中國哲學的特質》（學生，1977年），頁5～8。

就顯得格外重要。基於對「每一儀節的進行，其背後均應當有其立禮原義」的「假設」，進而認為古代的生命禮儀活動應與當時人對生命的概念有關，因此若欲明瞭古人的生死觀，自然可從古代的禮制儀節著手。

《說文》頁二云：

> 禮，履也，所以事神致福也。

由此可知：禮本是起於事神的祭祀行為，對象是神，而目的則是祈求福祉。祭祀的行為即是儀節的表達，亦即是禮數的表現；而祭祀的目的則是立禮的原義，為禮義之所在。

《小戴禮‧郊特牲》頁五〇四亦云：

> 禮之所尊，尊其義也；失其義，陳其數，祝史之事也。

可見禮的內涵，所重在禮義而不在禮數，禮義可相因而傳之久遠，禮數則有損益與變革，不可因小失大。然而禮義之達成，實又有待於儀式之進行，亦即是本體的意義，要經由現象而呈顯，因此禮與儀實為一體之兩面，儀式之所在，即是禮義之所存，故可依循儀式之軌跡以追溯禮義之本原。由於禮義的會通在於《禮記》，所以本論文即以《禮記》為討論中心，而探索生命禮儀中的生死觀。

三、目的的建構

生命禮儀屬於人類文化的現象，而文化人類學家一般區分文化為可觀察與不可觀察的兩部分。其中可觀察的部分，又可分成三部分，分別反映人類求生存的三層面：人為克服自然而造就了物質文化，為調節人際間的緊張關係而發展倫理文化，為追尋生存的意義而締造精神文化。因此我們對於文化現象的理解，不應僅侷限於其中可觀察的現象之解釋，更重要的是對其潛存的意義系統之把握。〔註4〕因為這種潛存的意義系統，即是文化的不可觀察的層次，已進入文化的意義象徵體系，它廣植於該社群成員的信念中，指引成員的行為，代表該社群的人生觀。〔註5〕能把握其中的人生觀，才能真正理解該民族文化存在的意義。

〔註4〕 李亦園：《文化的圖像（上）──文化發展的人類學探討》（允晨，1992年）頁138。

〔註5〕 黃有志：〈淺析中國傳統禮俗中「禮」與「俗」的關係〉《東吳文史學報》第七期，1989年3月，頁194。

象徵能啓示「眞實」的某些面貌，這些面貌往往無法以任何其他的知識途徑觸及，因此意象、象徵並非心靈所作的不負責任的創造物，而是它們能完成一項功能——照見生命最深藏的形態。因此卡西爾（Ernst Cassirer）即將人定義爲符號的動物。〔註6〕儀式即代表一種符號，能掌握其象徵的意義，則能推源其中的禮義。

簡而言之，由於生死事大，引發我對生死問題探討的動機，又由於這是亙古長存的問題，因而本文之目的即在於對古人生死觀的提鍊，希望藉由祖先的智慧結晶，能有助於現代人建構更合理健康的生死觀。

第二節　研究的範圍與材料

廣泛的範圍，便於馳騁，然而難有研究之效益；紛雜的材料，易於鋪述，卻又難收歸納演繹之功效。因此，範圍的限定與材料的揀擇，都是影響研究成敗的重要因素。

一、範圍的限定

本論文爲從「古代的生命禮儀」透視其「生死觀」，即已明確指出「古代的生命禮儀」爲本文的研究範圍，而以建構當時之「生死觀」爲研究目的。然而以「古代的生命禮儀」爲範圍，則對於「古代」的義界不明，「生命禮儀」的指謂未清，均有再加界定確切範圍之必要，因此附加標題指出「以《禮記》爲主的現代詮釋」，據以作爲「古代」的時代斷限，而不論及其後的各種禮制。

《禮記》之成書，凡有四變：

1. 附經而作：最初起於閱讀《儀禮》者，於心領神會之餘，有所感受，於是隨手附記意見於經文之後。

2. 單獨成篇：由於《儀禮》每篇後面的餘簡有限，前人既占有餘簡，後人就只好另外設法，以致單獨成篇。單獨成篇後，數量也隨之增多，內容也隨之擴大範圍。

3. 各編成書：戴德、戴聖分別在學官講授《儀禮》，各自據散篇而編成《大、小戴禮記》。

〔註6〕結構群編譯，卡西爾（Ernst Casssirer）著：《人論》An Essay on Man（結構群，1991年），頁41。

4. 成爲定本：鄭玄從馬融受《小戴禮記》，並爲其作注，此後《小戴禮記》即成爲定本。

　　《大戴禮記》由於缺乏大儒作注，內容散失過半，而未被列爲經書，因而較不受人重視。然而追溯其淵源，則實相同，因此就學術價值而言，實應等量齊觀，〔註7〕所以本文所指《禮記》實兼含《大戴禮》與《小戴禮》而有之。

　　《經義考》卷一三九引李清臣曰：

　　　自秦焚書之後，學者不得完經。……五經獨禮樂尤爲秦之所惡，絕滅幾盡。今之禮經，蓋漢儒鳩集諸儒之說，博取累世之殘文。而後世立之於學官，夏商周秦之事，無所不統。

同卷再引晁公武曰：

　　　漢戴聖纂所謂小戴者也。此書乃孔子沒後，七十子之徒所共錄。

由此可知《禮記》的作者非一人，其著作的時代，則從戰國延續至漢初。今就《禮記》之內容而言，其中亦多載有與《儀禮》相關的文字，這些文字多是闡發立禮的原意，或說明禮制的源流及演變，較偏重理論精神方面的探究，所以這部分的篇章必須參考禮經所載的儀節，才更能顯出禮義的價值。因此欲明《禮記》之精義，不能棄《儀禮》於不顧。

　　《周禮》亦名《周官》，爲周代的政治法典。由於古代政教合一，因此《周禮》中載有各類專職人員掌理禮儀教化之事，所以研究古禮，《周禮》亦是重要的原典材料。

　　《禮記》重在禮義之記錄，爲立禮的精義所在，更是三禮的會通樞紐，因此本文即以《禮記》爲主要討論中心，而以《儀禮》、《周禮》之相關文獻爲輔助範圍。

　　由於本文的目的在於透視古代的生死觀，因此在諸多禮儀中，挑選與人的一生歷程相關最密切的生命禮儀爲論述對象。此即《小戴禮·昏義》頁一〇〇〇所云：

　　　夫禮，始於冠，本於昏，重於喪祭。……此禮之大體也。

一個人一生中有兩件大事，即是生與死，而在生與死之間即形成一個人的生命歷程，因此經由當時人對於重要生命歷程的處理，即可透顯其潛藏的生死觀念。從生物學的觀點而言，人的「生」，自他的出生之時便已開始，然而從社會的意義而言，則須待成年，他才能正式成爲社會的成員，對社會具有一

〔註7〕周師一田：〈禮記導讀〉見《國學導讀叢編》上冊，頁192～193。

定的義務與權利。〔註8〕婚禮則為傳宗接代、祭祀祖先而設，關係種族、家族生命之繁衍。喪、祭之禮，則為處理一個人死亡與死後之事，最能表現人們對死亡的態度，因而選擇冠、昏、喪、祭之生命禮儀為探討內容，以便從中掌握其生死觀。

二、材料的揀擇

由於歷來對經學的研究，抱持著「訓詁明，而義理明」的原則，因而研究經學者多循著章句訓詁的途徑入手，故於搜尋本文所需材料時，文獻所見者，清代以前多以注疏、集說、集傳之形式出現，其間或有偶知其非，不人云亦云，勇於突破舊有格局，而有析疑、質疑之作者，但也多偏於開啟文句之疑竇，而缺乏對一整體概念作全面式探討之論述。所以，在材料的採集上，只能選取重要注疏作為解釋原典材料之依據，亦即只能從古籍中搜尋有關生命禮儀的「點」、「線」、「面」材料，至於生死觀的「體」的建構，則須仰賴其他資料。因此，對於《禮記》原典之解釋，以《十三經注疏》、衛湜《禮記集說》、孫希旦《禮記集解》為主要參考依據。再旁及《通志堂經解》、《皇清經解》、《皇清經解續編》與《四庫全書》中之禮類部分，搜集相關資料，作為敘述古代生命禮儀、闡發其背後禮義之重要根據。

至於生死觀之抽繹，除了奠基於原典材料以外，並借重考古學、社會學、文化人類學、心理學、哲學、哲學人類學、歷史學等人文學科之材料，以期能從多種角度觀察古人對生死的觀念。

經由考古出土的實物，可以理解古人埋葬死人的方法，墓穴營造的方式和陪葬品的內容，而得知古人的鬼、神觀念。歷史學與社會學的材料，則可以提供時代背景資料，明瞭當時的社會環境與文化狀況。文化人類學則基於各民族雖不同屬，但都同屬「人類」，由於生物基礎相同，因而在文化的發展歷程中，也自應有相通的法則存在。因此從人類學家實地考察各個不同原始民族的社會活動，發現各民族文化具有階段性的差異現象，由這些「活」的人類發展史，即可供作探測古代文化的實況，藉以明瞭人類的生命活動。心理學則可提供記憶、知覺、情感、想像等人類心靈的活動現象。哲學則是以理性的觀點，對人性的活動加以反省說明。哲學人類學（亦稱「人之哲學」），

〔註8〕馮友蘭：《中國哲學史新編》第三冊（藍燈，1991年），頁99。

則是就人之所以爲人的觀點來研究人。人，不但是自然的客體，且又比客體更進一步，是個主體，具有自我、純我，〔註9〕因此哲學人類學不只涉及心理活動，而是更深入到生命與人的本質之探討。由這些不同領域的材料，可以幫助我們對奧祕的生命現象，作更多層面的理解，進而凝鍊出古人的生死觀。

第三節　研究的方法與限制

　　從「兩點之間的最短距離爲直線。」與「條條道路通羅馬。」這兩句話即可顯示：從問題的出發，到目標的達成，其間的進路，均非獨一的單行道。儘管直線爲兩點間的最短距離，卻未必是達到指標的最恰當方法，而且每一種方法均有其不可避免的限制，因此，能認清限制之所在，才能選擇較恰當的進路以邁向預定的目標。

一、方法的運用

　　生命禮儀的舉行，總發生在人生的重要轉捩點，並遵循著一定的程序和方式進行。從儀式的履行中，給予接受禮儀者增強自我的力量感，堅定奮鬥的意志力，提高精神的凝聚力，形成個人心理層面的轉換，並影響所有參與儀體者改變社會關係，轉化角色的扮演，因而生命禮儀實屬於社會文化的現象。由於每一種現象之背後，均有其潛藏的固有本質，因此經由現象之呈顯，即可反推以回溯其本質。因此本文的基本架構，即是依據此思考路線而開展。

　　生與死本爲生命形成與生命結束的具象事件，爲一事實問題，然而對於生死問題的反省，進而追求生命的本質則爲哲學的根本問題。可是弔詭的是這種關係一個人生命最大問題的生死事件，卻始終只能透過別人的生死存亡而使自己加以反省。因爲當一個人始生之時，他總是「被」生下來的，他無法以其自由意志選擇被生或不被生，也無法以其意識表達自己對被生的態度與看法；當他死亡之際，他無法選擇不死的權利，更無法以其自我意識清晰的告知生者「死亡究竟是何事」。〔註10〕因此對於生死問題的反省，嚴格而言，

〔註 9〕　劉貴傑譯、佟西爾（J. F. Donceel S. J.）著：《哲學人類學》（巨流，1989 年），頁 11。

〔註10〕　Dr. Raymond Moody 在其《Life after Liife》搜集了許多經歷死亡經驗的個案資料，並且從中歸納出死亡的歷程。雖然從理論上而言，前生命與死後生命不但是極爲可能的存在，也應該是存在的，然而在目前人類的智慧與能力尚無

只能屬於間接的反省，只能透過旁人處理一個人的生死存亡事件，而反省其中隱含的意義。故而本文的進行，即以古人之實際處理生命問題爲切入點，如實展露各種現象，而不預作各種有關本體界的判斷。亦即排除一切未經檢視的假設，只是正確的描述現象，透過「回歸事物」，而提醒人檢視現象，以之爲哲學論證的試金石。

由於本文以《禮記》爲討論中心，因而所謂「現象」，實兼含儀節與禮義而有之，凡見於文獻記載與有關的出土文物者，均以「現象」視之。因此，統合言之，現象即是我們意識所及之事物。由於意識具有指向性，永遠指向對象，而且意識又針對所意指的特定對象，挾帶特定的所思，〔註11〕而這種特定的所思，即是現象背後的本質。所以，本文在現象的呈顯之後，即進而探究現象的本質，並陳述於每一節的末尾。再經由各不同現象所浮顯的模式，而注意其在意識裡的構成義，並藉由文化人類學、哲學人類學等諸前述材料，進入人類文化的生活界，從整體的文化模式中，探索各本質間的重要關係，進而凝聚其對生死的觀念。

因此，本文的進行，以現象的呈顯與意義的詮釋爲主線，並以歸納比較、演繹分析的方法貫穿於其間，而形成下述的研究的過程：

現象的呈顯→本質的探究→本質間關係的建立→生死觀念的凝塑

二、研究的限制

清代以前，經學的研究，始終以名物制度、文字訓詁爲主流，因此傳世者，多爲注疏式的考究說明，即使民國以來，學者之研究方向亦多率由舊章，只有《易經》的研究較早走出故有的研究範圍，進入哲學的討論。至於《禮》的研究，則仍堅守自己的本位，期望從文字注疏中，使莘莘學子能確切掌握詰屈聱牙的經文要義。這種嘉惠後學的篤實作爲，在學術的研究上的確居功厥偉。然而本於學術研究不止一途的理念，於是思考從另一個角度來探討傳統禮學，希望能從哲學的立場，揭發其思想要義，並在文化的考量下，以問題爲研究中心，作通貫性的研究。在跨出這一步之後，首先即面臨材料受限

法直接解釋死亡的本質問題之前，我們願意採取較保留的態度，仍把對死亡的探究，歸諸於對別人死亡的反響而來。詳見胡英音譯、雷蒙・慕地著《神祕的死亡經驗》（法爾，1991 年）。

〔註11〕范庭育譯，史提華（Davial Stewart）、米庫納（Algis Mickuna）合著：《現象學入門》（康德人工智能科技，1988 年），頁 37。

的困境。除了經典提供的原始素材，注疏提供的註記資料以外，對於《禮記》思想的探討研究，實在微乎其微，〔註12〕因而在探索其生死觀時，可資借鏡的材料，更是少得可憐。為求解決材料的限制，於是旁搜遠紹其他人文學科的領域。如此一來，材料稀少的困境是獲得了紓解，然而緊接著來的，則是如何處理這些龐雜的資料，如何去蕪存菁；所以如何選擇與主題相關的材料，又成為一大困擾。尤其是處理不甚熟悉的材料時，雖時時警惕自己以戒慎小心的態度為之，然而無法得心應手的受限感覺實難以排除。

至於在方法的運用上，欲達成本文的目的，其最重要的關鍵即在於由現象探究本質的步驟。由於發現本質的方法，直覺與想像是必要的兩個方式，因此本研究法的優點即在於能以直覺與想像來拓展思維的向度，而不會拘於一隅，缺點則在於易造成思想的跳躍，而流於唯心的一廂情願說辭。所以在進行本質的探尋時，即時刻以此為戒，進行推論時，更注意所推論之內容能與當時史實的發展、文化活動的情況相驗證，以期減少錯誤的造成或不當的類比發生。

直覺是一種特殊的思維活動，它必須奠基在邏輯思維的基礎之上，並以以前所獲得的實際知識為依據，從直接接觸事實材料中，突然徹悟到真理的一種認識活動。〔註13〕想像，則須依據形象與圖式的配合，再以類似、對比、接近的聯想律則進行思維活動。因此，「想像力」所扮演的最重要活動即是從事創造性思想。嚴格而言，由想像而導致的推論，只能算是類比推理，不具有邏輯的必然性。好在本文的目的在於意識本質的探尋與生死觀念的建構，故在思維的層次上具有較廣的涵蓋性，因此本文之進行仍然以直覺與想像作為探索本質的方式，以符合意識的多向性特色。而經由此途徑凝塑的觀念，也僅以能掌握極大的可能性自期。因為生命的活動是多樣性的，現象的呈顯更是複雜的，因此對於生死的意識觀念，我們期望有更寬廣的思考空間，提供更完善的解析。

〔註12〕目前對於《禮記》思想的探討，多圍繞在「禮」、「樂」思想的探討，或以特殊的篇章為研究對象，而未見以生死問題為討論主題者。

〔註13〕于超、王革主編：《哲學相近概念比較研究》（山東，1988年），頁155。

第二章 生命教育的始成——莊重的冠禮

　　人生是一個階段一個階段進行的，每個階段都各有其主要特徵，也各有其特殊的適應問題。〔註1〕在每個新舊階段交接的關口，可能都潛伏著一些危險，於是當面臨這類關口時，他的親友，尤其是年長者，便會給予指導，增強他的能力，以邁向新的階段。〔註2〕因此，遠在原始氏族社會中，人們已習於把重要的行動，加上特殊的禮儀，以具有象徵意義的物品，透過一系列的象徵性動作，表達自己的感情和願望。這些禮儀，不僅長期成為社會生活的傳統習慣，而且常被用作維護社會秩序、鞏固社會組織的手段。〔註3〕這些禮儀成為既定模式之後，就是所謂的生命禮儀。

　　男冠女笄的古禮，是由氏族制時期的「成丁禮」變化而來的。「成丁禮」也稱「入社式」，〔註4〕是氏族社會中男女青年進入成年階段必經的儀式。它藉由一個正式而制度化的程序，引導一個社會的成員從青少年的階段進入成年人的地位，並且配合一連串的訓練方式，使他們順利的擔負起成年人的角色。在很多社會中，只有通過成年（丁）禮之後的人才被認定為成年人，因此成年禮是一個人生命週期中相當關鍵的儀式。〔註5〕

　　根據人類學家謝勒格勒（Schlegel）和巴瑞（Barry）研究代表全世界所有

〔註1〕 胡海國編譯，赫洛克原著：《發展心理學》（桂冠，1990年），頁15。
〔註2〕 陳奇祿：〈生命禮俗和現代生活〉收於《生命禮俗研討會論文集》（文復會，1984年），頁2。
〔註3〕 楊寬：《古史新探》（北京：中華，1965年），頁234。
〔註4〕 楊寬：《古史新探》，頁235，許木柱〈男性成年禮的功能與現代生活〉中，稱為「青春期入會儀式」與「成年禮」。
〔註5〕 許木柱：〈男性成年禮的功能與現代生活〉，頁11。

地區的「標準泛文化樣本」之成年禮，結果顯示：男性成年禮所強調的主題，第一是責任（42%）第二是生育（16%）；女性則爲生育（41%）、責任（27%）。儀式的時間：男性分散在不同的階段，女性則多在性器官成熟之時（69%）。參加儀式的成員：男性成年禮的參與者可涵蓋整個社區，女性則多爲家庭成員（48%）。最後一個特徵是「身體受操弄的程度」；從其中的內容可清楚看出成年禮儀式在訓練方式上男女有別，男性身體受操弄、創傷的程度較嚴重，女性則較輕微。〔註6〕李亦園亦指出：臺灣的阿美族舉行成年禮時，要遵守若干禁忌，學習有關禮儀、比賽競走，經此儀式後，青少年才成爲成年人，須負責部落的事務。〔註7〕

我國古代的冠笄禮，和人類學家所研究的成年禮，儘管二者之間有若干差別，但仔細推敲，其中的基本原則仍有不少相同之處，當然最大的相同處是兩者都代表由童子進入成年的成人之禮。冠笄禮之所以稱爲成人之禮，並非指經過當天的儀式節目，童子即可突變成爲成年人，而是因爲它是一個人進入成年期的第一個正式禮儀，所以特稱爲成人禮。由於人的成長有一定的歷程，要成爲成年人，除了需要生活的歷練，更有賴於教育的培養，不是一蹴可幾的，所以與其把冠禮看作是表示成人的形式，不如說是家庭教育的畢業典禮來得更爲恰當。〔註8〕故而以下即分述冠禮舉行前的家庭教育與冠禮的儀式所開啓的對日後人生責任應擔當的意義：

第一節　自我人格的養成──冠禮前的家庭教育

一個人從出生起，即與家庭發生接觸，所以家庭是社會中最基本、最普遍的組織與制度。由於有家庭，兒童因而賴以成長，而個人的行爲及道德觀念也得以建立，〔註9〕由此可知家庭對一個人的成長具有關鍵性的影響。

「自我」包括「被認知的客體」（經驗的自我）與「認知的主體」（純粹的自我）兩部分。經驗的自我，是個人認定或知覺的對象，跟其他認知的對象一樣，是一種客體；純粹的自我，則是個人思考、感受與認知的主體，是

〔註6〕許木柱：〈男性成年禮的功能與現代生活〉，頁12～14。
〔註7〕李亦園：〈南勢阿美族的部落組織〉《中研院民族所集刊》第四期，1957年，頁153～157。
〔註8〕周師一田：《古禮今談》（國文天地，1992年），頁10。
〔註9〕沙依仁：《人類行爲與社會環境》（五南，1983年），頁291。

決定行動、適應外界的心理過程，是行動體本身。〔註 10〕概括而言：自我係個人在社會化歷程中日漸發展而來。每個人依據其自我認識、自評、自信、自尊、自重、自制與自許，而各有其與眾不同的待人接物方式，它不僅支配著個人對自己的關係，也支配著個人對別人的關係以及對整個環境事物的關係。〔註11〕

　　人格則是一個人在成長的過程，與適應社會環境的生活中，對人、對己以及對各種事物時，個人所特具的感受、認知與習慣反應行為的綜合。這種特有的感受、認知與行為模式，是基於個人的遺傳因素、成熟程度、環境條件與學習經驗等因素交互作用而成；因此是個複雜的有機組織。人格具有獨特性，亦即個人各依其獨特的慣律，做出與眾不同的言行舉止。同時，人格亦具有持續性，亦即人格特質是持久的，而且能一再產生，總是呈現著一種穩定的狀態，所以持久性與獨特性就是人格的特性。〔註12〕

　　自我人格是人格組織中最基本也是最重要的結構，而自我人格的培育，則和人類所最初接觸的社會組織（家庭）息息相關，因此古人極為注重家庭教育。

一、慎始的胎教──最早的家庭教育

　　產前母體的健康與懷孕時的情緒狀態，對嬰兒的產後生活適應扮演了十分重要的角色。懷孕時，孕婦營養不良，與早產、死胎及早期嬰兒的死亡率均有密切的相關。因此，如果能改善母體的營養，則可以預防這些危險，並幫助嬰兒更容易適應產後環境。根據現代醫學報告，產後適應發生種種困難的最重要原因，是孕婦受到持續且嚴重的情緒壓力，以致在懷孕後期中，使胎兒生活在活動過多的狀態下。這種胎兒「過動」的現象會持續到出生以後，形成神經質的嬰兒。〔註 13〕因此如何給予胎兒良好的營養條件與穩定的居住環境，就是胎教的內容。對懷孕的準母親施行胎教，就是對出生前的胎兒行使教育、培養胎兒情緒的穩定性，所以胎教可說是家庭教育的前奏。古人對此胎教的工作更是極為審慎。故《大戴禮・保傳》，頁一六～一七云：

　　　周后妃任成王於身，立而不跛，坐而不差，獨處而不倨，雖怒而不

〔註10〕郭為藩：《自我心理學》（開山，1975 年），頁 3～7。
〔註11〕余昭：《人格心理學及人格之培育》（三民，1989 年），頁 88～90。
〔註12〕余昭：《人格心理學及人格之培育》，頁 30～39。
〔註13〕胡海國編譯、赫洛克原著：《發展心理學》，頁 86、87。

> 詈，胎教之謂也。
>
> 古者胎教，王后腹之，七月而就宴室，太史持銅而御戶左，太宰持
> 升而御戶右。

古人講求胎教，要求孕婦視聽言動皆能謹慎行事，目不視邪色、耳不聽淫聲、口不起惡言，誦詩以道正事，使形容端莊、心緒平靜，供給胎兒安穩的居住環境。太宰掌膳羞之官隨侍在側，則可以調理孕婦的飲食營養，以供給胎兒良好的營養。由此可知古人對生命的重視，在小孩出生前的懷孕期即已開始。

二、對男女生命的期許

古人不獨注重男女之生，更重男女之別。因此《小戴禮・內則》頁五三四云：

> 子生，男子設弧於門左，女子設帨於門右。
>
> 三日，始負子，男射，女否。
>
> 射人以桑弧蓬矢六，射天地四方。

男女有別的觀念，在出生的時候即已顯露。生男，則張掛木弓於門左，代表男子將致力於武事，因此於三日後行射禮，表示男子上事天、下事地且能旁禦四方之阻難，由於志在四方之大事，因此爲象徵健動的天道所尊。生女，則懸掛佩巾於門右，代表女子他日將具備柔順事人的天職，因此爲象徵陰柔的地道所尊。

《小戴禮・內則》頁五三八云：

> 能言，男唯女俞。男鞶革，女鞶絲。

由於男女的生理條件不同，社會對於男女的期許也因而有別，所以在其日常所用物上，亦以不同的質料，提示男子將以田獵講武之事爲重，女子則以絲繒表示重在蠶織縗絰之功。這即是隨處製造教育情境，使人在長期浸潤之下，自然形成男健女順的天職。

除了男女有別的生命概念外，雖同爲男子，則又由於其身分地位之不同，接子之禮亦隨之有異。

《小戴禮・內則》頁五三四云：

> 凡接子，擇日，冢子則大牢。庶人特豚，士特豕，大夫少牢，國君
> 世子大牢。其非冢子，則皆降一等。

凡是迎接新生兒，不論身分高低，均須卜求吉日行事，是爲接子之通則。然

而由於社會階級有別，嫡庶不同，長幼相異，所以祭品則隨而異等，此代表
人之生命，不僅具有自然生命，更由於人為社會生物，故於自然生命之外仍
應適當的開展不同層級的社會生命。這種層級有序的區分，自接子之禮起，
即已日漸進入每個人的心中。

三、童子之教育及社會化生活的準備

　　兒童期是人生的基礎階段，這時期所建立的態度、習慣與行為，是決定
個體長大後對生活適應的主要因素，而個體的人格組型，也決定於這生命開
始的最初幾年。〔註 14〕由此可見兒童期的養成教育，實關係他日後在社會上
的成就取向。

　　《小戴禮·內則》頁五三八云：

> 六年，教之數與方名。七年，男女不同席，不共食。八年，出入門
> 戶及即席飲食必後長者，始教之讓。九年，教之數日。

九歲以內，童子均由女師教導，男女受教內容相同，著重在應對進退的遜讓
之禮的學習。十歲以後，則男女異教，各專心致力於他日社會生活之所須而
作準備。因此〈內則〉續云：

> 十年，出就外傅，居宿於外，學書計，衣不帛襦袴，禮帥初，朝夕
> 學幼儀，請肄簡諒。十有三年，學樂，誦詩，舞勺，成童舞象，學
> 射御。女子十年不出，姆教婉娩聽從，執麻枲，治絲繭，織紝組紃，
> 學女事以共衣服，觀於祭祀，納酒漿籩豆菹醢，禮相助奠。

男子十歲以後，出外就學，學習六藝之事，以為他日立志四方大事時之準備。
女子則養在深閨，學習婦道，並學習祭祀之禮，以備將來參與祭祀之事。此
即是為貫徹「男女有別」的生活，而實施的不同教育內容。

　　武王之時，對於成王之教育更是重視：

　　《大戴禮·保傅》頁一三云：

> 周成王幼，在襁褓之中，召公為太保，周公為太傅，太公為太師。……
> 故孩提，三公三少固明孝仁禮義以導習之也。逐去邪人，不使見惡
> 行。於是比選天下端士孝悌閑博有道術者，以輔翼之，使之與太子
> 居處出入：故太子乃目見正事，聞正言，行正道，左視右視，前後

〔註14〕胡海國編譯、赫洛克原著：《發展心理學》，頁 20～23。

皆正人。夫習與正人居，不能不正也。

社會是人類生存的直接環境。人自出生開始，即置身於社會組織之中，無法離開社會而獨居，因此社會有規定其成員行為方式及價值觀感之作用。人類即經由不同程度的社會化，而逐漸習得社會所贊許的行為以及各種價值觀感。〔註15〕故而在進行社會化過程中，慎選參考團體不但可提供建立個人價值觀、樹立行為模式的參考標準，甚至可藉以建立特殊的自我形象。因此凡是注重教育的人，都會審慎為受教者選擇優良的行為參考團體。

武王以召公、周公、太公為成王之三公，以仁孝禮義的道理來誘導成王熟習，即是為之建立規範性的參考團體。以三公的身教、言教界定及強化成王的行為標準，使成王從遵循仁孝禮義的行為表現，到認同仁孝禮義的行為對社會的意義，以至最後將這種行為模式內化為自己行為的特質，而建構自我的行為標準與個人的價值觀，這即是社會化的完成。武王除了為成王建立規範性的參考團體外，也為成王樹立比較性的參考團體，使成王在參照同儕團體成員的行為表現時，可經由比較而樹立模仿的對象與行為。由於成王所接觸的人群均是有道術者，所以在耳濡目染之下，經由比較而選擇模仿的，也是道術純正且適合自我發展的行為模式，因此凡是所行所為皆能入於正道，且合乎社會道德的要求，並且在舉手投足之間不覺絲毫勉強。這就是教育深入生活內部，進入人心深處的作用。

人類須生存在社會裡，才能形成人性或造就人類的共同屬性。倘若一個人在幼年時期曾經離群索居，或被拘禁，甚或與狼同居，日後雖然回到人類社會，但是仍然無法具有人性或擁有人類的共同屬性。由此可知人性的塑造與人格的培育須在人類的社會中才能達成，而且還須把握幼兒期、兒童期的最佳學習機會，努力學習社會化，〔註16〕否則時過然後學，則勤苦而難成。因為人只有加入社會，才跟其他的動物有別；人只有接受文明的洗禮，才成為「人」。〔註17〕我國古代對童子施行的教育，即是以家庭教育為核心，從小即教導童子從事社會化生活的準備，經由不斷的學習，使其具備成長以後個人在社會生活中應有的能力，並以自我人格的培養，為建立個人價值觀的基礎。

〔註15〕沙依仁：《人類行為與社會環境》，頁381。
〔註16〕沙依仁：《人類行為與社會環境》，頁384。
〔註17〕郭為藩：《自我心理學》，頁240。

第二節　我今加冠已成人──冠禮的意義

　　周朝是個郁郁乎文哉的時代，不但已脫離原始的部落時期，而且具有嚴密的政府組織與完善的教育制度，因此冠禮的實施與部落社會的成年禮兩相比較，已不著重於體能的訓練，也無身體受操弄等儀式，而是注重在精神意義的認定或賦予；〔註18〕亦即是文化的表現，已由較原始的具象活動，進入較複雜的意義表徵。典禮中，服飾的改變與取字以代名，為古代冠禮的重要節目，代表冠者從此以後已脫離童子的階段，而進入生命的另一階段──成年期，一切的言語和行為都必須自己負責，往後的人生歷練更須自己勇敢去承當。由於冠禮是成人禮之始，所以儀式之準備與進行均十分慎重。

一、筮日筮賓以敬冠事

　　人在進入成年之前，需要經過一定程序的教育和訓練，以培養其適應未來生活的能力。

　　《小戴禮・曲禮上》頁一六云：

> 人生十年曰幼，學；二十曰弱，冠。

二十歲，雖然處理事務的經驗仍然不足，但在生理上已趨於成熟，因此可責以成人之道，是人生的重要轉折點。故而《小戴禮・冠義》頁九九八云：

> 冠者，禮之始也。是故古者聖王重冠。

冠禮為「成人」之禮，經過冠禮之後，才可以正式參加家庭以外的各種社會活動，因此古代對這成人之禮非常重視，故而在行禮之前，不論是日期的選擇或加冠的人選，都需要筮占以求慎重。

　　《小戴禮・冠義》頁九九八云：

> 古者冠禮筮日筮賓，所以敬冠事。敬冠事，所以重禮。重禮，所以
> 為國本也。

冠禮中的特別來賓，要在典禮中擔任特殊的加冠任務，責任重大，因此必須在行禮前三日於祖廟中占筮決定。最後選定的，必是村里中年高德劭的長者，也一定是年輕人心目中崇敬的對象，由這樣的人來執行加冠儀式，對當事人而言，不但是一份難得的經驗，也是一份榮耀，更是年輕人發展自我實現、

〔註18〕徐福全：〈成年禮的淵源與時代意義〉《臺北文獻》第九十五期，1991年3月，頁34。

建立價值判斷的重要參考標準。〔註19〕加冠的人選確定後，家長要親自「戒賓」，表達邀請的誠意。行禮的前一天更要「宿賓」，請求第二天務必要來。如此鄭重其事，孩子自能體會父親對自己的企望與期許，並引發其對家族承先啓後的歷史責任。

二、三加彌尊的意義

　　古代成人的服裝，是衣裳加冠冕配合成套的，而且以冠爲至尊，〔註20〕因此請特別來賓擔任最後的加冠儀式。冠禮儀式中，前後加冠三次，每一次加冠之前，都有一番祝辭，表達勸勉及祝福之意。由於三次加冠所穿的禮服不同，因此祝辭也各有不同的涵義，《儀禮・士冠禮》頁三一云：

　　始加，祝曰：令月吉日，始而元服，棄爾幼志，順爾成德，壽考惟

　　祺，介爾景福。

既已成年，就必須在外表的形象和內在的心理上，將童年和成人作一嚴格的畫分。首先是衣著的改變，由童子的「采衣」換爲成人的「深衣」，代表形象的改變。心理上，則須收拾起童稚之心，遵照成人的觀點和標準行事，並期望能將過去家庭教育中所培養的人格、道德，實際運用到未來的待人處世之中。勸勉之後，即行加冠之禮。

　　始加緇衣冠。

　　《小戴禮・玉藻》頁五五一云：

　　　始冠緇布冠，自諸侯下達，冠而敝之可也。

緇布冠原是周族人太古時所戴的帽子。〔註21〕因爲保存古禮，所以始加之冠爲緇布冠；但實際應用時，則改戴玄冠，以黑帛製成，爲當時貴族通常應用的禮帽。加上第一頂禮冠，表示授予「士」的身分，有「治人」的權利，〔註22〕將來可以領導群倫、管理眾人。〔註23〕其次爲二加冠：

　　《儀禮・士冠禮》頁三一云：

　　　再加，曰：吉日令辰，乃申爾服，敬爾威儀，淑慎爾德，眉壽萬年，

〔註19〕沙依仁：《人類行爲與社會環境》，頁387。
〔註20〕《小戴禮・問喪》，頁947云：冠，至尊也。
〔註21〕楊寬：《古史新探》，頁248。
〔註22〕楊寬：《古史新探》，頁249。
〔註23〕黃俊郎：〈冠禮的起源及其意義〉《孔孟月刊》第十九卷第二期，1980年10月，頁13。

永受胡福。

外表講求端莊嚴正，威儀十足，樹立良好的形象；內心則要求和善溫良，審慎仔細，涵泳高尚的修養。外能求其正，內能求其謹，則能內外夾持，成就優良的品德。〔註 24〕這是長輩對晚輩最懇切的勉勵，也是最誠摯的期待。一個人的生命能擁有這些道德情操，則能內為仁德所充塞，而具有強韌的生命力。祝勉之後，即行二加冠之禮。

次加皮弁。

皮弁也是周族人上古時的一種帽子，以白鹿皮製成。

《白虎通疏證十・紼冕》頁六二九三云：

> 皮弁者，……上古之時質，先加服皮，以鹿皮者，取其文章也。……
> 戰伐田獵，此皆服之。

周族在氏族制末期，就是穿著這種服裝從事打獵和戰鬥。到西周建立國家以後，禮節上所用的服裝，還多保有舊有的形式。〔註 25〕因此次加皮弁，象徵武事，代表從此有參與軍事行動、捍衛家國的責任。〔註 26〕

從再加祝辭的「敬爾威儀，淑慎爾德」，以威儀德性期勉受冠者，然後加以象徵武事的皮弁，兩者對照來看，可知古代的狩獵活動，除了可進行軍事訓練外，更可以從對飛禽走獸的網開一面、不趕盡殺絕的實際行動，培養真正的仁德與武德，使參與狩獵者能深切的體驗：最高的武德不在於致對方於死地，而在於具有停止戰事的力量。即令是不得已而有戰事，也能以珍重生命為最高依歸。末了則為三加冠：

《儀禮・士冠禮》頁三一云：

> 三加，曰：以歲之正，以月之令，咸加爾服，兄弟具在，以成厥德，
> 黃耇無疆，受天之慶。

宇宙間的最高成就，就是生生不已的生命存在。唯有宇宙間有生物存在，天地之間才不是靜態的死寂；唯有宇宙間有生生不息的人之存在，一切的價值與創造才有可能。因此人的生命為宇宙間的最高存在。故三加冠前，即以兄弟俱在代表對生命存在的期許，而且不但要求其生命存在，並且要求其能成

〔註24〕張爾岐：《儀禮鄭注句讀》（學海，1978 年），頁 61。
〔註25〕楊寬：《古史新探》，頁 250。
〔註26〕黃俊郎：〈冠禮的起源及其意義〉《孔孟月刊》第十九卷第二期，1980 年 10 月，頁 13。

就德性。對於這些具有德性的生命個體，則更祈求受天之慶、黃耇無疆、健康長壽。簡短數語，已充分流露親長對子輩的關愛，也足以啓發人類對生命延續的珍愛與關懷。

第三次祝福後，即進行最後的加冠禮。

三加爵弁。

行冠禮時，第三次所服爲爵弁服，爲助祭於天子、諸侯之祭禮時的穿著。《白虎通疏證十·紼冕》頁六二九五云：

爵弁者，周人宗廟，士之冠也。

《小戴禮·雜記上》頁七二四亦云：

大夫冕而祭於公，弁而祭於己；士弁而祭於公，冠而祭於己。

冕與弁本爲大夫以上所服，但士於特別場合時，則可攝盛而服弁，代表對該典禮的敬慎之意。三加爵弁，代表從此有在宗廟參與祭祀的權利。由於宗廟祭祀最能啓發對生命延續的思慕之情，因此在三加祝辭之期許子孫健康長壽之時，已能引導子弟對生命的生生之情的尊重，然後又加以代表祭祀的爵弁，更能加深對生命延續的體認，增加對生命薪傳的歷史承擔。因此《小戴禮·冠義》頁九九八云：

三加彌尊，加有成也。

《小戴禮·郊特牲》頁五〇四亦云：

三加彌尊，喻其志也。

由於「國之大事，在祀與戎」，〔註27〕而祭祀爲常典，其重要性又當位居於代表非常狀況的兵戎戰事之上，因此冠禮之三加彌尊，代表士自從被賦予貴族的正式身分以後，即開始履行管理所轄庶人之職責，並進而擴大志向，參與兵戎武事，以盡開疆闢土的使命。最後則由參與宗廟祭祀，而能突破時空的局限，與古來的先祖作精神的感通，更能體認生命的意義，就在於串聯這生生不息的每一個體，使這條生命的長流不但能傳諸悠遠，更能流之淵深。士而能懷抱此志向，自能隨時惕勵自己，奮勉向上。

冠禮是當時貴族青年成爲成人的必經儀式。按禮，只有成爲成人，才可取得貴族的統治權。因此，自天子以下均須舉行冠禮儀式，取得正式的貴族身分。故《儀禮·士冠記》頁三四云：

天子之元子猶士也，天下無生而貴者也。

〔註27〕《左傳·成公十三年》，頁 460。

然而由於天子、諸侯均爲世襲，於是在行冠禮時，雖仍依士禮行事，〔註 28〕但仍於三次加冠之儀式後，更有與士冠禮不同之處，代表對不同身分者的不同期許。

《大戴禮・公符》頁六七云：

> 公冠，四加玄冕。

諸侯加冠時，要加到第四度的玄冕，代表對日後將掌理一國國政的責任賦予。至於天子，則當五加袞冕，〔註 29〕代表對於天下至尊的最高職責之交付。

三、取字以代名

冠禮中的特別來賓，除了執行加冠的儀式以外，並擔任爲受冠者取字的責任。

《小戴禮・曲禮上》頁三九云：

> 男子二十冠而字。父前子名，君前臣名。女子許嫁，笄而字。

《小戴禮・冠義》頁九九八亦云：

> 己冠而字之，成人之道也。

《儀禮・士冠記》頁三三則云：

> 冠而字之，敬其名也。

由此可知：古人取字，是一項既特殊又重要的儀節。選擇在加冠完畢之後取字，代表冠者已邁入成年人的旅程；並且藉由稱號的改變，使當事人在心理上體認儀式前後爲兩個不同的階段。由於人生階段的轉變，於是伴隨而來的責任與擔當亦隨之不同，因而經由第二個「名」的取得，與他人對自己稱呼的改變，曉得隨時提醒自己必須比以前更懂得自尊自重與自制自許，如此才能成爲眞正的成年人，因此說冠而取字是「成人之道」。

成年禮爲社會化方式之一，〔註 30〕因此冠而字之，也是一種社會化的行爲。因爲「名」爲初生時父母所給，對於一個人而言，當然比「字」來得重要。由於「名，自命也」〔註 31〕因此自我稱名，主要在眞實無誤的介紹自己，含有謹

〔註 28〕《儀禮・士冠記》孔疏。

〔註 29〕《小戴禮・冠義》，頁 999，孔疏。

〔註 30〕許木柱：〈男性成年禮的功能與現代生活〉，頁 24，見《生命禮俗研討會論文集》。

〔註 31〕《說文》，（蘭臺，1972），頁 57。

慎誠敬之意義。〔註32〕然而爲表達對對方「名」的尊重，不便直呼其名，但是來往時又需要彼此稱呼，因此於冠禮的社會化儀式中，另取「字」以代本名，除了滿足日後社交需要，又由於儀式的強化作用，更神聖化「字」所賦予的對自我人生的期許之意。人生即是由於這一連串的「意義」賦予，然後才能使單調的自然生命添加上無數的色彩，而成爲創造社會價值生命的原動力。

《白虎通疏證九·姓名》頁六二六七云：

> 人所以有字何？所以冠德明功，敬成人也。

古人取「字」，與其本名多有相關，〔註33〕聞其字即可推其名。因此稱對方以「字」，即是在當時社會的共識下，對當事人之「名」加以敬重而不直言。又由於一番易字之轉折運用，更提昇了彼此禮敬之誠意，也加深了自我自重自愛的要求。

古代男子於冠禮後取字，女子則於行笄禮後取字，〔註34〕均代表成人之道。按照當時取字的習慣，首字表示排行，末字則男爲「甫」或「父」，女則爲「母」或「女」，除了用以區別男女的不同〔註35〕之外，更代表「男女既冠笄，有爲父母之道，故以某父某母字之也。」〔註36〕此即啓示：冠笄之後，爲成人之始，既爲成人，則對於傳宗接代的生命延續責任亦隨而增加。此意義則與人類學家研究世界各民族的成年禮時，曾提出「責任」與「生育」爲其共同的強調主題者，實有不謀而合之處。

四、接受歷練與訓勉

士在冠禮之後，按禮，要攜帶禮物拜見一些重要人物。

《小戴禮·冠義》頁九九八云：

> 玄冠玄端，奠摯於君，遂以摯見於鄉大夫、鄉先生；以成人見也。

生活的意義，要在社會的活動中展現。然而社會是複雜而多變的，因此如何

〔註32〕周師一田：《古禮今談》，頁33～35。

〔註33〕王引之：《經義述聞》卷二十二、二十三〈春秋名字解詁〉列有五條例：一是同訓，如予字子我；二是對文，如偃字子犯；三是連類，如側字子反；四是指實，如啓字子閭；五是辨物，如鍼字子車。

〔註34〕衛湜：《禮記集說》，頁16923 引馬氏曰：女子許嫁，則十五而笄，未嫁則二十而笄。

〔註35〕《小戴禮·樂記》，頁667：昏姻冠笄，所以別男女也。

〔註36〕王國維：《觀堂集林》卷三，〈女字說〉（北京：中華，1959年），頁167。

增廣閱歷、培養處事的成熟度，就需要多由實際的場合去歷練，多聽聞長者的訓勉。以成人之禮拜會國君與鄉大夫、鄉先生，為社交禮儀的開始，代表生命的活動範圍已經擴大，並在拜會活動中吸取長輩的生活經驗，做為自己待人處世的參考。因此趙文子於冠禮後，即以成人之禮遍見鄉大夫，而獲取寶貴的生活經驗。

　　欒武子教導趙文子「務實」，中行宣子教他「戒驕」，韓獻子教他「成人在始與善」，智武子教他要「有宣子（趙盾）之忠而納之以成子（趙衰）之文」。〔註37〕務實與戒驕，為個人的品德涵養與基本的處事態度。慎始以行善，則能使人日遷於佳境而不覺勉強。能時時不忘先祖的忠貞和文采，不但能建立自我奮勉的指標，更能激發承先啟後的歷史使命感。一個人愈能掌握歷史的經驗，且能將其靈活運用，則愈能幫助自我建立生命的重心。

五、冠禮對生命的意義

　　服飾與身分有相互烘托的作用。因此《小戴禮‧冠義》頁九九八云：

　　　　冠而后服備。服備而后容體正、顏色齊、辭令順。

冠禮提供三套正式的禮服，分屬於不同的場合時穿著。由於在各種典禮時，均有不同的適宜禮服，則自然能配合場合所需而自我要求；又由於能端正容貌體態，所以能誠於中而形於外、談吐自然和順委婉。能如此，則為禮義之始。能行禮義，然後可以稱為成人，才能凸顯人的意義，而有別於其他萬物之存在。

　　要真正成為成人，則須在實際的人際脈絡中展現。

　　《小戴禮‧冠義》續言：

　　　　成人之者，將責成人禮焉也。……將責為人子、為人弟、為人臣、

　　　　為人少者之禮行焉。

禮義並非蹈空之虛言，而須落實於具體的生活之中。在實際的生活中，每個人均非孤立的個體存在，而是具有複雜的生命網路，因此由於彼此的相對關係不同，所以在角色的扮演上就須有不同的拿捏標準。當其為人子，則須盡孝；為人弟，則應敬長；為人臣，則思盡忠；為人少，則當尊長。能將這些不同的角色扮演得體，則能使周圍的人際關係和諧融洽。人際關係和諧，則

────────────

〔註37〕以上見《國語‧晉語》，頁96。

能建立穩定的社會環境。有穩定的社會環境，則能開展人類的價值生命，使生命獲得存在的意義。

　　冠禮爲禮之始，其目的在責求成人之道，以爲開創未來作準備，因此須行禮於宗廟，表示對冠禮的敬重。由於對祖先的尊重，所以筮日筮賓均須經過先祖認可。更因爲儀式的莊重肅穆，而使得年輕人在受冠之時，能深刻體認生命是一代接一代的延續。前人曾經走過的生命，不是由有而歸於無，而是由人而變成祖先，常居宗廟，與後代子孫朝夕相處。故而成年人面對祖宗而行禮加冠，可以感受每一次加冠，都代表責任的賦予，也代表祖宗的層層期許。因此在進入成人的一刻起，就會油然興起：生命的意義在於走入人群，發展和諧的人倫關係；更在於從事社會服務，開發事功，防禦外侮；最後則歸於人神的總體存在，使個體的生命成爲祖神，更由於祖靈的常與子孫同在，而獲得了存在的保障。因此一個人不只要對自己負責，也要對家族、社會與歷史負責。

第三章　生命繁衍的機緣──神聖的婚禮

　　原始時代，人類穴居野處，男女的配合，本無一定的規律，男女的關係，也缺乏固定的約束，因此既無確定的婚姻關係，更沒有眞正的家庭組織存在。然而飲食男女乃人類天賦之本能，所以男女侵瀆之事實爲不可避免。因此思索如何設立適當的婚姻制度，以維持人類生活之正常發展，以別男女，以正人倫，就有實際的需要。

　　結婚爲社會行爲，其所具有的社會作用有二：一爲結婚可當做人類社會用以規定兩性關係的手段。二爲結婚可當做個人生存於社會中，並從社會中獲得某種特定地位的手段，亦即經由婚姻關係，而分別建立自己與他人爲親屬或非親屬的關係。〔註1〕簡言之，即前者在於建立男女有別之兩性關係，後者則在於建立社會人倫關係。

　　古典派社會演進論者以爲結婚的型式，有幾個相連續的階段，即是起於亂婚制，而終於一夫一妻制，這其間則又有群婚制、一妻多夫制、一夫多妻制等不同的婚制產生。〔註2〕由於婚姻型式的不同，所以男女兩性的關係亦隨之不同，其人倫關係的遠近親疏也因而有別。

　　結婚既是社會行爲，因而要達到結婚的目的，就需要經由一定的社會程序。民俗學家即認爲歷史上曾出現過掠奪婚〔註3〕、買賣婚、服務婚、交換婚等不同的婚姻習俗〔註4〕。後來由於人類的生活逐漸富裕，嫁女者不再以爲那

〔註1〕　林惠祥：《文化人類學》（商務，1968年），頁179。
〔註2〕　林惠祥：《文化人類學》，頁180～190。
〔註3〕　《易‧屯》，頁22：屯如邅如，乘馬班如，匪寇婚媾。因此，我國古代或亦有掠奪婚之方式。
〔註4〕　林惠祥：《文化人類學》，頁191～198。

是人力的損失而向男方求償，於是逐漸脫離買賣婚之習俗；又由於人文意識的擡頭，懂得對生命的尊重，所以對於關係傳宗接代的婚禮特加注重，於是由買賣的程序，而進入禮聘的嫁娶階段。

至於各民族結婚的範圍，則未有不加以限制的，因此有所謂內婚制與外婚制之名稱產生。〔註5〕相應於內外婚制的，則是殷商民族沒有族外婚姻的限制，而周族則行族外通婚。〔註6〕

從結婚的型式、習俗與範圍的不同，都可顯示各民族與其社會文化的不同；但從各民族婚姻儀節之所以繁雜而神聖，則可以看出各民族對婚禮都極爲重視。因爲結婚對於男女一生歷程的改變極大，具有生物學及社會學上的意義。生物學上的意義，即指生理方面男女已經成熟，開始負責繁殖，進行傳宗接代的工作，延續宗族、種族與人種的生命。社會學上的意義，則指婚後個人的身分地位產生變化，〔註7〕男的變而成爲人之夫、人之婿，女的則爲人之妻、人之媳，而跟隨改變的，則尚有其他親族家屬關係的拓展。因此婚禮的舉行，不論在細碎的禮物準備或儀式行爲上都有特別的涵義，用以強化婚姻的神聖性，並提示這是人生重要階段的改變，期望男女雙方能以審慎的態度，共創美滿的生活，更預期後代子嗣能繁榮興旺。因此以下即分別由婚禮的情況、婚姻的目的與婚制的設限，選擇對生命的繁衍與人倫的締結有關者加以探討。

第一節　陰陽和合婚禮成——古代的婚禮

婚姻的締結，必須經過公開的儀式才能被社會承認。又因爲結婚爲一個人一生中的大事，故須以敬慎重正的態度處之，所以古代的婚禮，依循著納采、問名、納吉、納徵、請期、親迎六禮的程序順次進行。亦即由先之以媒聘，到繼之以禮物，再由新郎親自御輪以崇敬，到召宴僚友以重其別的公開儀式而完成這項嘉禮。其中納徵代表議婚成功而行聘，即今之所謂「訂婚」，親迎則爲結婚當天的活動，於六禮中最爲重要。親迎至夫家後，則有夫妻之禮與成婦之禮，以完成整個的婚禮過程。

〔註5〕 林惠祥：《文化人類學》，頁 201。
〔註6〕 陶希聖：《婚姻與家族》（商務，1966 年）頁 17、18。
〔註7〕 阮昌銳：〈從中外婚禮的比較談婚禮的意義〉收於《生命禮俗研討會論文集》（文復會，1984 年），頁 67、68。

一、結婚之前——納徵

　　納徵爲六禮中的第四禮。婚事進行至此，已到成功階段，因此由男方準備禮物以行聘，代表禮無虛拘的誠意，女方收受聘禮，則代表守信不渝的承諾。由於行納徵禮時，男家有「幣」相贈，因此春秋時期稱之爲「納幣」。至於其中禮物的內容，則《周禮・地官・媒氏》頁二一七云：

　　　　凡嫁子娶妻，入幣純〔註8〕帛無過五兩。

　　《儀禮・士昏禮》頁四二云：

　　　　納徵：玄纁束帛，儷皮。

　　《小戴禮・雜記下》頁七五五則云：

　　　　納幣一束，束五兩，兩五尋。

由此可知：納徵之禮，以幣帛五兩爲基準數，然後再依社會階級地位之別而另行區分、加等以爲禮。

　　男爲陽，女爲陰。幣帛五兩，陽奇陰耦，因此「五兩」即表示陽與陰之匹配相合，也代表男女雙方之結合，可由兩端相向而卷之，有結襬祥瑞之意。由於庶人禮簡，文采有所不備，因此以緇色幣帛爲禮，而不夾纁色。士則用玄纁束帛，玄爲黑色，表陰；纁爲絳色，表陽；象徵陰陽兼備、文采俱全。

　　至於儷皮之禮物，不見於《周禮》及《禮記》。以儷皮爲禮，相傳始於太昊設制嫁娶之禮時。〔註9〕由於當時爲漁獵時代，食肉衣皮，因此以鹿皮兩張表示婚姻之結合。周代以後，則農業趨於繁盛，日常生活型態轉而以有關農事爲主，因此嫁娶之禮捨儷皮而代之以幣帛爲禮，並推尊儷皮之禮爲重古之表示。〔註10〕因此大夫階級之人行納徵之禮時，有加儷皮爲禮者。〔註11〕至於諸侯，則加大璋以聘女，天子則加穀圭以聘女。〔註12〕

　　由此可知：納徵禮之根本義即在以象徵陰陽和合之禮物，表示男女相結合之吉利祥瑞，並以幣帛之禮象徵男家具有經濟生活之能力，爲女方日後生

〔註8〕　鄭注：純：實緇字也。

〔註9〕　劉恕編集：《資治通鑑外紀》卷一，頁6，見《四部叢刊》：制嫁娶，以儷皮爲禮。

〔註10〕《公羊・莊公二十二年》，頁99：公如齊納幣。何休注：儷皮者，鹿皮，所以重古也。

〔註11〕《儀禮・士昏禮》頁42，賈疏：若試爲大夫及幼爲大夫者，依士禮。若五十而爵，改娶者，大夫昏禮。

〔註12〕《周禮・冬官・玉人》，頁633。

活之保障作一事先說明，〔註13〕以免女方家長憂慮。

二、結婚當天——親迎到合卺

成婚之日，須由新郎親自前往新娘家迎娶。故《小戴禮·昏義》頁一〇〇〇云：

> 父親醮子而命之迎，男先於女也。子承命以迎。……壻執鴈入，……蓋親受之於父母也。

男方家長醮子，交付新郎前往迎娶新娘之重大使命，代表婚禮中進行之大事，均由男方先發動，有陽動而陰隨之意。女壻代表男方家族，自新娘父母手中接受新娘，代表對新娘日後幸福之承諾，並對岳父岳母負起照顧女兒的責任。親迎更是新郎對新娘愛慕、敬重的表示。故《小戴禮·哀公問》頁八四九云：

> 所以治愛人，禮為大。所以治禮，敬為大。敬之至矣，大昏為大。
> 大昏至矣！大昏既至，冕而親迎，親之也。親之也者，親之也。是故君子興敬為親。

親迎之禮，最能表達對婚事敬重之意，因此新郎、新娘均穿著祭祀之禮服。新郎「爵弁纁裳緇袘」〔註14〕、新娘「純衣纁袡」。〔註15〕本來爵弁服為大夫之服，但由於成婚是大禮，因此新郎攝盛而服，而以緇緣裳，代表陽氣下施，有男下女之現象。〔註16〕新娘則著純衣，並以纁緣其衣，象徵陰氣之上任，〔註17〕有女從男之表示，亦即是配合士妻之身分，而穿著褖衣助祭之服。〔註18〕陽氣下施，陰氣上任，陰陽相交，上下相通，代表夫妻相合，氣息互通交融。

婚禮親迎，代表男先於女的觀念，符合中國古代陰陽動靜之說，是先人歷經長遠的歲月，觀察宇宙自然及人生等各種變化之現象，歸納實際的經驗，而得出的結論。由於男性偏於陽剛，所以主於動、主於攻、主於外；女性則偏於陰柔，所以主於靜、主於守、主於內。〔註19〕由於男女各有其傾向

〔註13〕周師一田：《古禮今談》，頁 45、46。
〔註14〕《周禮·冬官·玉人》，頁 43。
〔註15〕《周禮·冬官·玉人》，頁 49。
〔註16〕《周禮·冬官·玉人》，頁 44，鄭注。
〔註17〕《周禮·冬官·玉人》，頁 49，鄭注。
〔註18〕《周禮·冬官·玉人》，頁 49，賈疏。
〔註19〕周師一田：《古禮今談》，頁 61。

與特質，因此親迎之禮即是順應男女之人格特質，而由新郎親自迎娶新娘，達到陽往迎而陰來歸的自然現象。此外，就新娘而言，結婚即是離開自己生長的家，與平日相處的親人分離，心中自然會有惶惑之感與悲傷之情，因此需由新郎的親自迎接，以增加內心的穩定作用。故《小戴禮・昏義》頁一○○○云：

> 降，出御婦車，而壻授綏，御輪三周。先俟於門外，婦至，壻揖婦
> 以入。

新娘離家的一刻，正是內心最難割捨之時，這時新郎能以適時的關切與體貼，以陽下陰，親自授綏給新娘，即是表達對她的親愛之意；並由新郎親自為她御輪三周，俟於門外，揖婦而入，都是表達對新娘的敬慕之心，代表陽為陰之前導，陰隨陽而歸，男先女後，夫唱婦隨的夫婦親和之道。

由於親迎具有深義，因此古人特別重視，自天子以下均行親迎之禮，只是繁略隆簡各有不同而已。士服爵弁，乘墨車，從車二乘，為攝盛親迎。大夫以上親迎，則為冕服。〔註20〕士乘大夫墨車為攝盛，大夫則乘卿之夏縵。至於天子、諸侯，則其位已尊，不須攝盛，〔註21〕但是禮車之陣容則非常盛大。故《詩・召南・鵲巢》頁四六云：

> 維鵲有巢，維鳩居之，之子于歸，百兩御之。
> 維鵲有巢，維鳩方之，之子于歸，百兩將之。
> 維鵲有巢，維鳩盈之，之子于歸，百兩成之。

以百乘的車隊迎娶、送嫁，場面浩浩蕩蕩，象徵百官之盛。親迎之場面如此盛大，其所準備之禮物，除了雁以外，各階層尚有不同的禮品。故《說苑・修文》頁一九六云：

> 諸侯以屨二兩，加琮；大夫、庶人以屨二兩，加束脩。

由此可見「屨」之禮物，無分貴賤，當有其特具之意義，或由「屨」為「鞋」，而「鞋」與「諧」同音，可代表琴瑟和諧、夫婦好合之意，〔註22〕因此取以為親迎之禮物。

新郎親迎新娘入內後，當晚宴請鄉黨親友，正式表示有家室之意。宴後，則新郎、新娘同牢而食，行夫妻之禮。

〔註20〕《小戴禮・哀公問》，頁849：冕而親迎。
〔註21〕《儀禮・士昏禮》，頁44，賈疏。
〔註22〕江重文：〈古婚禮探尋〉《民俗曲藝》，1987年1月。

《小戴禮・昏義》頁一〇〇〇云：

> 共牢而食，合卺而酳，所以合體，同尊卑，以親之也。

夫妻雖然剛柔動靜不同，然而二人之地位則完全相等。從新婚的第一餐起，所享用的飲食完全相同，沒有尊卑之區分。食後則酳，即是飲飯後酒，酒器則爲同一瓠剖半而分的兩瓢，由夫妻各執一瓢，合卺而酳，代表夫妻原是同一整體，當同心同德，彼此照應，互相體貼，爲未來的幸福而奉獻自己。此即由兩瓢之相合，象徵陰陽爲相異相須、相輔相成的同體。由於匏本爲八音之一，竽笙皆用之，音韻調和，因此也有琴瑟好合之意。

合卺完畢，新郎脫服於房則媵受，新婦脫服於室則御受。餕餘，則媵餕男之餘，御餕婦之餘，〔註23〕這都表示陰陽相合蘊藉交接之義。

親迎之禮最能表現男方主動、男先於女的特性。在陽唱陰和下，婚事依序進行，至於同牢合卺，夫妻關係成立爲止，均能隨時散放「柔上而剛下，二氣感應以相與，止而說，男下女，是以亨利貞，取女吉也。天地感而萬物化生。」〔註24〕的氣息，開啓陰陽和合的生生之德。

三、婚禮餘波——成婦之禮

在強調宗法的社會制度下，結婚不只是男子娶妻，而是宗族娶婦，因此古代的婚禮必須到成婦禮，新婦受舅姑接納，才算正式成爲這家族的媳婦，日後有代替主婦的資格。故《小戴禮・昏義》頁一〇〇一云：

> 夙興，婦沐浴以俟見。質明，贊見婦於舅姑。執笲、棗、栗、段脩
> 以見。贊醴婦。婦祭脯醢、祭醴，成婦禮也。舅姑入室，婦以特豚
> 饋，明婦順也。厥明，舅姑共饗婦以一獻之禮，奠酬。舅姑先降自
> 西階，婦降自阼階，以著代也。

新婦黎明即起，沐浴淨身，等候進見舅姑，並以棗子、栗子、段脩爲贄禮，表示自己日後將日日早（棗）起，以戰戰兢兢（栗）的戒愼態度，斷斷（段）然自行修飭（脩），以盡爲婦之道。婦饋舅姑，代表人媳孝養舅姑之道。舅姑饗婦，婦降自阼階，代表新婦日後有代替主婦之資格。著代之禮完成，即是代表姑與婦的交接承續之禮完備。須等待此三禮依次完成，才算家族正式娶婦的完成。

〔註23〕《儀禮・士昏禮》，頁52～53。
〔註24〕《易・咸・彖》，頁82。

若舅姑既沒，則須三月廟見以成婦禮。〔註 25〕廟見之禮須以水中植物〔註 26〕爲祭，代表婦順之意，並藉以表明新婦有饋養舅姑之義。

四、婚禮的陰陽和合義

人類生活於天地之間，古聖先賢於仰觀俯察之際，明瞭「日往則月來，月往則日來，日月相推而明生焉」〔註 27〕、「天尊地卑，乾坤定矣」〔註 28〕的天體運行自然現象，因此以乾代表陽物，以坤代表陰物，而有乾道爲男、坤道爲女之說。由於乾道爲「剛健中正，純粹精。」〔註 29〕，坤道則「其順乎，承天而時行。……陰雖有美，含之以從王事，弗敢成也。地道也，妻道也，臣道也。地道無成，而代有終也。」〔註 30〕，因此男爲天、爲日、爲剛、爲健；女爲地、爲月，爲柔、爲順，此爲男女兩性稟性之特質。故婚姻之禮，自納采以下，皆由男方主動，以順乎「男先於女」的先天稟性。

以年德相匹敵之男女，在陽唱陰隨下結合爲夫妻，則可以使「天地交而萬物通也，上下交而其志同也。」〔註 31〕，而達到陰陽和合、內外治理之局面。故《小戴禮・昏義》頁一○○二～一○○三云：

> 天子聽男教，后聽女順；天子理陽道，后治陰德；天子聽外治，后聽內職；教順成俗，外內和順，國家理治。……故天子之與后，猶日之與月，陰之與陽，相須而后成者也。

男女雖相異，實相須且相成，因此婚姻之禮即在於結合此相須相成之雙方，以締造後世生生不息之大業。

子媳之與舅姑，亦猶陰之與陽，地之與天，故亦須稟持柔順之坤道，以善事表乾陽之道的舅姑，要求能達至陰順於陽的調和之境，則可以家道和而萬事興，因而婚禮之進行，最注重陰陽之調和義。

〔註 25〕《小戴禮・曾子問》，頁 366：三月而廟見，稱來婦也。擇日而祭於禰，成婦之義也。
〔註 26〕《儀禮・士昏禮》，頁 59：婦入三月乃奠菜。
〔註 27〕《易・繫下》，頁 169。
〔註 28〕《易・繫上》，頁 143。
〔註 29〕《易・乾・文言》，頁 16。
〔註 30〕《易・坤・文言》，頁 20、21。
〔註 31〕《易・泰・彖》，頁 41。

第二節　男婚女嫁有眞義──婚姻的目的

　　在古代重視宗法制度的觀念之下，婚姻是兩個家族的事，而不只是男女兩人的事，因此男子娶妻，不是爲個人娶妻，而是奉父母之命，爲宗族娶婦。男女結婚，不只是建立夫妻關係，更重要的在於新婦能爲舅姑接納，成爲宗族的媳婦，因此女子若不幸未廟見而死，則「歸葬于女氏之黨，示未成婦也」。〔註32〕所以古代婚姻的觀念，「成婦」的意義大於「成妻」的意義。由於「成婦」的意義重，因而婚姻的目的，亦多偏重於家族方面的要求。

一、傳宗接代

　　宗法制度的特色是父系、父權、父治、族外婚制以及長子繼承。〔註33〕由於注重長子繼承，所以婚姻之首要目的，即在於繁衍子孫以傳宗接代。故《小戴禮・哀公問》頁八四九云：

> 天地不合，萬物不生。大昏，萬世之嗣也。

《易・繫辭下》頁一七一亦云：

> 天地絪縕，萬物化醇；男女構精，萬物化生。

人生於天地之間，感受陰陽相交而品物流生之義，因此所設嫁娶之禮，即以男女之結合，比配天地之相交。由於天地絪縕，可使萬物化醇，故婚姻之締結，自然也以傳宗接嗣至萬世萬代爲目的。故《小戴禮・曲禮下》頁一○一云：

> 納女於天子，曰：備百姓。

《白虎通疏證十・嫁娶》頁六二八四云：

> 天子、諸侯一娶九女者何？重國廣繼嗣也。適九者何？法地有九州，承天之施，無所不生也。……或曰天子娶十二女，法天有十二月，萬物必生也。……備姪娣從者，爲其必不相嫉妬也。……不娶兩娣何？博異氣也。娶三國女何？廣異類也，恐一國血脈相似，俱無子也。

古代帝王之家，有因生以賜姓者。因此凡賜姓者，皆天子之別子，故納女於天子，即謂之備百姓，〔註34〕其目的即在於增廣子嗣之繁衍。至於天子娶十二女，諸侯娶九女，則分別取法於十二月之中，月月有物孳生；九州之地，處處有物萌孽之意，都以萬物之孳生廣生爲子嗣繁衍之最高取象標準。由於當時社會已

〔註32〕《小戴禮・曾子問》，頁 366。
〔註33〕陶希聖：《婚姻與家族》，頁 1～5。
〔註34〕孫希旦：《禮記集解》（蘭臺，1971 年），頁 79，引呂大臨說。

進入農業生產形態，又因為生產工具之缺乏，因此人力資源之利用，是經濟活動的主力，所以結婚生子、多子多孫即是當時人生規畫中相當重要的內容。

　　君臨天下的天子，由於要固結人心，又要「德配天地、兼利萬物」，〔註35〕以展現其政治理想，單憑一人之力，實不足以完成，因而須廣納妻妾，故有「六宮、三夫人、九嬪、二十七世婦、八十一御妻」〔註36〕之設，以求子孫眾多，權位可以傳之不輟。尤其由於廣為分封子弟以為諸侯、大夫，不但可以幫助天子實踐政治理想，也可收屏障中央安全的功效，因此古代帝王更重後嗣之生生不息，並且有「天子有田以處其子孫，諸侯有國以處其子孫，大夫有采以處其子孫」〔註37〕的制度以安排後世子孫的出處。

　　由於天子、諸侯所娶多人，為免於諸女之嫉妬爭寵，因此有姪娣相從之制，謀求保持後宮之和諧，以利於皇室子孫之成長。至於不娶兩娣而娶三國之女，也都是基於廣延子嗣的立場設想，避免因血脈太近，而不利蕃衍。

　　天子、諸侯由於君位傳承之考量，因而一娶多女，以求子孫綿延。大夫、士也由於宗法繼承制度，同樣重視子嗣之傳承，因而盛行「不孝有三，無後為大。」〔註38〕的觀念，並且以「無子，去，為其絕世也。」〔註39〕為七出之一。然而「士妾有子，而為之緦，無子則已。」〔註40〕，「妾」在宗法社會中的地位甚低，但是，若幸而生子，則其在家庭中的地位就會明顯不同，即是妾因為替家族生育子嗣而提高其地位。反之，「適婦不為舅姑後者，則姑為之小功。」〔註41〕，喪服由大功而降等為小功，即是由於缺乏子嗣，無以傳後，因而降等。由此而知子嗣之觀念在中國人的心目中始終居於首位，因而傳宗接代即是古代婚姻的首要目的。

二、祭祀宗廟

　　孝子事親之道有三，即是「生則養，沒則喪，喪畢則祭」，〔註42〕因此祭

〔註35〕《小戴禮・經解》，頁846。
〔註36〕《小戴禮・昏義》，頁1002。
〔註37〕《小戴禮・禮運》，頁421～422。
〔註38〕《孟子・離婁上》，頁137。
〔註39〕《大戴禮・本命》，頁69。
〔註40〕《小戴禮・喪服小記》，頁595。
〔註41〕《小戴禮・喪服小記》，頁610。
〔註42〕《小戴禮・祭統》，頁830。

祀之本意，實爲追養繼孝之情思。由於父母健在時，日常起居生活均由夫婦
共同奉侍，務求父母心情怡悅。如今不幸而父母以天年棄養，則於入土爲安
的喪葬事宜，以及內盡於己、外順於道的祭祀之事上，自亦應當援用事生之
禮，由夫妻共同祭祀，以求死生一貫。故《小戴禮・祭統》頁八三一云：

> 國君取夫人之辭曰：請君之玉女，與寡人共有敝邑，事宗廟社稷，
> 此求助之本也。夫祭也者，必夫婦親之，所以備外內之官也，官備
> 則具備。

《儀禮・士昏記》頁六四亦載有父親醮子親迎之辭：

> 往迎爾相，承我宗事。勖帥以敬先妣之嗣，若則我常。

在宗法社會中，對於祭祀要求虔敬慎重，因此須由夫婦雙雙參與，使內
外的職分齊全。由於主祭之夫婦能得陰陽調和之情，則於祭祀時自然亦容易
與神靈祖宗相感通。古代主祭權的取得，即代表在該宗族中具有崇高地位，
而且由於祭祀須夫婦親之，因此親迎之時即以共事宗廟社稷大事爲辭。因爲
娶妻之後，才具有宗廟主祭權的資格，所以祭祀宗廟也成爲婚姻的目的。

《小戴禮・祭統》頁八三一云：

> 外則盡物，內則盡志，此祭之心也。是故，天子親耕於南郊，以共
> 齊盛；王后蠶於北郊，以共純服。諸侯耕於東郊，亦以共齊盛；夫
> 人蠶於北郊，以共冕服。……身致其誠信，誠信之謂盡，盡之謂敬，
> 敬盡然後可以事神明，此祭之道也。

祭祀的用心，要求內能竭盡其誠敬，外則求能竭盡所能以準備祭物。夫婦各
盡其職，各備其物，才能各敬其意以事神明，以盡祭祀之道。不但在祭祀之
前夫婦各有職司，到正式祭祀之時，更須夫婦共同合作各項儀節。此即《小
戴禮・祭統》頁八三二所云：

> 君執圭瓚祼尸，大宗執璋瓚亞祼。及迎牲，君執紖，卿大夫從士執芻。
> 宗婦執盎從夫人薦涗水，君執鸞刀羞嚌，夫人薦豆，此之謂夫婦親之。

祭祀大典，就在夫婦各盡其位、各敬其職中莊嚴肅穆的進行。在神魂和慕、
承天之佑的天人交感中，雖未祈求神靈庇佑，也未禱求祖靈降福，然而以此
一念之誠明，必能使自己行事敬謹恭慎，而自得祥福，而家道也可因之而
「肥」。〔註43〕

祭祀宗廟爲家族中之大事，因此在繼傳宗接代之後，亦爲婚姻的目的之一。

〔註43〕《小戴禮・禮運》，頁 440：父子篤，兄弟睦，夫婦和，家之肥也。

三、奉養父母

　　為人子者奉養父母本為天經地義的事，因此娶妻雖不是專為奉養父母，但是夫妻成婚後，夫妻同體一心，兩人共同侍奉父母也是理所當然的。因此，婦見舅姑以成婦禮，婦饋舅姑以明婦順，都代表新婦從此以後要戒愼誠謹，勤於家事，奉事舅姑的心意。故《小戴禮・內則》頁五一八～五二○云：

　　　　婦事舅姑，如事父母。

　　　　適父母舅姑之所，下氣怡聲，問衣燠寒。

　　　　出入，則或先或後，而敬扶持之。

　　　　在父母舅姑之所，有命之，應唯敬對。

　　　　子婦孝者敬者，父母舅姑之命，勿逆勿怠。

古代的婚姻極重視家族意義，認為結婚為舊家族的擴大或延續，而非新家庭的成立。〔註44〕在這種家族觀念的影響下，婦道的講求成為女子的要務。由於女子以順從為美德，其主要表現則在於「順於舅姑，和於室人」，〔註45〕因此「不順父母」成為七出之首，其中原因，即是所謂「去，為其逆德也。」〔註46〕因為順於舅姑為「婦德、婦言、婦容、婦功」〔註47〕之總體表現，所以不順父母即是違反婦道，而逆於德，故列為七出之首因。

四、別男女以立人倫

　　當婚姻的方式越過掠奪婚與買賣婚後，婚姻不再與暴力相糾結，也脫離了以人為物品的議價出售方式，而賦予婚姻以禮制的意義。亦即由於提昇了人與人之間的相互尊重，使婚姻在經由男女雙方的商議後，即依循一定的禮儀，聘請女方為妻。當婚姻被賦予禮制的意義以後，又由於其具有蕃衍生命的重責大任，舉凡人間的一切社會關係均可謂由此而衍生，維繫社會的禮義也以此為始基，故古代極重婚禮。

　　《小戴禮・昏義》頁一○○○云：

　　　　敬愼重正而后親之，禮之大體，而所以成男女之別，而立夫婦之義也。男女有別，而后夫婦有義；夫婦有義，而后父子有親；父子有

〔註44〕劉增貴：〈琴瑟和鳴——歷代的婚禮〉見《敬天與親人》（聯經，1991），頁451。

〔註45〕《小戴禮・昏義》，頁1001。

〔註46〕《大戴禮・本命》，頁69。

〔註47〕《小戴禮・昏義》，頁1002。

親，而後君臣有正。故曰：昏禮者，禮之本也。

《易‧序卦》頁一八七～一八八亦云：

有天地然後有萬物，有萬物然後有男女，有男女然後有夫婦，有夫婦然後有父子，有父子然後有君臣，有君臣然後有上下，有上下然後禮義有所錯。

天地未分以前，原爲一混沌之太極。太極動而生陽，動之極則思靜，靜而生陰，靜極則又思動，動而復生陽，因此一動一靜，互爲其根，分陰分陽，兩儀並立。故兩儀即是如天地、陰陽、男女之兩個看似全然相反相異、對立對待的雙方，然而推其本質，則屬源於相同本體之一部分。因此，男女兩性之間，其生理特質相異，而性情則可相通，具有既矛盾又統一的關係，因而異性間之相慕相求，爲性分之自然、生理之所欲。然而有欲無節，則禍亂相尋，因此聖人制禮，「使人以有禮，知自別於禽獸」，〔註48〕嚴男女之別，防止淫亂，又「因人之情而爲之節文」，〔註49〕訂定婚姻之禮序以結合男女，使人情無所怨懟缺憾，也不致因欲求無節而製造社會問題，於是生活於天地之間，則能順性而不濫情，適性而不縱情。〔註50〕亦即是在男女的自然生理需求之上，加入人文思想的區分與規制，爲維護人際關係的整體和諧、提昇人性的光明面而訂定禮制，嚴加界分男女，以避免嫌疑。

因此男女有別之意義，當包括婚前、婚後兩個階段的關係。結婚之前，除了十歲以前接受相同的童子教育以外，十歲以後，則男女分別接受不同的教育，以使男子具有堅強的體魄與開闊的胸襟，女子則求具有婉約的氣質與精巧的手藝，並且男女不許雜坐，不共衣裳，〔註51〕男女無媒不交。當時禮制的規定確實嚴格，但從另一個角度而言，禮制雖是限制，卻也是一種保障，保障男女之間交往須有分寸，不可跨越雷池，以免孳生困擾，受到侵瀆。結婚之後，則須體認男子已有妻室，女子已有歸屬，更須嚴防婚姻之外的不當男女關係，叔嫂尤其不親授受以避嫌疑。男女的關係貞定後，男子專心於外，女子專務於內，同心共謀家道的發展。至於結婚的男女當事人，更須由男方透過層層的禮儀程序，由媒人表達敬慎重正的誠意，禮聘女方爲妻，以此而

〔註48〕　《小戴禮‧曲禮上》，頁 15。
〔註49〕　《小戴禮‧坊記》，頁 863。
〔註50〕　李毓善：〈由禮記論儒家之禮教——和夫婦上〉《輔仁學誌（文學院）》，1991年 6 月，頁 5。
〔註51〕　男女之別多見於〈內則〉。

確立男女互相敬重的分際。經由此鄭重其事舉行的婚禮，才能堅定夫婦雙方該信守的道義，而穩定五倫中的主軸——夫婦有義。

「男帥女，女從男，夫婦之義由此始也。」〔註52〕夫義婦聽，而後家道能昌順興旺。夫婦好合，彼此相處和諧，在這種和諧氣氛中成長的子女，自然能在耳濡目染中感受親情的關愛，養成健全的人格，建立父子有親的倫常關係。在家庭中能建立父慈子孝、父子有親的關係，推而至於服務社會，則爲君者懂得體恤臣下，爲臣者知道效忠長上，君臣即能以正義相交，而得倫常之正。至於同輩間之相處，則兄弟如手足之親愛，彼此兄友弟恭，一團和氣，相交以誠信，使社會的群體生活井然有序。因此夫婦一倫爲五倫之本，爲發展適當之人倫關係的基準點。夫婦相處，彼此以成熟、理性的態度，面對實際之日常生活，面對眞正之彼此，男子以「遠色以爲民紀」〔註53〕自勉，以「與天地合其德」〔註54〕自期。女子則以「貞靜自勉」自勵，而以「敬以直內，義以方外」〔註55〕自許，夫婦各安其分，則綱紀自立、教化自端。故《小戴禮・中庸》頁八八二云：

> 君子之道，造端乎夫婦，及其至也，察乎天地。

《小戴禮・哀公問》頁八四九亦云：

> 夫婦別，父子親，君臣嚴，三者正則庶物從之矣。

婚姻爲人類生命延續之憑藉，因此婚姻之主角——夫婦——即爲一切人倫關係的締造者。夫婦一倫的關係健全正常，即可帶動其他四倫關係健全正常，並能培養汪汪的君子風格，進而能洞察天地間眾事物之和諧關係，體會「天地位焉，萬物育焉〔註56〕」的天命大道。

五、婚姻旨在求生命的順遂發展

結婚爲人生之大事，是人倫之本，也是教化之始，更是社會安定的基石，因此古人特重婚禮。故《小戴禮・昏義》頁九九九云：

> 昏禮者，將合二姓之好，上以事宗廟，而下以繼後世也。故君子重之。

由於婚姻爲締結兩不同姓的家族，因此隨著婚姻關係的建立，除了直系血親

〔註52〕《小戴禮・郊特牲》，頁506。
〔註53〕《小戴禮・坊記》，頁872。
〔註54〕《易・乾・文言》，頁17。
〔註55〕《易・坤・文言》，頁20。
〔註56〕〕《小戴禮・中庸》，頁879。

的一脈相傳以外，人倫關係也擴延至不同的家族，所以古代極爲注重九族的家屬關係。九族中的父族、母族、妻族、婦族，都是由婚姻關係而產生。這種由婚姻關係而形成的縱橫交錯的親族觀念，成爲社會團結的重要力量，使每個人的生命，都不是孤立的存在，而是生存在一個輻射的生命網路中（參照第四章第十二節「本宗五服親屬圖」）。

在這個擴大的家族關係中，讓每個人有足夠的對象去體會血緣關係的親疏遠近與人際關係的相處分寸，在實際的生活經驗中，獲得最眞切的體驗。甚且由於親族間親情的關懷，可以讓人深切感受到生命不只是要求存在，更需要親情的滋潤，才可使人在和諧的氣氛中順遂發展，更進而得以開創個人特具的價值；因此婚姻最強調的即是「和」的觀念。由於夫婦好合，才能導致家族和興，而使生命能在穩定中成長，在和諧中發展。

第三節　禁忌規則各有因——婚制的設限

婚姻制度之建立，即在於防止人民淫亂行爲之產生。有了婚姻制度以後，於是把婚外性行爲視爲不法的行爲。〔註 57〕因此婚姻是指社會認可之配偶安排，特別是關於夫與妻的關係。〔註 58〕因爲性慾的事件與結婚實爲兩事，性慾爲生理上的事，結婚則爲社會事件。故而自社會學之觀點而言，性的結合若不爲風俗與法律所承認，便不能算是結婚。〔註 59〕因此古代對於婚姻的要件與婚禮的儀式加以設限，也都各有其所具的意義存在。

一、對婚姻要件的限制

（一）須有父母之命與媒妁之言

古代的婚姻，並非僅指男女二人之事，而是爲合兩姓之好，所以特別重視父母之命。

《詩・齊風・南山》頁一九六～一九七云：

取妻如之何？必告父母。……匪媒不得。

《孟子・滕文公下》頁一○九亦云：

〔註 57〕陶希聖：《婚姻與家族》（商務，1966 年），頁 37。

〔註 58〕朱岑樓：《婚姻研究》（霧峯，1970），頁 4。

〔註 59〕林惠祥：《文化人類學》（商務，1968 年），頁 179。

> 丈夫生而願爲之有室，女子生而願爲之有家，父母之心，人皆有之。
> 不待父母之命，媒妁之言，鑽穴隙相窺，踰牆相從，則父母國人皆賤之。

婚姻不是兒戲，必須以敬愼重正的態度處之，因此儘管兩情相悅，戀愛熾熱，還是需要參考父母的意見，透過媒人的居間溝通，才不致因一時的衝動，而造成終身的遺憾和被人輕賤的羞辱，這就是道德意識的覺醒。〔註60〕

《小戴禮‧坊記》頁八七一云：

> 夫禮，坊民所淫，章民之別，使民無嫌，以爲民紀者也。故男女無媒不交，無幣不相見，恐男女之無別也。

《白虎通疏證十‧嫁娶》頁六二七九云：

> 男不自專娶，女不自專嫁，必由父母，須媒妁何？遠恥防淫洗也。

男女並非不能相悅，只是應當知曉男女之別，培養廉恥之心，因此須由媒人促成，並得到父母許可，而不當親求親許，以免意亂情迷時發生瀆亂曖昧之行爲。〔註61〕況且古時男女無正式社交，識人有限，因此官府設有媒氏，以掌管男女媒介之事。

「媒氏」一職，屬政府組織中的一個行政單位。其工作性質則在「掌萬民之判」，〔註62〕掌理國中一切有關男女婚嫁事宜，以及男女爭訟事件。

《管子‧入國》頁六七三云：

> 凡國都皆有掌媒，丈夫無妻曰鰥，婦人無夫曰寡，娶鰥寡而合和之，予田宅而家室之，三年然後事之，此之謂合獨。

可見媒氏在古代社會中，確實曾經發揮過作用，對於禁淫辟、防邪恣之社會理念，扮演相當分量之角色。

凡是經過父母之命、媒妁之言而結合之男女，才爲正式之夫妻。妻子才具有正式的身分和地位，其所生之子女，在權益上亦受到固定的保障。夫妻的名分定，家庭才得以穩固，才可以安心發展彼此的職志。

（二）結婚的年齡須適當

結婚之一大任務爲傳宗接代，因此要順應男女的生理發展狀況，以決定

〔註60〕周師一田：《古禮今談》，頁 90、91。
〔註61〕孟繁舉：〈中國古代的婚禮制度〉《中華文化復興月刊》第十八卷第一期，1985年1月。
〔註62〕《周禮‧地官‧媒氏》，頁 216。

結婚的年齡，此即所謂的「合男女，必當年」〔註63〕、「男女以正，婚姻以時，國無鰥民」。〔註64〕可見男女於適婚年齡時，即行男婚女嫁，爲當時人之共識。

《小戴禮‧內則》頁五三八云：

> 二十而冠，始學禮；三十而有室，始理男事。……女子十有五年而笄，二十而嫁。〔註65〕

由此可知：男子從二十到三十歲，女子從十五到二十歲之間爲適婚年齡，〔註66〕此爲周代以來行之已久的通則。

至於其中的緣由，則《白虎通疏證十‧嫁娶》頁六二七九云：

> 男三十筋骨堅強，任爲人父；女二十肌膚充盈，任爲人母；合爲五十，應大衍之數，生萬物也。

此即是以男女生理發育之成熟狀況，而說明男女適婚年齡爲順應天地陰陽之變化，由於陰陽和合，而萬物始生，於是男女亦因陰陽調和而始生子女。

《孔叢子‧嘉言》頁四則云：

> 十五許嫁，而後從夫，是陽動而陰應，男唱而女隨之義也。以爲績組紃織者，女子之所有事也。黼黻文章之義，婦人之所有大功也。必十有五以往，漸乎二十，然後可以通乎此事。通乎此事，然後乃能上以孝於舅姑，下以事夫養子。

女子到十五歲時已進入生理成熟期，因此可論及婚嫁之事。然而結婚爲人生之大事，不只需要生理發育成熟，更需要心智能力、處事應變能力的成熟，所以在許嫁之後，即更施以深一層的家庭教育，以求其婚後能順應繁雜瑣細的家事，到二十歲時則應已能順利承當侍奉舅姑與相夫教子的重責大任。

以三十、二十爲男女的適婚年齡，應爲一般通則，至於實際婚配之年齡，則尚須考慮當時的社會情況、個人經濟條件與家族的特殊需要而定。如天子、諸侯爲求君嗣繼承，則多有提早成婚者，〔註67〕但早婚並不利於子嗣之繁衍。

男女若超過適婚年齡，卻尚未論及嫁娶，媒氏就根據記錄加以催促，或

〔註63〕《小戴禮‧禮運》，頁441。
〔註64〕《詩‧國風‧桃夭》，頁37。
〔註65〕《周禮‧地官‧媒氏》，頁216：令男子三十而娶，女二十而嫁。
〔註66〕王肅：《孔子家語‧本命解》卷六，見《四部叢刊子部》，頁70：哀公問：男子三十而有室，女子二十而有夫，豈不晚哉？孔曰：夫禮言其極，不是過也。
〔註67〕《左傳‧襄公九年》，頁529：國君十五而生子，冠而生子，禮也。

是設法撮合。一方面配合人類生理需求，維持自然生命的延續發展；一方面希望有情人皆成眷屬，消除曠男怨女，此即所謂「司男女之無夫家者而會之」，〔註68〕可見官方對婚姻問題極為重視。

（三）同姓不婚

周代實行同姓不婚制，《毛詩》、《左傳》中所載各國后妃除少數特殊者外，同姓不婚是很明顯的，〔註69〕因此魯昭公娶吳女，陳司敗以為非禮；〔註70〕晉平公有四姬同姓，子產譏之。〔註71〕故《小戴禮・曲禮上》頁三七云：

> 取妻不取同姓，故買妾不知其姓則卜之。

同姓不婚的緣由，或與圖騰制有相當的關係。圖騰時期的人，以為同性質、同類者不可接觸，倘若接觸，則必使接觸者發生變化，或衍生不良影響。〔註72〕

《左傳・僖公二十三年》頁二五二云：

> 男女同姓，其生不蕃。

《國語・晉語》頁八四云：

> 異姓則異德，異德則異類，異類雖近，男女相及，以生民也。同姓
> 則同德，同德則同心，同心則同志，同志雖遠，男女不相及，畏黷
> 敬也。黷則生怨，怨亂毓災，災毓滅性。是故取妻避其同姓，畏亂
> 災也。

姓族即生族，是母系血緣標幟。氏族則代表父系血緣團體。姓代表較大的族類，可溯源遠祖血緣；氏則為比姓小的分支，只表示近祖血緣。〔註73〕由於異氏並不一定異族，所以在談及婚嫁時，男女以姓為區分標準，避免同族類相婚而產生不良後果。

《國語・鄭語》頁一二○云：

> 夫和實生物，同則不繼，以它平它謂之和，故能豐長而物生之；若
> 以同裨同，盡乃棄矣。……於是乎先王聘后於異姓……務和同也。

周代行族外婚，推廣同姓不婚的觀念，雖然當時不必即具有生物學上的優生觀念，但其異類相濟相生的想法，應是觀察物種延續現象之歸納所得，對於

〔註68〕《周禮・地官・媒氏》，頁217。
〔註69〕李宗侗：《中國古代社會史（一）》（中華文化，1954年），頁43。
〔註70〕《論語・述而》，頁64。
〔註71〕《左傳・昭公元年》，頁707。
〔註72〕李宗侗：《中國古代社會史（一）》，頁44～48。
〔註73〕潘英：《中國上古史新探》（明文，1985年），頁470、471。

族類之繁衍確實具有優生的作用。同姓不婚，除了生物學上的理由外，政治因素的考量也是原因之一。

《小戴禮・郊特牲》頁五○五～五○六云：

> 夫昏禮，萬世之始也，取於異姓，所以附遠厚別也。……敬而親之，先王之所以得天下也。

周公以其深刻之人性把握與廣博之人生歷練，知道運用親密之婚姻關係，可以結合兩個家族。透過兩家族之結合、交往，則能產生凝聚與融合之力量，並轉化為政治上之資本，強化自我家族的力量。〔註74〕經此姻親牽繫，異族間之關係即由疏遠而親密，由於轉變之過程自然，因此效果亦極良好。故《史記・外戚世家》頁七七三云：

> 古受命帝王，及繼體守文之君，非獨內德茂也，蓋亦有外戚之助焉。
> 夏之興也以塗山，……殷之興也以有娀，……周之興也以姜原及大任。

三代以來，各開國君主均有賴於外戚之助。周公有鑑於此，故雖不敢確言兩姓聯姻必定可產生絕對之籠絡力量，但是多增加一層接觸，確實可為彼此之關係增加潤滑之作用，因此有周一代即一直推廣同姓不婚之制度。

《小戴禮・大傳》頁六一九云：

> 其庶姓別於上，而戚單於下，昏姻可以通乎？繫之以姓而弗別，綴之以食而弗殊，雖百世而昏姻不通者，周道然也。

依周代宗法制度，大宗百世不遷，因此既屬同姓，祭祀時則在大祠堂裡一起宴飫，就如同行輩的兄弟姊妹般，因此雖百世亦不通婚。同時更基於政治上的考慮，故積極推行族外婚，以達敦親睦族、鞏固國本為目的。

二、對婚姻儀式的限制

（一）婚禮不用死雉而用雁

　　中國人向來注重人情，因此與人首次相見，均以摯見。人與人相待時，又須注意自己的行為要切合身分，所以「摯」也隨各人身分之別而各異其等級。

《小戴禮・曲禮下》頁一○一云：

> 凡摯：天子鬯，諸侯圭，卿羔，大夫鴈，士雉，庶人之摯匹。

因而知「鴈」應為大夫所執的見面禮，士則執「雉」以為禮。然而據《儀禮・

〔註74〕李毓善：〈由禮記論儒家之禮教——和夫婦（上）〉《輔仁學誌・文學院》，1991年6月。

士昏禮》所載：「昏禮下達，納采用鴈」〔註75〕、「賓執鴈，請問名」〔註76〕、「納吉用鴈」〔註77〕、「請期用鴈」〔註78〕、壻親迎時，「北面奠鴈」，〔註79〕可知在婚姻六禮中，除納徵時所致送的聘禮已相當多，不再用鴈以外，其餘五禮之進行，均要準備這份禮物，所以用鴈實爲婚禮的一大特色。士不執「雉」而執「鴈」可謂越級爲禮，而鄭玄以爲「攝盛」，〔註80〕因爲結婚爲人生大事，因此允許超越等級穿著備物。除此之外，婚禮用鴈的理由，還與陰陽有關。

如《白虎通疏證十·嫁娶》頁六二八一云：

> 贄用雁者，取其隨時而南北，不失其節，明不奪女子之時也。又是隨陽之鳥，妻從夫之義也。又取飛成行，止成列也，明嫁娶之禮，長幼有序，不相踰越也。又昏禮贄不用死雉，故用雁也。

《儀禮·士昏禮》頁三九鄭注則云：

> 用鴈爲摯者，取其順陰陽往來。

由於鴈（雁）爲候鳥，當木落之時則南翔以向陽，冰泮之際則北徂以逐陽氣。由於夫爲陽，婦爲陰，因此以雁象徵婦人順從丈夫之義。又由於雁行有序，可以啓發家庭生活須有倫序的觀念。由於吉凶不相干，因此士雖應以死雉爲贄，但於婚禮有所不宜，故以雁爲禮，旨在祝福青年男女婚後能夫唱婦隨、家庭生活能有序而不亂，白首偕老以至永遠。

（二）婚禮不用樂

結婚時鑼鼓喧天，絲竹並作，並非古代之習俗。因爲《小戴禮·郊特牲》頁五〇六云：

> 昏禮不用樂，幽陰之義也。樂，陽氣也。

自古婚禮的進行，時間以「夕時」爲正，〔註81〕黃昏時刻，即有幽陰之義，所以婚禮屬於陰禮；然而「凡聲，陽也。」〔註82〕聲與樂均代表向陽之氣，

〔註75〕《儀禮·士昏禮》，頁 39。
〔註76〕《儀禮·士昏禮》，頁 40。
〔註77〕《儀禮·士昏禮》，頁 42。
〔註78〕《儀禮·士昏禮》，頁 42。
〔註79〕《儀禮·士昏禮》，頁 50。
〔註80〕《儀禮·十昏禮》，頁 44，鄭注。
〔註81〕林惠祥：《文化人類學》，頁 191：在婚姻的演進方式中，曾經出現掠奪婚的型式。既然是搶親，以夜色爲掩護，則是理所當然，而不用樂，也是自然可解的。
〔註82〕《小戴禮·郊特牲》，頁 483。

有發揚擴散的作用。由於「樂由陽來者也，禮由陰作者也。」，〔註83〕因此樂之發揚與禮之陰作不同。由於婚禮爲陰禮，而古之制禮者，不以陽事干陰事，且注重精神之能「皆從其初」、「皆從其朔」，〔註84〕因而昏禮不用樂，以保存黃昏幽陰之古義。除了因陰陽不相干，故婚禮不用樂以外，另一層的考慮則爲《小戴禮・曾子問》頁三六五所云：

> 嫁女之家，三夜不息燭，思相離也；取婦之家，三日不舉樂，思嗣親也。

婚姻的目的之一，即在於延續後代，繼承香火，因此當子女成婚時，雙親則多已年華老去。女方由於感念骨肉分離，而難以入寐，男方能體念這份離情，自然也不便以樂迎娶；男方則以人事代謝，必須娶婦來傳宗接代，心情亦是嚴肅沈重而不忍舉樂。由於序代、嗣親爲家庭中之大事，必須與祭祀前之齋戒一般，耳不聽樂，以免散亂心志，而以端肅之心、敬重之態度面對婚禮之進行，故古代婚禮以不用樂爲禮。

（三）婚禮雖不賀，然須召宴僚友

生命是一連串的歷程活動，而結婚只是其中的一點。因此《小戴禮・郊特牲》頁五○六云：

> 婚禮不賀，人之序也。

結婚爲人生由成年而進入壯盛時期的過渡點，然而子女之長成，也代表父母之趨於隱退，因此伴隨婚禮而來的，則爲象徵媳來而姑將去的「著代」之禮儀。〔註85〕雖說日夜有更代，生命有盛衰，爲物理之自然現象，但是在子輩之欣然長成，足以傳重之時，卻也不能忽視長輩之即將老成而凋零之事實，因此制禮者以婚禮不賀，乃提醒不必慶賀這種即將來臨的新陳代謝現象。至於嫁女之家，骨肉相離，當然更不宜於祝賀。不過，婚禮雖然有不賀之理，但於人生諸多禮俗中，仍屬於嘉禮，且對於男女當事人而言確實也有值得歡慶之處。

《小戴禮・曲禮上》頁三七即云：

> 日月以告君，齊戒之以告鬼神，爲酒食以召鄉黨僚友，以厚其別也。

子女成婚大喜，因而須上告官府，亦要祭告鬼神，使天地鬼神、祖宗神靈一併皆知，更要備辦筵席，邀宴親友同僚。其目的除了使人周知此喜事之外，

〔註83〕 《小戴禮・郊特牲》，頁 484。
〔註84〕 《小戴禮・禮運》，頁 416、417。
〔註85〕 《小戴禮・昏義》，頁 1001：舅姑先降自西階，婦降自阼階，以著代也。

更在於藉此公開儀式，告訴親朋友好，自婚禮之當天起即擁有合法之配偶，同時也要自我提醒須嚴防婚姻以外的男女關係。至於受邀赴宴之親友亦須送禮，以表祝賀之意。故《小戴禮・曲禮上》頁三八云：

> 賀取妻者曰：某子使某聞子有客，使某羞。貧者不以貨財爲禮，老者不以筋力爲禮。

婚禮爲生命禮俗中值得歡愉慶祝者，因此賓客均會以不同之方式同表祝賀贊助之忱，代表對年輕男女邁入新旅程之鄭重祝賀。

三、婚制設限的意義

婚姻在人群關係的建立與生命的蕃衍更替上均擔負著重要的任務。由於要達成所擔負的任務，於是在建立制度時就有加以設限的必要。

「飲食男女，人之大欲存焉。」〔註86〕然而有欲無節，則災亂滋生，無法建立正常的人群關係。故《小戴禮・經解》頁八四七云：

> 昏姻之禮，所以明男女之別也。……昏姻之禮廢，則夫婦之道苦，而淫辟之罪多矣。

所以，正當的婚姻，可以抑制人類不正當的衝動，滿足人類正常的本能活動，達到蕃衍生命的目的。由於正當的婚姻，爲選擇條件相匹配的兩姓男女，經由媒氏往返兩家溝通，徵得雙方家長同意，然後締結婚約。經過這種正常管道而建立的婚姻關係，即可由兩個原本無任何關係的家族，因爲子女之結褵，而開啓雙方之接觸，人倫群己的關係也隨之擴大，爲彼此和諧親密的關係引發契機。

天地不合，則萬物不生；男女不調，則後嗣無繼。男爲陽，女爲陰，必使陰陽和合，而後生命始生。因此婚禮用雁，取其知時節、有隨陽之性，提醒夫婦須陰陽相應相隨。夫婦陰陽調適，彼此關係和諧，才能提供安穩的環境以孕育新生命。同姓不婚亦是取陰陽相濟相須之觀念，避免因同姓交婚，生育不蕃，而導致亡國滅種。選擇適齡結婚，是配合生理的成熟發展，以提供胎兒最合適的條件發育。因爲早婚所生的孩子，身體孱弱，又由於父母年紀輕，不懂事，對子女的教導也有不良的影響，而過分遲婚，則因生理功能衰退，極易造成胎兒的畸型發展，對於生命的衍生都是不利的。

〔註86〕《小戴禮・禮運》，頁431。

　　至於婚禮不賀、不用樂，則是深一層考慮到：婚禮的進行雖以男女當事人為主角，然而在生命禮儀中，身分地位或其他狀況發生變化的，不僅是主角而已，幾乎所有參加儀式的人，其本身都有某些轉變，因此也不可加以忽視。〔註 87〕於是將視野從新娘、新郎而擴及父母的感受，更叫以體會到生命的網路是交織細密的，每個個體成長的同時，也是它逐步邁向老化死亡的時刻；每個家庭中新生一代的長成，也是年長一代衰老的時候，因此在每一個新舊交接的時刻，更容易凸顯每個自然生命的有限性。知道每一個人都在面臨衰退老化，相對的，就會更懂得珍惜每一個當下的存在，也更懂得尊重那先於自己存在的年長一輩的生命存在。

〔註87〕余光弘：〈A. Van Gennep 生命儀禮理論的重新評價〉《中研院民族學研究所集刊》第六十期 1985 年秋季，頁 240。

第四章 生命莊嚴的收筆——慎終的喪禮

　　凡是生命，皆存在著死亡的必然性。因此，人死是必然的結局。只是當死亡降臨時，生者的心理總難免要經歷否認與抗拒的階段，不願意接納死亡是已成的事實，所以如何協助生者從理性上認知人死不可復生，從感性上認同親人已經確實遠離，就需要一段較長的時間，透過一道道儀式的安排，從切身的承受痛苦、忍受悲傷，而後才能到超離悲痛、恢復生機。

　　死亡儀式原是促進人們將「失去的」實際化，讓喪親者表達真正的情感，並感受其他親友給予的支持。在處理死亡事件中，死者的身體常是生者表達真誠和真情的關鍵，並且有助於喪親者適當的紓解悲傷。[註1]因此古代喪禮的設計上，即是透過一連串的肢體接觸，從實際的接觸死亡，體會死亡的真象；經由沐浴、飯含、襲斂、殯葬的身體關懷，表達對死者真誠的情感。由所謂「喪禮，忠之至也。備服器，仁之至也。賓客之用幣，義之至也。」[註2]說明對於親人之喪，必求能盡其忠心追念之心意，使「凡附於身者、附於棺者，必誠必信」，以表達對親人的仁愛之意。因此，喪禮中賓客用幣帛以為賻贈，表達對死者的關懷與喪親者的慰唁，都是仁義的表現。凡此種種，均是以生者飾死者的態度，事死如生，對死者的遺體作妥善細密的處理。從繁複的過程中，表達了對死者的虔誠敬意，滿足了一種補償的需求，[註3]也達成了宣洩悲傷的效果。

〔註 1〕黃天中：《死亡教育概論（一）——死亡態度及臨終關懷研究》（業強，1991
　　　　年），頁 29。
〔註 2〕《小戴禮·禮器》，頁 474。
〔註 3〕項退結編訂：《人性尊嚴的存在背景》馬賽爾原作，岑溢成譯〈必死性、希望
　　　　與自由〉（東大，1988 年），頁 110。

發洩悲傷的終極目標是永懷死者：生者經由自身所承受的痛苦，而對死者付出更深刻的情感。雖然發洩悲傷的過程很緩慢、很困難，且令人疲憊，但是對於人生的體驗卻是豐富而充實的。〔註4〕在哭、拜、稽顙、辟踊的動作中，達到「喪禮盡哀」的心意。所謂「人未有自致者也，必也親喪乎！」、「喪思哀」、「喪致乎哀而止」，〔註5〕均在說明喪禮以哀情爲主，因此孔子云：「喪禮，與其哀不足而禮有餘也，不若禮不足而哀有餘也。」〔註6〕當死亡發生時，我們並不需要太多保護防衛痛苦的經驗，而是大膽的面對它們；也不需要太多鎮靜，而是需要征服的力量。〔註7〕因此，禮儀的制定，即是使我們從哀思的盡情宣洩中，更深刻的體驗生命成長的意義。

每一套喪禮習俗，其背後均有其賴以支持的信仰。每一道儀節的內容，均有其設計的構思；每一種禮制的流傳，也必有其適宜生活的效能。故以下即經由古代喪禮的重點內容，以呈現當時的人如何處理死亡的事件，再從古人對於死亡事件的處理中，觸及人類內心深處的感受，進而探尋當時人對死亡概念的信仰。因此，喪禮儀式的進行，不論在社會學、心理學及哲學上，均有其重要的意義與價值。

第一節　臨終的關懷——從瀕死到死亡

死亡是生命整體的一部分，如同出生一樣自然，是生命的自然現象。但是在一般人的心中，出生是可喜可賀的，而死亡卻是恐怖不祥的，因此對於死亡問題的討論，經常處於避諱或不願多談的層面。然而歷史事實告訴我們：不論古今中外，凡有生，皆有死，只爭來早與來遲。因此死亡是人人都能辦到的，不需要學習、不需要技巧，也不需尋求經驗。

死亡本身並不困難，困難的是個人要如何面對自己垂死前的焦慮與不安，痛苦的是在面對自己所愛的人瀕死前的掙扎與無助，而自己卻只能感受無力與無奈。千古艱難唯一死，這種對死亡的恐懼是全球性的恐懼，〔註8〕也

〔註4〕黃天中：《死亡教育概論（一）——死亡態度及臨終關懷研究》，頁31。
〔註5〕以上均見《論語・子張》，頁171、172。
〔註6〕《小戴禮・檀弓上》，頁133。
〔註7〕黃天中：《死亡教育概論（一）——死亡態度及臨終關懷研究》，頁31。
〔註8〕謝文斌譯，庫伯勒、蘿斯：（Kuebler-Ross，Elizabeth）著《論死亡與瀕死》On Death and Dying（牧童，1973年），頁28。

是人類基本上所不曾改變的結局。死亡對人的打擊，只須一次就是貨真價實的毀滅。﹝註9﹞因此，如何正視瀕死的感受和接受死亡的事實，就是人生中最為艱難，但卻又是十分重要的課題。

一、瀕死前的心理反應

孔子以為「死生有命」，﹝註10﹞顯示他能坦然接受死亡的事實。他也說過「朝聞道，夕死可矣」，﹝註11﹞可見他認為死亡並不值得畏懼。雖然，孔子對於形上學的問題從不提出任何直接的答案，但這並不顯示他對不可知者的漠不關心，而是對這類問題投注一種深刻的敬意——不願輕易將內在的證驗轉化為偽知或流於口舌之爭。﹝註12﹞孔子透過生命的體證，深切明瞭自然生命的存在是有限而無法強求的，但是在他瀕臨死亡時，卻也難免要流露幾許的無助與無奈。因為這就是生命的真實性：生命是有限，但追求永恆與無限卻又是人性普遍的欲求，因而感覺無助與無奈就成為無法避免的結局。

《小戴禮·檀弓上》頁一三○載：

> 孔子蚤作，負手曳杖消搖於門。歌曰：「泰山其頹乎，梁木其壞乎，哲人其萎乎！」既歌而入，當戶而坐。……
> 夫子曰：「……予殆將死也。」蓋寢疾七日而沒。

針對孔子這段話，衛湜《禮記集說》引長樂黃氏榦曰：

> 所以言聖人曳杖消搖，蓋其既病之餘，閒適之際，德容如是，猶所謂逞顏色申申夭夭之類，初非寬縱之謂。若謂將死而不以禮自持，則是不以正而斃，非所以示訓也。﹝註13﹞

「以正而終」的觀念與要求，是儒家在面對死亡的那一刻的最高與最後的期許，代表一個人能死得其時、死得其所，在臨終的一刻，不會因年華虛度而悔恨，更不會因虧於職守而愧怍，而能坦然的、尊嚴地面對死神的降臨。但是這種要求尊嚴的死的死亡態度，並不意謂人在瀕臨死亡時，就不會有、也不能有悲戚與感歎的情懷。禮本於人情，但絕非要求人無情，而是要求一個

﹝註9﹞ 郭大東：《東方死亡論》（遼寧教育，1989 年），頁 3。
﹝註10﹞ 《論語·顏淵》，頁 106。
﹝註11﹞ 《論語·里仁》，頁 37。
﹝註12﹞ 傅佩榮譯，雅士培（Karl Jaspers）著：《四大聖哲》（業強，1990 年），頁 85 ～87。
﹝註13﹞ 衛湜：《禮記集說》，頁 17064；黃氏以鄭注「欲人怪己」為失。

人能夠順情而有「節」，要求內能合於情，外能達於理，使情理能調節到最適宜的平衡狀態，因此「慍斯戚，戚斯歎」〔註14〕都是稱情達理與合禮的表現。所以，任何人在瀕臨死亡時，會有一些情感的波動，是正常合理的，孔子曳杖消搖不必是欲人怪己的行為。

　　早晨，原是充滿希望的，於是孔子就在這既病之餘，把握此閒適之際，曳杖消搖於門。然而有感於魂夢所得，預知自己來日不多，再回顧這一生顛沛流離，困頓受挫，於是百感交集，有感而歌。自歎處於亂世，似乎只能隱居以求獨善其身，但是他的抉擇卻是「鳥獸不可與同群，吾非斯人之徒與而誰與！」〔註15〕於是一生栖栖皇皇，投注於人世的關懷，奔走於列國之間，為的是政治理念的實踐，為的是人生至道的發揮，然而至道不行，如今卻已來日無多，怎能沒有稍許悲涼之意，而有感慨良深之歎惜？有感於泰山誠高，本為眾山所仰，如今卻即將坍崩；棟梁誠壯，本為眾木所依，如今卻即將壞朽；反觀自己，雖是一代哲人，但又即將萎謝，於是悽惻之情油然而生，傷懷之意沛然莫之能禦，再也無法消搖門前，只好反於屋內，並且無心於他事，只是當門而坐；這即是孔子瀕死前的情感變化。然而由於其平生的生活素養極高，知道情感須有節制，同時他也深切體認人生必死的不可逃避性，因此情緒雖歷經多番轉折，卻沒有過激的言論，與不合理性的行為，而能在平靜中走向生命的終程。

　　研究臨終病人心理的先驅──精神科醫師庫伯勒・蘿斯（Kubler.Ross）──曾歸納指出：瀕死者在知道事實真象後，通常在心理上會經歷震驚與否認、憤怒、討價還價、憂鬱及接受等五個階段反應。〔註16〕雖然這五階段的發生時間和順序，經後繼者的研究，發現並無一定規律，它可能同時發生，也可能重複反應，也可能停留在某階段，但這些不同的研究也同時說明：臨終病人的心路歷程是十分複雜的。將這種西方現代臨床醫學的研究，與孔子瀕死前的心態作相應的對照，更可以證明人在面對生命的極限狀況時，所產生的焦慮與不安是相近的，只是程度深淺有別而已。

　　為了舒緩瀕死前的焦慮與不安，因此一個病人如能被允許結束其生命於

〔註14〕《小戴禮・檀弓下》，頁175。
〔註15〕謝文斌譯，庫伯勒、蘿斯：（Kuebler-Ross，Elizabeth）著《論死亡與瀕死》
　　　　On Death and Dying，頁67～195。
〔註16〕《論語・微子》，頁165。

他所熟悉而喜愛的環境裡，那麼他所需要的適應就比較少。兒童如能被准許留在處理喪事的家中，而且被包括在談話、討論及悲傷的氣氛中，反而能使兒童逐漸認識死亡爲人生的一部分，幫助他們建立正確的成長和成熟的經驗，更能讓他們知道當死亡發生時，每個人都有各自該分擔的責任，與接受安慰的權利。如此一來，家族成員之間將會更融洽，生命將得到更高的關懷與尊重。因此，能以人的能力，平靜的面對死亡，〔註17〕將是更人性化的死亡方式。

二、愼終與正終

《小戴禮》中所載由疾病至死亡的歷程，正足以顯示古人愼疾正終的觀念，也表現出中國古人的人性化死亡方式——以人的能力，平靜的面對死亡。

《小戴禮・喪大記》頁七六一云：

> 疾病，外內皆埽。君大夫徹縣，士去琴瑟。寢東首於北牖下。廢床。徹褻衣，加新衣，體一人。〔註18〕男女改服。屬纊以俟絕氣。男子不死於婦人之手，婦人不死於男子之手。君夫人卒於路寢，大夫世婦卒於適寢，內子未命，則死於下室。遷尸于寢，士之妻皆死于寢。

自天子至於士，皆有正寢、燕寢。燕寢爲常居之所，正寢（適寢）則只在齋戒與疾病之時才居住其中。今則因士有疾病，故特別移居於正寢，此即所謂「君子非致齊也，非疾也，不晝夜居於內。」〔註19〕，並將患者安置於較深靜的北牆下以便休息，頭向東以吸收東方向陽之生氣，此即所謂「君子之居恒當戶，寢恒東首。」〔註20〕，徹去樂縣、琴瑟，則是使患者能安靜養病，患者之子女妻妾等也能不受音樂干擾而專心侍養患者，務使做到「父母有疾，冠者不櫛，行不翔，言不惰，琴瑟不御，食肉不至變味，飲酒不至變貌，笑不至矧，怒不至詈，疾止復故」。〔註21〕這些生活的改變，都是侍親者的親情流露。

〔註17〕 謝文斌譯，庫伯勒・蘿斯：（Kuebler-Ross，Elizabeth）著《論死亡與瀕死》On Death and Dying，頁 29～43。
〔註18〕 《儀禮・既夕記》，頁 473：御者四人，皆坐持體。手足四肢各有一人相持，因此御者共四人。
〔註19〕 《小戴禮・檀弓上》，頁 129。
〔註20〕 《小戴禮・玉藻》，頁 548。
〔註21〕 《小戴禮・曲禮上》，頁 43。

　　患者病重時，子女尚須爲患者更換污垢之衣，以免賓客來探問時引起厭惡，保持患者的尊嚴。至於彌留之際，氣息微弱，更須置放纊綿於口鼻間，以驗察氣息之有無。必須等待氣絕才可宣布命終，此即是慎終的觀念。必使生命維持至最後一秒鐘，絕不草率的認定一個人的死亡，使生命止息於其不得不止的最後一瞬間。這種對生命的審慎處理，就是對生命的尊重與珍惜，不到最後關頭，絕不輕言放棄，這種對待生命的態度，就是誠敬的體現與表露。

　　在放置纊綿之時，已是病人奄奄一息之際，而孝子仍不忍親人死亡，於是竭誠祈禱，冀求神之助佑，就成爲人情之常。

　　《儀禮‧既夕記》頁四七四云：

> 乃行禱于五祀。

> 鄭注：盡孝子之情。五祀，博言之：士二祀，曰門、曰行。

面對親人之入於彌留狀態，實已知其生之邈不可得，但是身爲人子，仍不願放棄一絲渺茫的希望，於是分別遣人祈禱，以求眾神之助，原是人之常情。尤其當面臨生死存亡之大事時，由於愛親心切，雖然依〈祭法〉所言，士僅有門、行二祀，但時值生死交關之際，爲人子者實莫不欲眾神能多襄助，因此，孝子虔誠祈禱諸神之助佑，自然是一片純孝之表現，而不能以僭禮視之。故程敏政云：

> 自天子以至庶人，其樂生，疑無不同者，此司命之祭也。……鬼無所歸則爲屬，故自天子以至大夫皆有之，但以差等而異其名。先王之制，仁之至，義之盡也，此族屬之祭也。……《儀禮》士疾病，行禱五祀，則司命、族屬之當與可知也。〔註22〕

關係人之生命安危的，爲司命、族屬之祭，因此衡情論理，若欲行禱，當不會捨此二祀而不禱。由於此時之行禱，實爲非常時期之祈禱，而不同於一般之祈禱，故不能以僵化的規律設限，因爲這是在面對至親瀕死，內心感受最艱難痛苦時，所尋求的最後精神助力，豈會捨此二祀而不求？必待這一切心力都已盡了之時，才能無憾的面對親人的死亡，也不至於在親人氣絕時，徒留太深的自責。

〔註22〕 程敏政：〈一論定司命、竈、中霤、族屬、門五祀〉收於《四庫全書》第一二五二冊，頁 200。鄭玄於〈祭法〉中注云：司命主督察三命，中霤主堂室居處，門戶主出入，行主道路行作，屬主殺罰，竈主飲食之事。

三、瀕死前的關懷

個人需要信仰與儀式的慰藉，無如臨終時之迫切。能在一生過程的終點獲得最後的安撫，是所有原始宗教中最為普遍的精神信仰。由於這種宗教意識的作用，使人有堅忍的力量，能武裝自己的精神，無畏的對抗銳不可當的恐懼與徬徨無主的懷疑。通過儀式的作用，可以表達對於死亡的抗爭心態，並經由儀式的行為，以抵消可能折磨垂死者的一些強烈情緒，〔註23〕達到對垂死者的精神產生慰藉作用。在最後的行禱中，雖然早已預料死亡是不可避免、不可逆轉，也無法替代，更意謂著一個具有意識，且能自我意識的生命主體即將喪失這種精神作用，但是能在親友的最後堅持、最終關懷下離去，實可以使我們明瞭所謂生命關懷的意義——它雖無法阻止死亡的發生，卻可以安撫瀕死者焦慮的心靈。

人不但要求在時間上，活到最終的一瞬以善盡其生，更要求能在臨終之前，已善盡生前所該盡的責任，如此才能在臨終之時，感受一切都無怨無悔的坦然心境。

《小戴禮·檀弓上》頁一二六載：

> 子張病，召申祥而語之曰：「君子曰終，小人曰死。」吾今日其庶幾
> 乎！

人生須到最後盡頭才可分辨何者為人生責任的完結，何者僅為精氣的消盡。因此在臨終之前要說無怨無悔，無論如何是言之過早的。子張之言「吾今日其庶幾乎！」是極具深義的，它說明了慎終是多麼不易。

人除了要求死得其時以外，尚須死得其所。因此各人隨其社會地位之不同，各有其臨終時的正寢所在。臨終之時，男子不死於婦人之手，婦人也不死於男子之手，代表君子重終，避免相褻，總要求死者最後能得正而終。因此曾子病革，尚且要求易簀，即是要求能得正而斃〔註24〕的正終觀念。綜合慎終、正終二觀念，即是中國傳統以來人類處於自然情況下的「壽終正寢」的觀念。

然而，要求能壽終正寢，實須主客觀條件的相互配合才能達成。必須死者本身在其臨死之前，已善盡其一生該盡的責任與義務，也必須是死者的家屬，同時善盡其該侍養的心力與職責，而後才能使死者在死亡的一刻，心境平和的、了無牽掛的走完人生最後的旅程，畫上生命莊嚴的收筆。

〔註23〕朱岑樓譯，馬凌諾斯基著：《巫術、科學與宗教》（協志，1989年），頁40～41。
〔註24〕《小戴禮·檀弓上》，頁117。

第二節　最後的努力──招魂的復禮

面對至親骨肉的死亡，情感深厚的人，短時間內實在不容易也不願意接受這樣的事實，總覺得死者只是沉睡著，於是哭喊著，甚至搖動死者的身體，希望死者能再醒過來。如果這時有人說人死了，哭喊是沒有用的，而強行要爲死者換衣、小斂，死者的家屬無論如何是無法忍受的，此即所謂「孝子親死，悲哀志懣，故匍匐而哭之，若將復生然，安可奪而斂之也？」[註25]由於生者對死者「若將復生」的一絲希望，於是喪禮中安排「復」禮爲第一道儀式。經由「復」禮之後，才開始進行喪事的處理。

一、復生的期盼

《儀禮·士喪禮》頁四○八、四○九云：

> 復者一人，以爵弁服，簪裳于衣，左何之，扱領于帶。升自前束榮，
> 中屋，北面，招以衣曰：「皋！某復。」三，降衣于前。受用篋。升
> 自阼階，以衣尸。復者降自後西榮。

復者穿著正式的朝服，代表對復禮的鄭重其事。招魂時，以最明顯的屋脊中央最高處，爲神魂歸來的目標，代表對神靈來歸的企盼。由於鬼尚陰暗，因此，面向北方幽暗處招魂。藉著魂氣與自身衣裳同氣相應的道理，於是揮舞衣裳，並拉長了聲音呼喊死者的名字，希望藉此呼喊能喚回死者的魂氣。經過大家輪流登上高處，揮舞死者的衣裳，不停的呼喚，如果真是魂氣飄失，也應該可以迷而知返，如果還不能使死者復生，那麼大家也都已盡心盡力，死者的家屬也應能認清死亡是無可挽回的事實，而可以讓人爲死者作小斂的準備。

《小戴禮·檀弓下》頁一六八云：

> 復，盡愛之道也，有禱祠之心焉；望反諸幽，求諸鬼神之道也；北
> 面，求諸幽之義也。

行使「復」禮，是親人對死者表現愛慕不捨的方式，所以執行「復」禮的人必須是死者親近的人，使得飄浮的靈魂容易辨認而歸來。行使復禮者身穿朝服，表示對「復」禮的敬慎，並且仍然以生者看待死者，希望經由如祈禱般虔敬的呼喚，靈魂能從天上、地下或天地之間回來，使死者復蘇。以「禱祠之心」行「盡愛之道」爲行使「復」禮的心理基礎，「望幽」以「求諸鬼神」

[註25]《小戴禮·問喪》，頁 947。

則為當時的事實訴求。

二、魂魄與鬼神

行使招魂之「復」禮，必以有「魂」可復為前提。

《說文》頁四三九云：

> 魂，陽气也。從鬼，云聲。魄，陰神也。從鬼，白聲。

由此可知「魂」與「魄」均從鬼而來。《說文》並於同頁論「鬼」之義則云：

> 鬼，人所歸為鬼。從儿，象鬼頭，從厶。鬼陰气賊害，故從厶。
>
> 凡鬼之屬皆從鬼。〔註 26〕

可見，「鬼」之觀念必先產生，而後凡與「鬼」有關者，再據之以孳乳衍生。因此，魂與魄原為指陳鬼之不同屬性。〔註 27〕然而因為鬼為人之所歸，所以，於本質而言，人與鬼同樣具有形質與精氣之屬性，故而魂魄二字亦用於生人身上。〔註 28〕

《小戴禮·祭義》頁八一三則對神鬼氣（魂）魄論云：

> 氣也者，神之盛也；魄也者，鬼之盛也。……眾生必死，死必歸土，此之謂鬼。骨肉斃于下，陰為野土，其氣發揚于上，為昭明焄蒿悽愴，此百物之精也，神之著也。〔註 29〕

可見當時的認定是：人同時保有魂與魄，當人還存活時，魂魄和形體是合而為一的；當人死亡時，則魂魄脫離形體而出。魂表陽，為輕清，故可歸于天而無所不之；魄表陰，為重濁，故下降而歸于地。由於存亡有別，因此在人死後，將生前附於形體的魂魄改稱為鬼神，亦即魂魄與鬼神原是二而一的。

神，是人生而有之氣，由於氣的作用，於是產生各種精神知覺。當這種

〔註 26〕鬼，甲文作，上象大頭，下象人作長跪狀，膝著地，直上身，表示恭敬之貌。

〔註 27〕高懷民：〈中國古代文化中的鬼神思想〉《文史哲學報》第三十五期，1987 年12 月：鬼為一物，也是一太極，自然具有陰陽二性。

〔註 28〕《左傳·襄公二十九年》，頁 674：人生始化曰魄。既生魄，陽曰魂。用物精多，則魂魄強。是以有精爽，至於神明。《左傳·昭公二十五年》，頁 887：心之精爽，是謂魂魄。魂魄去之，何以能久？

〔註 29〕其餘談論魂魄，見於《小戴禮》者尚有：
〈檀弓下〉，頁 194：骨肉歸復于土，命也；若魂氣則無不之也，無不之也。
〈禮運〉，頁 416：故天望而地藏也。體魄則降，知氣在上。
〈郊特牲〉，頁 507：魂氣歸于天，形魄歸于地。

氣充盛到極致時，就形成一股強大的氣氛，具有一股莫名的力量，產生神而明之的效果。鬼，則爲歸，凡一切有生命的，死後都將回歸於塵土，而存留於人世間的，僅有一些片斷的記憶和飄渺的感覺。當這種感覺或記憶，處於極盛的狀態下，甚至於會活動起來，就成了一般所謂的「鬼」。

當骨肉形骸化爲塵土之後，魂氣（知氣）則仍浮游於空氣之中，飄盪於天地之間，當其凝聚充盛時，彷彿化作日月星辰，散發清香的暖氣，透露悽愴的寒意。這種生物的精氣，在極度顯著的狀態下，呈顯出「神」的存在。這番神靈光明的情識作用，仍能與其他生人之同具有此類情識者相感通、相接觸。〔註30〕也就是說，人須在某種特殊的情境中，心靈處於極度澄明虔敬的狀態下，自我才能感受到鬼神的這種情識作用，達到與鬼神冥契感通的境界。

由於認爲神魂的覺識強，因此在屬纊以俟絕氣後，就準備舉行招魂，希望能將游離不遠的神魂召回，使死者復生。因而復者必定由象徵「陽生之道」的東榮而上，等到招魂之後，死者仍然無法復生，則改從象徵「幽陰之處」的西北邊而下，雖感無奈，卻也盡了生者欲使死者復生的心意。

三、復禮的意義

復禮起源於對鬼神觀念的信仰，目的在於使死者能因神魂之歸來而復生。復禮之開始施行，確實時期已無可考，然而至遲可溯源於重鬼之殷商時期。

《小戴禮·喪服小記》頁六○一云：

> 復與書銘，自天子達於士，其辭一也。

由於殷重質，因此，行使復禮時，臣得以名君；〔註31〕而周世則尚文，因此臣不得名君。故而周天子之「復」，則稱「天子復矣！」〔註32〕諸侯之「復」，則稱「皋！某甫復矣！」〔註33〕亦即「復」之用辭，在周代之重文風氣之下，隨著各人所屬的社會階級不同，而文辭亦隨之有別。除了復辭不同之外，復禮舉行的地點亦有多寡之異：

〔註30〕 孫希旦：《禮記集解》（蘭臺，1971 年），頁 144、288、352、602。錢穆《靈魂與心》（聯經，1990 年），頁 59～71。周師一田《古禮今談》（國文天地，1992 年），頁 208～211。

〔註31〕 《小戴禮·喪服小記》，頁 601，鄭注。

〔註32〕 《小戴禮·檀弓下》，頁 79。

〔註33〕 《小戴禮·檀弓下》，頁 93。

《小戴禮・檀弓上》頁一五一載有：

> 君復，於小寢、大寢，小祖、大祖，庫門、四郊。

國君為一國之尊，因此招魂之禮，要求禮數之完備與禮義之尊崇，故須廣於其生前所到之處而招其神魂。士則僅於自家屋上行使復禮。

至於招魂所用的衣服，亦各有別，故《小戴禮・喪大記》頁七六二云：

> 君以卷，夫人以屈狄；大夫以玄赬，世婦以襢衣；士以爵弁，士妻以稅衣。

亦即招魂所使用之衣服，為各所屬社會階級可穿著的最尊貴衣裳，代表對復禮之最高致意，也是對神魂的最高敬禮。這便是周代人文意識覺醒後，於是加強禮的區分作用，以求達到秩序井然的社會狀態，因此而有等級嚴明的禮儀之表現。

周代在復禮中，由先前專重於對鬼神的信仰，轉而重禮儀之區分，其中的關鍵則在於殷、周以來對鬼神觀念的轉變，故導致禮儀之內容不同。此即《小戴禮・表記》頁九一五～九一六所云：

> 殷人尊神，率民以事神，先鬼而後禮，先罰而後賞，尊而不親；……
> 周人尊禮尚施，事鬼敬神而遠之，近人而忠焉，其賞罰用爵列，親而不尊；……。

殷代尚鬼，所崇拜的對象繁多，求神問卜的事項廣泛，因此，重視「復」禮之招魂原是極其自然的。周代尚文，重視禮制之施行，因此雖然也事鬼敬神，但已採取「敬而遠之」的態度，敬信而不迷信，同時更注重人智的開展，注重人的主觀能動性的運用，排除神權迷信的色彩，雖未嘗反對神道，但是有感於神道幽遠難明，難以掌握，非人力所及，不如對切近的人道多加把握，因此特重人文之美，透過儀式制度之作用，注重人倫階層之區分，以爵列之尊卑作為賞罰。故而顯現於「復」禮儀式中的，即是重文而不重鬼。

由於復生的機會雖非絕對不可能，然而無可否認的，確實是機會渺茫，所以為了使復禮合理化，而且能行之久遠，因此招魂的意義即進而加以深化、擴張，亦即人雖無法因招魂而復生，然而卻可使死者的神魂回歸接受祭享，如此才能與隨後舉行的各項喪禮儀式銜接不輟。由於死者之神魂能回歸，於是一切奠祭才有意義可尋。因此錢穆說：

> 人死魂離，於是而有皋號，於是而有招魂，於喪也有重，於祔也有
> 主以依神，於祭也有尸以像神，凡以使死者之魂得所依附而寧定，

勿使飄游散蕩。〔註34〕

無論是「重」、「主」、「尸」，都是死者神魂之象徵，也是生者對死者思慕時所憑藉的對象，是生者與死者溝通情感的橋樑，而這一切均有賴於招魂的「復」禮爲之開啓層層的帷幕。因此，與其將「復」禮當作迷信鬼魂的行爲，不如認爲是對生者悲痛心情的一種紓解儀式，使生者的情緒能由極度的激動中而歸於理性，更由於死者的神魂有所依歸，相對的，使生者也產生身心安頓的效果。更由於這種對神魂的注重，而凸顯人的精神價值所在；人與萬物之差別原只在毫釐之間，這種些微的差異就在於生者對死者的神魂表達懷念之情中顯露出來。由於神魂的情識作用，串起生死之間的聯繫，曉得人之貴於萬物的，即是人能具有神魂意識的作用，不因死亡而使一切化爲烏有。由於人知道在死後還能存有神魂，且可能與後人發生意識交感的作用，因此可以更懂得珍惜存活時的生命意義。由「只爲自己而活」的自然生物層次，進入「活出自己的生命特色」的精神價值層次，讓自己的神魂意識不但能永遠存活於子孫的意識之內，更永遠存活於其他後人的懷念之中。

第三節　淨潔的玉食——沐浴與飯含

在招魂的復禮之後，死者不可復生已成爲事實，於是生者開始爲死者料理後事。

一、沐浴以潔容顏

喪禮的第一件事是替死者淨身，不過在沐浴淨身之前，則先要進行一些準備工作。

《儀禮·士喪禮》頁四一二云：

> 甸人掘坎階間，少西；爲垼于西牆下，東鄉。新盆、槃、瓶、廢敦、重鬲，皆濯，造于西階下。

坎乃用以掩埋沐浴所餘之潘水及巾栉等物，掘坎于堂下東西兩階之間而稍近于西，以方便丟棄沐浴後的餘物。由於送死爲人生之大事，〔註35〕因此古人對於喪事之處理，均抱持敬愼嚴肅之態度，所以凡所用器必以新器爲之，唯

〔註34〕錢穆：《靈魂與心》，頁55、56。
〔註35〕《孟子·離婁下》，頁144：養生不足以當大事，唯送死可以當大事。

恐平常用過之器皿褻瀆死者之神靈。

　　至於沐浴所用之潘水，為求十分潔淨，所以不可煮於常爨，而須於庭中另外造築新堂以煮之，以防感染垢膩。堂雖以土塊堆成，僅求通孔可煮而已，西牆下升火燒煮熱水也不如廚爨方便，但為求施於死者身上之潘水能潔淨不污，因此雖然費事，可是在死生有別，凡事又須敬謹誠信的原則下，即便是蠅頭小事也絕不敷衍。

　　沐浴時，以新瓶汲水、新盆盛水、新槃盛濡濯以棄于坎。淨身之時，則男為外御，女為內御，〔註 36〕男女有別，絲毫不敢怠慢。故《荀子・禮論》頁六一○云：

> 喪禮者，以生者飾死者也，大象其生以送其死也。故事死如生，事亡如存，〔註37〕終始一也。始卒，沐浴鬠體飯唅，象生執也。不沐則濡櫛三律而止，不浴則濡巾三式而止。

喪事的進行，在於以生人之道文飾死者。由於人人皆欲有清潔的身軀與整齊的容顏，因此，為死者淨身就成為處理屍體的第一步工作。希望藉此淨身之工作使人能由嬰兒始生時之純淨而來，死時也能潔淨一身而歸，達到始終如一之潔淨無垢。

　　人，始於淨，而歸於淨，自君而至士，人人皆同，代表人人生而自然平等如一。至於凸顯其社會地位之異者，則為「君沐粱，大夫沐稷，士沐稻」。〔註 38〕由於各人的社會階級不同，因此以當時社會所能取得穀物之難易不同，而使用不同等級的穀物潘水以供死者沐浴。

二、飯含以盡飽食之愛與關懷之情

　　沐浴之後，接著即行飯含之禮。

　　《荀子・禮論》頁六一一云：

> 飯以生稻，唅以槁骨。〔註39〕

〔註36〕《小戴禮・喪大記》，頁 770：御者入浴，小臣四人抗衾，御者四人。其母之喪，則內御者抗衾而浴。

〔註37〕原作：如死如生，如亡如存。俞樾以為義不可通，當作「事死如生，事亡如存」，並引篇末「事死如事生，事亡如事存」為據以訂正。

〔註38〕《小戴禮・喪大記》，頁 770，作「士沐粱」。《儀禮・士喪禮》，頁 412 作「士沐稻」。

〔註39〕楊倞注：槁骨，貝也。

《小戴禮・檀弓下》頁一六八云：

> 飯用米貝，弗忍虛也。不以食道，用美焉爾。

由於米為生者所食，基於事死如生之原則，因此飯禮用米為不可或缺，且由於這是最後一次進食，因而生者對於死者的最後飽食之愛，盡在於「實米唯盈」〔註40〕的儀式中表露無遺。又由於稻為天然植物，因而米之質性自然，近於太初，故為美；而飯食則已屬人為造作，雖然合於人之口味，但是易於細碎不潔，且遠於自然本性，故為藝。如今人死為鬼，歸於太初之本真，鬼道與人道殊別，而且禮儀貴在取義，而不論實際味道之美惡，所以飯用米而不用飯，此即金鶚所謂「蓋弗忍虛，則無致死之不仁；不以食道，則無致生之不知也。」〔註41〕而人子為死者飯禮之義，已盡在仁知之中。故《白虎通疏證十一・崩薨》頁六三一○云：

> 所以有飯唅何？緣生食，今死，不欲虛其口，故唅。

侍奉親長飲食，為人子平日應盡之常道。如今遭逢親人之死，處於人道之大變，而生者以其哀戚之心、不忍之情，仍願事亡如存，因此以飯含之禮盈實親人之口，使其可以從此終飽，不虞匱乏。

士之所含為貝。貝，原為水中介蟲，古代則在未有錢幣以前，以貝為通行的貨幣。

《說文》頁二八一云：

> 古者貨貝而寶龜，周而有泉，至秦廢貝行錢。

古人在為死者盡飽食之愛之餘，猶不願死者於死後有錢財之窘，因此為之含貝，而且以「三」表「多」，希望死者能擁有多量的錢財，而無經濟窘迫之憂慮。

三、飯含之實物與數量緣於社會階級而有等差

由於飯用沐米，因此各階級的死者所飯之實物各有不同。孔穎達即依據〈喪大記〉與〈士喪禮〉之內容，以差率推論，而得天子當沐黍、飯黍之說。〔註42〕因此即得有飯禮之實物內容：天子飯黍、諸侯飯梁、大夫飯稷、士飯稻。此四種穀物均為可供飽食之物，因此以「米」為通稱。然而緣於社會等級有別，故而於最後進行飽食之禮時，以不同之實物代表階層之相異。

〔註40〕《儀禮・士喪禮》，頁421。
〔註41〕金鶚：〈求古錄禮說・喪禮飯含考〉見《皇清經解續編》，頁5798。
〔註42〕《小戴禮・檀弓下》，頁168：飯用米貝之孔疏。

含禮之實物內容與數量，則資料較爲分歧。

《小戴禮·雜記下》頁七四九云：

> 天子飯九貝，諸侯七，大夫五，士三。

此或爲較早期的制度，在經濟條件尚未很發達時，僅以容易取得的「貝」爲貨幣對象，因此各階層的人均以「貝」爲含禮之內容，代表死後仍然擁有錢財。同時另以「三」爲「多」之基準，按等級之不同依次遞增，而以天子之「九」代表陽數之最極點，與天子九五之尊位相比配。

《周禮·春官·典瑞》頁三一六云：

> 大喪，共飯玉、含玉。

《白虎通疏證十一·崩薨》頁六三一一云：

> 天子飯以玉，諸侯以珠，大夫以璧，士以貝也。

《公羊傳·文公五年》頁一六七載：

> 含者何？口實也。

> 何注：天子以珠、諸侯以玉、大夫以璧、士以貝，春秋之制也。

由上述幾條資料之差異，即可推知含禮實物之異，當與各時代的經濟條件、所使用之貨幣種類有關。亦即社會經濟情況在脫離以擁有簡單而易取之物爲滿足之後，轉而以營求其他難得之貨爲寶。因此於行使含禮之時，即緣於社會階層之差異性，而配以當時貴賤意義不等之財貨，亦即由〈雜記〉所載之以數量區別社會階級，轉而以質變區別等差。

四、從出土的資料看含物對生命的意義

根據考古出土的資料顯示：古代的「含」，包括有貝、錢、玉、石等物品。殷商時代由於以貝爲通行的貨幣，所以「含」之物自然以「貝」爲主。〔註43〕周代以後則因爲泉布和銅錢流通，所以多有改含銅錢者。〔註44〕《周禮》則明確指出天子飯玉。現今可見之出土資料，可代表殷、周時代以玉爲含的則有：安陽大司空村殷墓——曾出土玉魚、玉珠、玉管、玉塊、玉片、貝殼及蟬形玉四件。小屯殷墓——出土一玉蟬。洛陽西工段西周墓——出土一蟬形

〔註43〕馬得志等著：《考古學報》1955 年第九期，安陽大司空村發掘報告：殷代墓中死者口中常含有一枚或二枚貝。

〔註44〕顧仁毅：〈從「儀禮」到「文公家禮」談喪禮中的「飯」與「含」〉見《國民教育》，1991 年 4 月。

玉含。膠縣西菴西周遺址——出土一小玉圭。陝西扶風雲塘西周墓——出土玉蟬、玉蠶各一。鄭州二里岡戰國墓——出土玉環。〔註45〕

　　從目前所見的殷、周玉含資料，顯現玉含的形狀雖頗爲蕪雜，但是以蟬或蠶爲造型的玉含已隱然可見。至於漢代後期的玉含則以蟬形爲主，這可能與琢磨技術的進步有關，〔註46〕也代表蟬的象徵意義在漢代已發展成熟。因此王大智即以爲蟬在中國人的觀念中曾出現過幻化與高潔兩種象徵意義，這可能和古人琢治玉蟬有關。〔註47〕中國人對蟬的觀念，即如《史記・屈原賈生列傳》頁一〇一〇所云：

　　　　蟬蛻於濁穢，以浮游塵埃之外，不獲世之滋垢，皭然泥而不滓者也。

蟬兒餐風飲露，代表品格高潔。蟬蛻以後，則脫去舊殼，脫離舊環境，而進入清新的另一環境。因此蟬蛻並非死亡，而是幻化的開始。古人或許有鑑於蟬的這一特徵，因此在西周時即有玉蟬的玉含出現，代表古人對生命的觀念是：死亡並非永遠的絕滅，死亡本身只是一種變化。經由這番變化，生命或可提昇至另一清新之境。至於與玉蟬同時出現的玉蠶，也具有蠶蛻生長的意義，由每一期的蠶蛻變化，生命邁向另一更高的層次發展。因此古代玉蟬、玉蠶的製作與使用，就是根據類似律或象徵律原則，認爲凡相類或可互相用爲象徵之物，在冥冥中都可相互影響。〔註48〕基於這種交感心理，古人將玉蟬或玉蠶置於死者口中，以求其蛻變幻化、精神不死，並希望死者能以自身高潔爲期許。此即是說古人由於喜愛蟬與蠶的象徵意義，進而喜愛玉蟬與玉蠶，也由於這種心理因素，導致玉蟬（蟬形亦與舌相似）的大量製作。

　　除了蟬與蠶有特殊的生命蛻化意義以外，「玉」在中國人的心目中，向來就帶有神祕的色彩，認爲它能避邪去凶，帶來福祉，因此各種玉石製品，便自然而然的成爲宗教上及禮儀上具有特殊意義的器物。古人更把這種溫潤的石頭，比德爲君子而崇拜之。〔註49〕故《小戴禮・聘義》頁一〇三一云：

〔註45〕王大智：〈啥蟬與貂蟬〉見《故宮文物》，1984 年 7 月。
〔註46〕顧仁毅：〈從「儀禮」到「文公家禮」談喪禮中的「飯」與「含」〉見《國民教育》，1991 年 4 月。
〔註47〕王大智：〈啥蟬與貂蟬〉見《故宮文物》，1984 年 7 月。
〔註48〕汪培基譯，J. G. Frazer 著：《金枝》（The Golden Bough）上（桂冠，1991 年），頁 21～155。
〔註49〕《說文》：玉爲石之美，有仁、義、知、勇、潔五德。
　　　　《管子・水地》稱玉有九德：仁、知、義、行、潔、勇、精、容、辭。
　　　　《說苑・雜言》稱玉有六美：栗理聲近、徐而聞遠、折而不撓、闕而不荏、

> 夫昔者君子比德於玉焉。溫潤而澤，仁也；縝密以栗，知也；廉而
> 不劌，義也；垂之如隊，禮也；叩之，其聲清越以長，其終詘然，
> 樂也；瑕不掩瑜，瑜不掩瑕，忠也；孚尹旁達，信也；氣如白虹，
> 天也；精神見于山川，地也；圭璋特達，德也；天下莫不貴者，道
> 也。

玉，有此十德，故君子貴之。因此，玉，最初只是高級貴族的專用品，大夫尚且不得以玉爲含。然而禮制破壞後，大夫多僭國君之禮，其中以玉爲含者，實多有之。更由於社會經濟的變遷，貴族沒落，平民富有者漸多，加上人們對玉的喜愛，因此玉又轉而成爲民間的重要裝飾品，於是死後自然也多以含玉爲主，而這也象徵人們對君子之德的期許至死不渝。

飯含之禮，除了表達生者對死者飲食、錢財之關愛以外，更透露出人們對君子之德的嚮往，有生之年，願成爲君子，死亡之後，仍願如蟬蛻之化育，由暫死而轉生、再生，且希望能永保君子之美德。

第四節　貼身的包裝——襲與斂

人面對親人的死亡，心理的感受基本上有三：悲哀、恐懼和厭惡。〔註50〕悲哀之情，本乎人性自然的流露；恐懼之感，出於鬼魂爲祟的信仰；〔註51〕厭惡之意，則來自死者屍體的變形。在敬愛死者與討厭屍體變形的兩種情緒交織下，減輕了對鬼魂的恐怖心理，又由於生者對死者的情意綿綿，於是對屍體作進一步的收藏工作。

因此，經過沐浴、飯含之禮後，緊接著的即是襲尸的步驟。

一、襲與冒

《荀子・禮論》頁六一一云：

> 充耳而設瑱。說褻衣，襲三稱。縉紳而無鉤帶矣。設掩面儇目，鬠

廉而不劌、有瑕必求。

〔註50〕朱岑樓譯，馬凌諾斯基著：《巫術、科學與宗教》（協志，1989年），頁29。

〔註51〕古人以爲鬼魂或因強死，或因乏祀，或因祭享不潔而會降禍於人。如《左傳・僖公十年》即載有晉惠公因不依禮改葬恭太子申生，所以申生現形，並請於天帝懲罰惠公。《左傳・昭公七年》鄭大夫伯有爲厲，殺數人。諸如此類，春秋之時，鬼祟禍人的例子所在多有。

而不冠笄矣。

商祝先撤去飯含時覆面之巾，循著由上而下的順序，設掩、瑱、幎目，〔註52〕然後襲衣三稱，以褖衣在裡，親明衣，其次爲皮弁服，而以爵弁服在外。仍然插笏於大帶，如生之時之便於取用，但所用之帶，已由生時之用以佩戴玉的革帶，更換爲練帶緇辟。用以束衣的緇帶（大帶），也改變成黑繒帶、朱綠飾，而且帶上也不再設有鉤以便於弛張，因爲，從今以後，衣帶已不必再寬解，「鉤」自然也免了。冠與笄，爲男女正式的重要裝扮，但對於死者，則僅以組束髮，而不加冠，女則不加笄。〔註53〕鬠笄用桑，即是代表「喪」之義，代表這一切生者爲死者的裝扮，雖然都以「事死如生、事亡如存」的原則進行，但畢竟是生死殊途，存亡有別，死矣，喪矣，不可復矣！

古之死者，唯有襲衣親身，服如生時，而以代表最尊貴的爵弁服著於外層，表示生者對死者服飾儀容的最高尊重。

襲尸之後，則進而掩藏其形體，設冒以橐之。

《小戴禮‧雜記下》頁七三九云：

> 冒者何也？所以掩形也。自襲以至小斂，不設冒則形，是以襲而后設冒也。

人死之後，屍體會僵硬變形，而與平常的模樣不同，和其他動物的死亡沒什麼兩樣。因此，除了將屍體的形貌加以裝飾以外，仍須將屍體加以遮掩，使生者能壓抑對屍體的厭惡與畏懼的心理。「襲」尸之後，死者的頭臉雖已不能看見，但是形體仍然可見，因而要再用「冒」套住全身。至此，則整個形體都在布袋的裝裹下而不可見了。克服了對屍體的厭惡感之後，悲哀之情才能盡情的流露出來。

二、小斂象徵自然生命的平等

《荀子‧禮論》頁六〇五云：

> 死之爲道也，不飾則惡，惡則不哀。……故變而飾，所以滅惡也。

變飾以滅惡，然後才能盡哀戚之情，才能維繫家族間的人倫之情。因此，小斂、

〔註52〕《儀禮‧士喪禮》，頁421。
〔註53〕《儀禮‧士喪禮》，頁420，云：鬠用組，乃笄。荀子則云：鬠而不冠笄。二者稍有出入。而聶崇義〈三禮襲斂圖〉則言：鬠笄用桑，長四寸。……笄長四寸者，不冠故也。若冠，則笄長也。古之死者，但鬠笄而不冠，婦人但鬠而無笄。聶氏由男女之別而詳加區別笄與不笄之實，當是較爲周延的說法。

大斂時制絞衾,並將屍體層層包裹,即是避免使人對屍體產生厭惡感。〔註54〕
小斂之後,由於屍體已飾,所以徹帷,然後生者才能對死者「撫之」、「挽之」、
「馮之」、「奉之」、「拘之」、「執之」而哭。大斂之時,由於又要經歷一番周折,
場面難免零亂,因此須再度帷堂,而於斂畢後徹帷。

　　小斂於戶內,衣十有九稱。小斂時用衣十九稱,即在於法天地之終數。
〔註55〕由於天之數以九爲終,地之數以十爲終,而人生於天地之間,與天
地合稱三才,爲天地之間之最貴者,如今,又於天地之間而卒,因而取天地
之終數,合而爲十九,因而有小斂十九稱之數。由於「天地者,生之本也。」
〔註56〕如今棄天地之生養而死,因此死亦回歸於天地。此爲自天子至於庶
人,莫不如此。故而自天子至於士,小斂之衣均爲十九稱,沒有例外。這種
生命本於天地,回歸於天地的思想,呈顯出生命的實然性與自然性,說明人
稟天地之陰陽以生,因此對陰陽和合的要求具有同質性的渴望。人死之後,
陽魂歸於天,陰魄復於地,因而小斂之衣,以九象徵魂氣之歸屬,以十象徵
體魄之去處,代表自然生命之始於陰陽,亦歸於陰陽,均爲自然之變化。

三、大斂區分社會生命的等級

　　小斂之後,則爲大斂。

　　小斂的目的在於對屍體善加珍攝,大斂的目的則在於使屍體妥爲保存。
〔註57〕除了善與妥的實質要求以外,由於大斂所用衣數之不同,則其所代表
的意義亦隨之不同。大斂:君百稱,大夫五十稱,士三十稱。〔註58〕即是由
於社會階級之不同,所用之衣數亦各有別。此說明人稟於陰陽變化的自然生
命雖然相同,但是由於個人生命活動的空間與服務社會的能力不同,因此就
有社會階層之區分。這種社會階層之區分,即是配合人文意識的發展,經由
區分而達到不同層次的名位。由於各名位有不同的分際要求,而這種名分階

〔註54〕《小戴禮・檀弓下》,頁175:制絞衾……爲使人勿惡之也。《小戴禮・檀弓上》,
　　　　頁147:尸未設飾,故帷堂。
〔註55〕《小戴禮・喪大記》,頁772,鄭注。
〔註56〕《荀子・禮論》,頁587。
〔註57〕周師一田:《古禮今談》,頁152。
〔註58〕《小戴禮・喪服大記》,頁778:大夫五十稱、士三十稱。孔疏:鄭注〈雜記
　　　　篇〉(頁726)以爲襲禮:大夫五、諸侯七、上公九、天子十二稱。則此大斂,
　　　　天子當百二十稱,上公九十稱,侯伯子男七十稱。今云君百稱者,據上公舉
　　　　全數而言之。

層的區分，則在尸身的最後形體包裝中，呈顯出它的社會意義，代表對於爲社會辛勞一輩子的生命，給予相應的回報。因此以不同的衣稱與其社會階級配應，作爲死後的哀榮。

四、祭服尊貴而不可倒放

然而不論是象徵自然生命一律平等的小斂，或代表社會生命價值區分的大斂服數，二者之間，又有它們的共同之處，即是《小戴禮・喪大記》頁七七九云：

> 小斂、大斂祭服不倒，皆左衽，結絞不紐。

由於大小斂時，所用的服數很多，而且襲尸之後，尸身已用「冒」套住，因此不論小斂或大斂時，衣裳均非親著於尸身。又由於要求包紮完善，因而散衣可因需要而倒置，但祭服尊貴，不可倒放，只更改衣襟爲向左，且不用屈紐，而於布絞之末打結，表示此結已不必再解開，而這也代表著生命的不可回復性。因爲經此大斂後，即將包紮妥當的屍體，奉入棺內，而終不可再見了。

五、妥善收藏遺體並確認死亡事實

經過層層包裹的屍體，希望由於衾布的隔絕空氣，而達到延緩腐朽的目的；這是生者對死者遺體妥善收藏的表現，也是人子愛親的心意流露。

從始死之日的襲，到三日而斂，是孝子最爲傷痛之時，悲哀惻怛，水漿不入。故《小戴禮・問喪》頁九四七云：

> 故曰三日而后斂者，以俟其生也。三日而不生，亦不生矣，孝子之心亦益衰矣。家室之計，衣服之具，亦可以成矣；親戚之遠者，亦可以至矣。是故聖人爲之斷決，以三日爲之禮制也。

《小戴禮・檀弓上》頁一一二亦云：

> 喪三日而殯，凡附於身者，必誠必信，勿之有悔焉耳矣。

喪禮的進行，每動愈遠，而不可回復，因此對於每一步驟的進行，都要求敬慎誠信，以免他日有所遺憾。三日而斂，可以配合生者的情感適應，也可以有足夠的時間備辦陪葬所須的物品，並安排儀節的進行，應是合情合理的決定。

從面對親人死亡時產生激動的、紊亂的情緒，經由繁瑣細密的儀節安排，使生者由於多爲死者盡一份心意，相對的，也多感到一份心安，直到大斂後入棺，才算是生者對死者的身體進行直接接觸的結束。這時死者雖然尚未能

入土爲安，但生者對於死者死亡事實的認定，也已經歷一番轉折，而漸能認清死亡是人生中的最後一件事，而且也是已經發生的事實，無法否認，也無法逃避，雖感無奈，卻也只能勇於面對、勇於承擔。因此襲與斂的程序，即是藉由一道道的屍身密封，一方面達到保存屍身長久不腐的目的，滿足生者對死者之屍體不忍其化歸於虛無的心理需求，一方面藉由衣物的層層包裹，代表層層的隔離，使生者在心理上經由重重的隔離作用，而學習鬆解與死者之間的情感聯繫。

第五節　心靈的緩衝──殯以待葬

死者在小斂以後，屍體已由內寢移至堂中床席之上。第二天天明之後，在靠近西階之處掘個坑，將棺木放在坑上。然後主人將大斂後、包紮妥當的屍體擡入棺中，蓋上棺蓋。自奉尸入棺之後，直到出殯安葬之前，棺柩一直停放於此，是之謂「殯」。

一、停殯的位置代表不同的生命觀念

停殯放之位置，三代各有不同。

《小戴禮·檀弓上》頁一三○云：

> 夏后氏殯於東階之上，則猶在阼也。殷人殯於兩楹之間，則與賓主夾之也。周人殯於西階之上，則猶賓之也。

夏代殯於東階（阼階）之上，表示死者仍是主人的身分。殷人則殯於堂中兩根楹柱之間，表示死者的身分介於賓主兩種身分之間。至於周代，則改殯於西階之上，表示以賓客的身分看等死者。由此可知：三代由於人文思想之逐漸開展，因此殯放棺柩之處愈去愈遠，〔註 59〕對於死者的看待，也由主人轉而爲賓主之間，再轉而爲賓客，愈推愈遠。

《白虎通疏證十一·崩薨》頁六三一一：

> 夏后氏教以忠。忠者，厚也。曰：生，吾親也；死，亦吾親也。主人宜在阼階。殷人教以敬。曰：死者將去，又不敢客也，故置之兩楹之間，賓主共夾而敬之。周人教以文。曰：死者將去，不可又得，

〔註 59〕衛湜：《禮記集說》，頁 17064，引嚴陵方氏曰：凡此，以其世漸文而殯死之所愈遠而已。

故賓客之也。

夏代以忠厚教人，民性朴質，以新死者不異於生，均爲我之親人，因此仍以主人相待，對於生死的觀念，重在主觀情感的認同。殷人則率民以敬鬼神，以爲人死爲鬼，鬼神居尊位，而堂上之位，以兩楹之中間爲人間之最尊位，因此以此尊位停殯，代表對於生死的觀念，夾雜於主觀情感的認同與客觀理智的承認之間。周人則注重文飾之美，認爲死者與生者不同，人死而爲鬼，而鬼神之位在西，因此以賓客對待死者，代表對於生死的觀念，已能趨向於客觀理智的認定，能畫清人鬼的分位，把握生者對死者應盡的情意。

二、停殯的需要

從三代棺柩停厝位置的不同，可以看出他們不同的死亡觀念。雖然各代的制度各不相同，但大斂之後到安葬之間，都要經過一段停殯的時間則相同。

《小戴禮‧間喪》頁九四六云：

三日而斂（在床曰尸，在棺曰柩），動尸舉柩，哭踊無數。

凡是動尸舉柩，都會觸動生者的情感。由大斂到下葬，又要經歷由有形到無形的劇烈轉變，對於具有深情的親人而言，是不容易接受的，因此停殯的安排，就含有調適心情的緩衝作用。停厝期間，早晚各有一次奠拜，作爲平時生活中昏定晨省的延續，希望藉由憑柩奠拜，逐漸體會生命之從有歸於無的事實，讓生者學著控制情緒，把悲傷埋藏於心底。因此，停厝的設計，就在於順應生者對死者情意難捨的人情需求。

停厝除了情感因素以外，對於備辦安葬所需的用品，也要一段時間準備，必求「凡附於棺者，必誠必信，勿之有悔焉耳。」〔註60〕以盡人子孝親之一番心意。由於有這段緩衝的時間，然後「遠者可以至矣，百求可以得矣，百事可以成矣！」而終於可以達到「其忠至矣，其節大矣，其文備矣！」〔註61〕的情境。因此要辦妥一切的人事節文準備，也是殯柩儀式存在的客觀原因。

三、停殯的期限

至於停殯的時間，則隨各人的社會階級而別。

《小戴禮‧王制》頁二三九云：

〔註60〕《小戴禮‧檀弓上》，頁112。
〔註61〕《荀子‧禮論》，頁604。

天子七日而殯，七月而葬。諸侯五日而殯，五月而葬。大夫、士、
庶人三日而殯，三月而葬。〔註62〕

殯期從三個月到七個月不等，除了大夫以上用冰鎮屍以外，士庶人只能用水
聊表心意，並設熬，〔註63〕加魚腊，用以惑蚍蜉，使不至棺。雖然以今天科
學的觀點而言，設熬對屍身的保存可能適得其反，然而古人的這份惘惘愚誠，
更能顯示生者對保存死者屍身不壞的熱切渴望，不但要求精神長存，而且不
欲其死後速朽，〔註64〕更冀求雖離形而隨形的「魄」，能由於屍身的長存，而
仍然保有低度的感知作用。這即是生者欲與死者保持聯繫的心理企求。因此，
停殯除了讓生者體會死亡是無可挽回的事實，希望以理智的方式克制情緒的
激動，斷絕生死混同的夾雜關係；另一方面，又多情的希望屍身不腐，長保
感知，使生者與屍體有密切的聯繫。〔註65〕

　　長短不等的殯期，除了考慮屍體防腐措施不易之外，更配合死者生前社
會關係的廣狹，而作不同差等的體制。

　　《荀子‧禮論》頁六○二云：

天子之喪，動四海，屬諸侯。諸侯之喪，動通國，屬大夫。大夫之
喪，動一國，屬修士。修士之喪，動一鄉，屬朋友。庶人之喪，合
族黨，動州里。

由於各人的社會地位不同，因此由死亡產生的悲哀氣氛所籠罩的範圍也相對
的不同，所以前來弔問慰唁的人員多少也自然有別。若驚動的人多，則需較
長的殯期供生者思慕致哀：天子之死，如天形之墜壓，四海之內皆可目睹，
率土之濱人人皆知，因此天子死曰崩，哀動四海，合聚諸侯，故殯期可長達
七月之久。諸侯之死，如一國之失陽，亦如天崩之餘聲，故稱諸侯死為薨，

〔註62〕周師一田：《古禮今談》，頁159：〈禮器〉、〈雜記下〉所載不同者是庶人不包
　　　　括在內。庶人容或家用不足，無法要求其備禮，此即「禮不下庶人」之意。
　　　　殯期有七月、五月、三月之等，應該都是就上限而言。由於至少大夫以上才
　　　　可以用冰，因此士或庶人的殯期可能最多不超過一個月，或甚至隨時安葬。
〔註63〕君：四種（黍、稷、粱、稻）八筐。大夫：三種（黍、稷、粱）六筐。士：
　　　　二種（黍、稷）四筐。
〔註64〕章景明：〈祭‧喪之禮吉凶觀念之分別〉見《三禮論文集》（黎明，1982年），
　　　　頁175：由於殯葬之間，尚有相當的時日，死者的形體未藏，而靈魂又屬不滅，
　　　　則死者的家屬對於死者復活的可能，自然還抱持某種程度的期望。
〔註65〕朱岑樓譯、馬凌諾斯基著：《巫術、科學與宗教》，頁30：對屍體的處理方式，
　　　　表現二相反的期望──保持聯繫、斷絕關係。

哀動通好之國，合聚大夫，故殯期可達五月。大夫之死，如精耀之終，故稱卒，哀動於國內在朝之人，故殯期可達三月。士之死，爲不終仕祿，哀動於一鄉，合聚朋友。庶人之死，魂魄去亡，哀動州里，合集族黨。〔註66〕爲使具有哀情的人，能從容前來致哀，因此自士以至天子，分別有二到七個月時間不等的停殯期。

四、殯處的設施

停殯時的設施也各有差異性。

《小戴禮‧檀弓上》頁一五三云：

> 天子之殯也，菆塗龍輴以椁，加斧于椁上，畢塗屋，天子之禮也。

《小戴禮‧喪大記》頁七八六亦云：

> 君殯用輴，欑至于上，畢塗屋。大夫殯以幬，欑置于西序，塗不暨
> 于棺。士殯見衽，塗上帷之。

棺柩之殯，自天子之至尊隆盛，至諸侯、大夫、士則依次減殺降等，且只有天子可以畫龍爲飾，代表天無二日、朝無二尊的「歸於一」的思想，代表生命價值之對最高尊位——天子——之肯定。

自古以來，「龍」即是中華民族的象徵。由於龍的形象以蛇身爲主，再加上多種動物的特殊部分而形成。這可能意謂著蛇圖騰不斷合併其他圖騰而逐漸演變成龍。〔註67〕因此龍具有強大的生命力量，能帶來祥瑞、化身爲天子，與天帝有密切的關係，所以「龍」之形象爲天子所獨尊。因爲龍有這種旺盛的生命力，所以可象徵人奮鬥時的意志力量，因此於停厝之時，即於載柩之靈車車轅上畫龍，象徵這股生命力可以上騰於天、下潛於淵的神妙能力。〔註68〕

五、停殯的意義

由大斂到安葬，是死者由有形進入無形的一大巨變。對於喪親者而言，是情感上的嚴重考驗。因此停厝待葬，即是消極的舒緩喪親者的濃烈情緒，

〔註66〕 參照陳立：《白虎通疏證十一，崩薨》，頁6306。

〔註67〕 《太平御覽》九二九卷引《歸藏》：昔夏后啓土乘龍飛以登於天罕。《帝王世紀》：夏后氏，姒姓也，母曰修已。李澤厚於《美的歷程》（谷風，1987年），頁36，以爲：夏部族或部族聯盟可能與蛇——龍圖騰傳統有關。

〔註68〕 《易‧乾卦》，頁9、10：或躍在淵，飛龍在天。

體會死亡是無可挽回的事實；積極的強化喪親者的理智認同，徹悟死別是人生必經的結局。更重要的，在於將這種屬於個人情感的緩衝設施，擴大爲社會價值意義的呈顯表露。經由殯期長短的有別，讓社會各階層的人得以盡情盡理的表達他們哀思仰慕的心意，並由殯處設施的相異，藉由不同的外飾，表達不同的象徵意義，呈現層級有序的社會意義，並以龍所象徵的旺盛生命力，作爲人生奮進時的動力來源。

停殯待葬，即是透過時（殯期的長短）空（殯處的設施）的雙重作用，將原來用以調適個人情感的目的，提昇至以社會意義的確認與價值取向的遵循爲指標。因爲人自始即是社會的生物，善於使用各種符號，[註69]具有追求意義的潛在趨力，因此爲求社會運作順利，故有不同的社會階級產生。各階級則由於服務社會的廣狹面不同，故而對社會具有不同的意義。因此當其死亡時，即藉由靈柩之瞻仰，殯處之裝飾，重新貞定其生前的生命意義，更進而使生者由於對死者生命意義的貞定，轉而確立自我生命價值追尋的目標，懂得在自己的分位上盡自己該做的事，掌握自己生命該遵循、努力的方向。

第六節　不歸的旅途——啓殯至下葬

葬前一日，自殯宮啓殯朝祖，代表爲人子之禮，凡外出必面告父母，以盡孝子之情。

一、啓殯以朝祖辭行

《小戴禮・檀弓下》頁一七二云：

> 喪之朝也，順死者之孝心也，其哀離其室也，故至於祖考之廟而后行。殷朝而殯於祖，周朝而遂葬。

由於即將離開平日生活的宮室，因此至於祖考之廟辭行，以表達死者徘徊流連、不忍遽去的哀傷之情。殷人重質，以爲人死即爲鬼神，但是由於情感的夾雜，因此以兩楹間的尊位停殯，然而畢竟神以居於宗廟爲尊，故於葬禮之前朝而後遂殯於祖廟。周則重文，以爲親雖亡歿，且已經以賓位對待死者，但以死者之心實不欲遽離其寢居之處所，故至葬前而始朝廟道別。二代之禮

〔註69〕卡西爾（Ernst Cassirer）：《人論》An Essay on Man （結構群，1991 年），頁41：我們應當把人定義爲符號的動物，來取代把人定義爲理性的動物。

雖有不同，但都能代表生者爲死者設想的殷殷赤忱，各有其可取之處。

上士有祖禰二廟者，先朝禰廟，繼朝祖廟。饌於禰廟者，如小斂奠；饌於祖廟者，則如大斂奠。〔註 70〕喪禮之設奠，由於始死時未忍即以死者看待亡故之親人，因此小斂以前皆奠於尸東，象平生飲食尚用右手，並且不設席位，猶且冀望死者能復生而食，不忍遽以神道事之。大斂後，則死者不能復生已成事實，於是始設席次，以神相待，且設於室中西南隅之奧，以表尊位。喪禮每動而遠，有進而無退，因此啓殯後諸奠，均設於柩西之神位，〔註 71〕這就是生者以死者爲尊、爲大的傳統觀念。至於柩朝祖廟，升降自西階，鄭玄以爲「猶用子道」，〔註 72〕表示順從死者之孝心。由此可知：生者對死者，秉於一念之孝心，即使小至於設奠之位置，也能處處爲死者之方便而作周詳之考慮，並時而不忘以死者爲尊的敬意。再進而爲死者推想其平生孝親之禮，臨行不忘辭別先祖，於是上下幾代之間親情的聯繫，於此朝祖的儀式中，得到切實的維繫效果，使生者更能因此而體驗生命因爲一代代的傳承，才形成人類生命所以異於其他生物的可貴之處。因爲每個人的自然生命雖然是有限的存在，各代表一個階段，但是當他融入整個家族團體中，則原來每一個單獨存在的有限個體，在家族的延續中，均得到不朽的保障；也就是說，有限的存在已開展出另一層無限的意義──個人生命儘管有盡，家族生命卻可無窮。

二、設祖道以餞行

將葬，祖于庭。

生時將行，有飲餞之禮，謂之「祖」。今則死者即將遠行入壙，而孝子之心仍然以生者看待死者，因此爲之設飲餞之禮。

《儀禮・聘禮記》頁二八三云：

出祖釋軷，祭酒脯，乃飲酒于其側。

鄭注云：祖，始也。既受聘享之禮，行出國門，止陳車騎，釋酒脯之奠於軷，爲行始也。詩傳曰「軷，道祭也」，謂祭道路之神。春秋

〔註 70〕 小斂奠：特豚一鼎，兩甒、一豆、一籩。
大斂奠：陳東方之饌于棜上，兩甒、兩豆、兩籩、一簋，簋實角觶、木杓、素勺，饌北有奠席。三鼎：豚、魚、臘。
〔註 71〕 徐福全：《儀禮士喪禮既夕禮儀節研究》（1979 年，師大國研碩士論文），頁 294。
〔註 72〕 《儀禮・既夕禮》，頁 450：「升自西階」鄭注。

傳曰「軷涉山川」，……道路以險阻爲難，是以委土爲山，伏牲其土，
使者爲軷祭酒脯，祈告也。

古代交通不便，要出遠門，總要擔幾分風險，於是就設有「祖道」之祭。認爲
祭過道路之神後，則可以祈求平安，能夠快快樂樂的出門，平平安安的回家。
於是因爲送行而有祖道之祭，又由於祭神而有宴飮之俗，大家相聚，爲遠行者
餞行，並祝禱其一路平安，因此飮餞之例淵源久遠。〔註73〕孝子之心即是本於
這種祈禱將行者一路順風的心意，爲即將出行的死者設祭。由於喪禮的每動輒
遠，於是祖道之祭再由廟堂推而至於庭，而這也說明「死別」是愈來愈近了。

三、大遣奠

葬之日，陳大遣奠。

《儀禮‧既夕禮》頁四六三云：

陳鼎五于門外，如初。

鄭注：鼎五：羊、豕、魚、腊、鮮獸各一鼎也。士禮特牲三鼎，盛
葬奠，加一等，用少牢也。如初，如大斂時也。

特牲饋食禮爲士禮，僅有豕、魚、腊三鼎。少牢饋食禮則爲大夫之禮，有羊、
豕、魚、腊、膚五鼎。葬日遣奠不用特牲三鼎，而爲少牢五鼎者，在於喪禮
爲大事，而葬禮又爲喪禮中之特重者，因此攝盛加等，代表特加尊重之意。
然而此雖攝盛用五鼎，但豚解而非體解，〔註74〕且以鮮獸代膚，腊則用兔而
不用麋，是又有異于大夫少牢禮之處。

撤去遣奠之後，即以陳器中之二苞包裹羊、豕之肉，以供入壙之用，其
餘三組因非正牲，故不用以入壙。

《小戴禮‧雜記下》頁七四○云：

夫既遣而包其餘，猶既食而裹其餘與？君子既食，則裹其餘乎？……
夫大饗，既饗，卷三牲之俎歸于賓館。父母而賓客之，所以爲哀也。
子不見大饗乎？

父母，本爲一家之主，如今卻只能以賓客相待，而且是永遠不再回來的賓客，
所以對孝子而言，是極悲哀的，因此雖已設有遣奠，仍然希望親人能將饗食

〔註73〕《詩經‧邶風‧泉水》，頁101：出宿于泲，飮餞于禰。
〔註74〕禮，成牲者皆體解，僅小豚用豚解，此羊、豕皆大牲而用豚解，或因喪禮之
故，代表吉凶有別。

所餘的帶走，以備不時之需。但由於僅有羊、豕爲正牲，因此只包裹羊、豕之肉送入遣車，以表達孝子的一片赤忱與體貼之意。更表示雖然希望死者能多保饗食，但仍以常得正牲爲得體與盡禮，因此捨其餘三牲而不入壙中。

四、讀賵與讀遣

《小戴禮·雜記上》頁七一四云：

　　大夫之喪，既薦馬。薦馬者，哭踊，出，乃包奠而讀書。

讀書即是讀賵。因此知大夫之喪禮也有讀賵的儀節。

《小戴禮·檀弓上》頁一四九云：

　　讀賵。曾子曰：「非古也，是再告也。」

孫希旦以爲：「殷禮不讀賵，至周禮始有之。」〔註75〕姑不論殷代是否有讀賵之禮，但周禮讀賵則爲確實有徵。不但須讀賵，且須釋筭以計其數，因爲賵爲賓客所贈，故須一一計數，並且以多爲榮。讀賵之外尚須讀遣，遣則爲主人所備以供入壙之物。由於遣之物，其多寡之數，皆有禮制訂定，故僅須告數而已，不必設專人計數，旨在「成其得禮之正以終」，〔註76〕以達到「死，葬之以禮」的要求。周代極重文飾，因此在柩車發行前，不但讀賵而且讀遣，即是希望死者能對賓客所贈與孝子所給之物瞭然有知。讀賵，一來可代表賓客贈賵行爲的達成，二來可表示死者對贈賵者心意的領受，也就是死者與贈者經此讀賵之儀式，共同完成了以禮相授受的贈受之禮，達成了情誼的雙向溝通。讀遣，則可使死者明瞭孝子備物之盡禮，也可滿足孝子爲親人周全備物的心意。

五、執引、執紼與助葬

　　讀賵、讀遣之後，棺柩即移上柩車，在棺柩上安置好橫三直二的五根大木棍，用粗繩綁緊，並把繩尾留長，以便下葬時執紼之用。另外，再用大繩將棺柩固定於柩車上，也留下繩尾供人持執，於是在柩車行進到壙所的途中，就全靠親朋故舊的助力執引而行。〔註77〕這就是所謂「弔於葬者必執引。」〔註78〕

〔註75〕孫希旦：《禮記集解》，頁 110。另衛湜《禮記集說》，頁 17085，引嚴陵方氏曰：古者奠之而不讀，周則既奠而又讀焉。

〔註76〕《儀禮·既夕禮》，頁 466：「讀遣」賈疏。

〔註77〕尚秉和：《歷代社會風俗事物考》（商務，1985 年），頁 264：古靈車之行，以

的意思。執引所用的人，則隨死者的貴賤不同而各有定數，當人數達到規定的
數目後，剩下的人則隨行於棺柩之後。至於各階級執引的人數，孔穎達引何東
山云：

> 天子千人，諸侯五百人，大夫三百人，士五十人。〔註79〕

光是法有定數的執引人士就有這麼多，加以其他送葬者，出殯的行列更是浩
浩蕩蕩，於是才會有季子皋葬其妻，而至於傷害他人禾稼，申祥請其賠償之
事。〔註80〕這不能不說是「專道而行」〔註81〕的後遺症，但在體現人情的溫
暖上卻仍有值得肯定之處。

枢車行至墓地，去除棺柩上的所有裝飾後，移至壙口，準備安葬。

《小戴禮・喪大記》頁七八九云：

> 君葬用輴，四綍二碑，御棺用羽葆。大夫葬用輴，二綍二碑，御棺
> 用茅。士葬用國車，二綍無碑，比出宮，御棺用功布。凡封，用綍
> 去碑負引，君封以衡，大夫、士以咸。君命毋譁，以鼓封；大夫命
> 毋哭；士哭者相止也。

由於各人所處的社會階級不同，因此棺槨的重數〔註82〕、厚薄與棺柩的裝飾繁

引靷輈。……人執一索，引車前行，不用牛馬。
尚氏「不用牛馬」之說或由孔疏而來，但此說恐有待商榷：〈雜記上〉：薦馬
者，哭踊。——可知葬禮時要用馬。而且每一乘車所用的馬，隨其身分而別，
士二馬，大夫四，諸侯六，天子八。舉行葬禮時仍以生人之禮待死者，而且
喪贈中尚有車馬之贈禮，因此若說靈車而不用車馬，似乎過於勉強，雖然〈雜
記上〉，頁729，載有：士喪有與天子同者三：其終夜燎，及乘人、專道而行。
孔疏云：乘人謂人引車，不用馬也。以「乘人」為「人引車」則是，至於「不
用馬」則不必然。試問：若發引時以人執引，則魂車可賴以行進，但葬畢歸
來時，魂車難道還有引繩執之以行？若說發引時不用馬，反家時才用馬，則
又是橫生枝節，而置諸多馬匹於何處？竊以為：靈車發引當仍備有馬匹，只
是不催加馬力使快速前進，而主要靠親友的執引而行，以表達其牽引之情。
葬畢則無引可執，專賴馬匹拉車而反。

〔註78〕《小戴禮・檀弓下》，頁165。
〔註79〕《小戴禮・檀弓下》，頁165，孔疏引何東山之言。何東山之言，或是根據《周
　　　禮・地官・大司徒》，頁162之職云：大喪，帥六鄉之眾庶，屬其六引而致其
　　　政令。頁34，〈遂人〉之職云：及葬，帥而屬六綍，及窆，陳役。鄭注：用綍，
　　　旁六。執之者，天子其千人與《小戴禮・雜記下》，頁749：諸侯執綍五百人……
　　　大夫之喪，執引者三百人。
〔註80〕《小戴禮・檀弓下》，頁192。
〔註81〕《小戴禮・雜記上》，頁729。
〔註82〕《荀子・禮論》，頁600：天子棺槨七（王引之以「十」當作七）重，諸侯五

簡自然有別，因此執引所需的人數亦隨之不同，下棺的方式也因而有異。〔註83〕儘管飾棺、運棺的方式有異，但相同的則是：棺柩的兩旁均繫有很多繩尾，以供所有親朋故舊執持以幫助棺柩入壙，此即謂之「執紼」。在解開棺柩上的大木棍之後，由指揮的人發號施令，先將兩頭的轆轤緩緩放鬆，接著執紼的人也慢慢鬆動繩紼，於是棺柩就在大家的助力下，平平穩穩的放到墓底，這就是所謂的「若從柩及壙皆執紼」。〔註84〕

　　《小戴禮‧雜記下》頁七四一云：

　　　　弔，非從主人也。四十者執紼，鄉人五十者從反哭，四十者待盈坎。

鄭玄即以為「二十以上至四十丁壯時」之成人，需參加執紼下棺的工作，因而執紼的人數並不固定，此即所謂「助葬必執紼」。〔註85〕然而「老者不以筋力為禮」，〔註86〕因此五十者跟隨主人先行反家準備虞祭。其餘的青壯一輩則留在墓地，共同參與盈坎的事。

六、助葬對生命的體貼──安與和的達成

　　經由執引、執紼，使棺柩內的死者與棺柩外的親朋故舊綁上了緊密的連接。是親友的牽引，柩車得以前進；是親友的執紼，棺柩得以入壙；更是親友的抔抔黃土，壙穴終得以盈滿。每一抔塵土，堆入坎中的，是生者的一份關懷；每一鍤黃土，埋入墓穴的，是生者的一份濃情──希望這生命的最後安息處，是生者為死者一抔一抔、一鍤一鍤所營造起來的堅實居所。讓每一個真實走過，認真活過的生命，在他生命止息時，能擁有一個比及物化，而不必憂慮風雨侵襲、禽獸啃食、蟲蟻蛙噬的安寧之所，這即是對生命的最終尊重，也是最高尊重。

　　《荀子‧大略》頁八○二即載有孔子與子貢的對話：

　　　　孔子曰：「望其壙，皋如也，填如也，鬲如也，此則知所息矣。」

　　　　子貢曰：「大哉死乎！君子息焉，小人休焉。」

生命是一種無止息的奮進歷程，只要活著的一天，就有一刻也無法逃避的責

重，大夫三重，士再重。《莊子‧天下篇》所載亦與此同。

〔註83〕《小戴禮‧檀弓下》，頁188：公室視豐碑。鄭注云：豐碑，斲大木為之形，如石碑。……天子六繂四碑。

〔註84〕《小戴禮‧檀弓下》，頁165。

〔註85〕《小戴禮‧曲禮上》，頁55。

〔註86〕《小戴禮‧曲禮上》，頁38。

任，直到死亡的鐘聲敲起，才可畫上最後莊嚴的收筆，此即是「望壙，然後知所息」。是「死亡」教導我們「大塊勞我以生，逸我以死」的人生道理；是執引、執紼教導我們存在與死亡之間，不是絕裂，而是深深的牽引；是厚實的黃土，高壟的墳塚教導我們生命的最後歸宿，不但要求止息，更要擁有一份安寧和祥。這份安寧與和祥，一方面源自死者本身對自己生命的無愧無怍，另一方面則源自生者對死者所作的一事一物均能達於必誠必信，更在葬禮的最終一幕——掩埋盈坎——中，生者爲死者塑造了最後安居之所，建立了人生的最高境界——安與和的生命象徵。

第七節　遺蛻的珍藏——葬與墓

　　人生不過數十寒暑，轉眼即將邁入死亡，至於所遺留之軀殼，則有賴於埋葬制度的建立而得到妥善的珍藏。

一、埋葬制度的演變

　　早期的原始人類社會，當人死後，可能就是隨地棄置，任憑物化，即如孟子所說的「蓋上世嘗有不葬其親者，其親死，則舉而委之於壑。」然而在社會進步到具有家庭型態，懂得相互照顧後，則就不忍再讓親人暴屍荒野、風化以終，尤其是在他日路過，目睹狐狸分食親人肢體，蠅蚋叮喰至親屍肉時，爲人子者，那種內心的不安、不忍之情自然湧現，因而「其顙有泚，睨而不視。」〔註 87〕於是而有掩埋屍體的行為，懂得對自己曾經愛過的親人加以珍惜掩藏。然而當時的掩埋屍體也僅止於以厚厚的樹木枝葉掩蔽屍身，既沒有築土爲墳，也沒有在旁邊樹立標識的習慣。這就是所說的「古之葬者，厚衣之以薪，葬之中野，不封不樹，喪期无數」〔註 88〕的時期。

　　由於葬之中野，因此即使厚衣之以薪，仍然會有野獸前來破壞屍身，啃食屍肉，終究難以達到珍藏親人的原意，因而後世聖人易之以棺椁。經由內棺、外椁的雙重或更多層的保護，可以有更高的防護屍體的功用。同時爲了安置棺椁，於是掘土爲坎，營造墓穴，放入棺椁，再塡土掩埋，如此則達到人子珍藏死者的心意，也樹立了中國人傳統以來「入土爲安」的喪葬觀念。

〔註 87〕《孟子・滕文公上》，頁 102。
〔註 88〕《易・繫辭傳上》，頁 168。

　　古之土葬，僅有墓，而沒有墳。由於墓與地齊，因此時間久了，就難以回憶墓地的所在，那時即使人子對死者有所思念，想前往致意，也渺不可得。故周代即聚土為墳，並於墳前再設標識，於是在日後思念時就可以輕易的找到死者埋葬之處。

　　《小戴禮‧檀弓上》頁一四九國子高曰：

> 葬也者，藏也。藏也者，欲人之弗得見也。是故衣足以飾身，棺周
> 於衣，椁周於棺，土周於椁。反壤樹之哉！

葬之原意在於掩藏屍體，然而掩藏的目的，卻並非如孔穎達所推論的：「子高之意，人死可惡，故備以衣衾棺椁，欲其深邃，不使人知。」因為如果只是為了不使人知，即不需要再封壤為墳，更不需要種樹以為標識。此容或如鄭玄所言：「國子高在於儉，因有重古非今之事。非周禮。」然而由國子高的一段話，卻可說明埋葬制度的歷史演進：埋葬由原來的單純掩藏功能，後來則加入親情的關注，以衣衾棺椁重重保護屍體，而進入了對屍體珍愛收藏的層次。由於「反壤樹之」，使得親人的葬處有跡可尋，生者也能定期到親人墳前祭掃修整，「以收親情無限延伸之效，也正符合傳統人文意識中，最重要的親其所親的基本要求」。〔註89〕這種親親的人文思想，使人類的生命，經由愛的系聯，串起了生和死之間的緊密相關。這套涵義深遠的埋葬制度，自上古以來逐漸演變，至周朝已建立起完整的體制，不但有墓，而且有墳。

二、古有族墓制

　　《周禮‧春官‧冢人》頁三三四云：

> 冢人，掌公墓之地，辨其兆域而為之圖。先王之葬居中，以昭穆為
> 左右。凡諸侯居左右以前，卿大夫士居後，各以其族。凡死於兵者，
> 不入兆域。凡有功者居前，以爵等為丘封之度與其樹數。

冢人掌理士以上君臣之墓，是公墓之地的公有司，負責管理貴族的公墓。按照禮制，所有貴族死後都應葬入族墓，只有凶死的人不得入葬，〔註90〕作為嚴重的處罰。

　　《白虎通‧疏證十一‧論三不弔》頁六三○三云：

〔註89〕周師一田：《古禮今談》，頁163。
〔註90〕楊寬：《古史新探》（北京：中華，1965年），頁176：凶死者不得入葬族墓，氏族制階段已有此種習慣。

〈檀弓〉曰：「不弔三：畏、厭、溺也。」畏者，兵死也。《禮·曾子記》曰：「大辱加於身，支體毀傷，即君不臣，士不交，祭不得爲昭穆之尸，食不得□昭穆之牲，死不得葬昭穆之域也。」

「凡死於兵者，不入兆域」即是指「用爲不義」，有罪被殺的人。〔註91〕由此可見：周代的墓地制度除了地方的規劃完整以外，並且對於因罪而死的人，作最後的隔離，使其雖死而仍然無法贖其罪辱。這種最後的處罰，其更深刻的含義，則在教導生者有生之年須謹言愼行，尤其是爲官者更應懷抱臨淵履薄的戒愼恐懼之心，如此才不會使先人蒙羞，更不會貽禍百姓，甚至到死，尚無法盡釋罪過，辱及後代子孫。以死教生，使生者能深思遠慮，志求全身，更能豐富生命的意義。

至於丘封之度與其樹數，賈疏引《春秋緯》云：

天子墳高三刃，樹以松。諸侯半之，樹以柏。大夫八尺，樹以藥草。〔註92〕士四尺，樹以槐。庶人無墳，樹以楊柳。〔註93〕

修墳種樹，除了能在思念時得以到墳前致哀以外，並藉由墳高的差等與樹木品種的不同、樹齡的年壽各異等外在有形可見的區別，告訴生人：死人的世界和生人的世界是如此的類似，要想死後獲得怎樣的宅居，就要在生前怎樣的辛勤耕耘。

雖然貴族設有公有墓地，兆域間各有爵等與昭穆之分別，但此最後的宅居，爲人一生最終的歸宿，不可不謹愼選擇。因此在埋葬之前，須由家人先行筮宅兆（大夫以上用卜），就墓地中昭穆位置合於死者身分的，選擇土壤厚薄、水泉深淺相宜者，提供死者以爲葬處。但因爲中原之國，水深土厚，故高處則須避其寒，低處則須避其濕。因爲地中之患，首在於蟲害與水害。因此所謂「毋使土親膚」，不只是因爲唯恐土之污穢會垢染親人之遺體，更在於有土則有蟲，而蟲之侵害人骨尤其可怕，〔註94〕故家人之筮占宅兆，其目的就在於預占葬地之美惡，而非求災禍之避免與福氣之降臨。

〔註91〕李宗侗：《中國古代社會史（二）》（中華文化，1954年），頁130，呂思勉：《讀史札記》（上海：古籍，1982年），頁278，二人均主此說。
　　　　鄭注：「戰敗無勇，投諸塋外以罰之。」但戰敗並非均由於無勇，此說不甚合理。
〔註92〕惠校本作：樹以欒。《說文》亦曰：大夫欒。
〔註93〕〈王制〉云：庶人不封不樹。與《春秋緯》不同。賈公彥以爲：庶人，禮所不制，故樹楊柳。
〔註94〕參見程頤：〈記葬用柏棺事〉收於《四庫全書》第一三四五冊，頁714。

除了冢人掌管公墓以外，還有墓大夫掌理庶人之墓地。

《周禮・春官・墓大夫》頁三三五云：

> 墓大夫掌凡邦墓之地域，為之圖。令國民族葬而掌其禁令，正其位，
> 掌其度數，使皆有私地域。凡爭墓地者，聽其獄訟。

古時，民無私田。年滿二十則授井田百畝，年至六十則歸田於政府，故庶人無私有葬地。因此公家為之選擇一公葬地，使民叢葬其處。公有葬地之中，復由墓大夫為各族畫分私域，不得多求餘地。〔註95〕

由此可知：春秋時，不論庶人或貴族，均實行族葬制。他們認為墓地是人在彼岸世界的住宅，死人應該和活人一樣聚族而居。

三、古人重丘墓也行墓祭

由於墓地是親人彼岸的住宅，因此古代也有墓祭。由冢人兼有祭墓為尸之職來看，〔註96〕周代貴族實有祭墓之情事。但由於祭墓時外人可以為尸，而祭廟時則以子孫為尸，且祭者可以經由齋戒思慕，達到與先人精神感通的境界，因此祭廟多，而祭墓少。至於庶人則因無廟可祭，而祭於寢，故祭於墓的機會與可能更非沒有，所以「古無祭墓」之事並不可信，〔註97〕因為墳墓為先人體魄寄居之處，豈有不加關懷之理？往昔季子葬子，使「坎深不至於泉，其斂以時服」，實因為當時季子距離家園有千里之遙，無奈長子死於途中，於是只得因時制宜，葬子於贏博之間，並非棄長子之體魄於不顧。這實是在體魄與神魂不可得兼回故土的情境之下，所作的權宜措施。

《小戴禮・檀弓上》頁一二五云：

> 大公封於營丘，比及五世，皆反葬於周。……禮，不忘其本。……
> 狐死正丘首，仁也。

這種落葉歸根的思想，是中國人傳統以來「死為生命的回歸」的體現，因此對於體魄的回歸本源，向來極為重視。故自周以來就非常重視墳墓，遇有重大情事發生，更須哭於墓以告知先人。如：鄭軍伐陳，陳侯扶其大子偃師奔墓。賈獲與其妻扶其母以奔墓，〔註98〕陳侯和賈獲奔墓，就是向祖先報告亡

〔註95〕尚秉和：《歷代社會風俗事物考》（商務，1985年），頁274。
〔註96〕王充：《論衡・四諱》：古禮廟祭，今俗墓祀。
〔註97〕《周禮・春官・冢人》，頁335。
〔註98〕《左傳・襄公二十五年》，頁621。

國的事情。又如吳國藉口納聘，攻入蔡國，蔡侯哭而遷墓。〔註99〕蔡侯就是在被迫遷國以前，去向祖先哭訴辭行。所謂「去國則哭于墓而后行，反其國不哭，展墓而入。……過墓則式，過祀則下。」〔註100〕，「奔喪者不及殯，先之墓。」〔註101〕這都是古人看重丘墓的明證。重視丘墓，當然也會進行墓祭。「驕其妻妾」〔註102〕之齊人，即是到墦間乞食墓祭酒肉之餘食。

　　至於從考古資料顯示，在新石器時代晚期，已有墓祭的痕跡。在甘肅永靖大何莊齊家文化墓地上，發現石圓圈建築，附近有砍了頭的牛羊骨架和卜骨，這可能就是當時墓祭的遺留物。至於在墓上建築享堂，以行墓祭的，有殷墟五號的婦好墓。該墓的壙口有夯土房基，房基上面有排列整齊的柱洞，洞內埋有卵石柱礎，房基外側有成行的夯土柱基。復原之後，是一座進深三間、面闊三間或三間以上，四周有廊廡的享堂建築。據推測，享堂就是為墓祭而建的。〔註103〕古代人死，軀體歸葬於墓，並於墓上築有享堂，至於城中則建有宗廟，因此鬼神既可上升於天，也可下降而到人間，或在宗廟，或在享堂，無所不之。〔註104〕因此古人除了祭於宗廟以外，更時而進行墓祭，也是表達對先人的另一層親情關注。

四、瞻仰墓園可樹立生命典範

　　經由憑弔瞻仰墓園兆域的大小、高卑、隆簡之程度，可以明辨貴賤之等級。在莊嚴肅穆的氣氛下，可以樹立追求生命價值的目標，並可從品評古人的生平事蹟中，尋找典範，以作為自己行為模仿的對象。

　　《小戴禮・檀弓下》頁一九九即載有：

> 趙文子與叔譽觀乎九原。
>
> 文子曰：「死者如可作也，吾誰與歸？」……文子曰：「我則隨武子乎！利其君不忘其身，謀其身不遺其友。」
>
> 晉人謂文子知人。

〔註99〕　《左傳・哀公二年》，頁997。
〔註100〕《小戴禮・檀弓下》，頁189。
〔註101〕《小戴禮・奔喪》，頁942。
〔註102〕《孟子・離婁下》，頁156。
〔註103〕黃展岳：〈說墦〉（《文物》，1981年，第二期），頁89～90。
〔註104〕杜正勝：〈形體、精氣與魂魄——中國傳統對「人」認識的形成〉（《新史學》二卷三期，1991年9月），頁40。

人不必諱言利，但不能僅以一己的私利為關懷的對象。能先言利其君，代表凡事能先以國家社會的整體利益為考量，推而能促進社會的繁榮與進步。在使國家社會發展的同時，自己也因而蒙受其利，使自己的潛能更得以發揮。在自己施展抱負時，則能注重群己關係的和諧，不因謀求一己的私利而損害別人，而能推己及人，與同朋親友共榮共展。能以如此之人生觀作為自己行為的準則，對社會的安定與人群的和諧發展而言，是最重要的奠腳石。能時時刻刻以此原則提醒自己，則能於天地之間，仰不愧於天，俯不怍於人。生，是坦坦然的生；死，是安安然的走。生死之間，清清白白，不留沾滯。發思古之悠情，法古今之完人，應當又是目睹肅穆丘塚的另一所得。

第八節　永遠的財產──陪葬器物

　　由於生死事大，因此古人自六十歲開始即預先準備棺木之類須長時間置辦的喪具，以備不時之需。七十歲時則應預備一季始能置辦的喪具。八十歲時則應置辦一月內可以製成的喪具。到了九十歲，則應置辦隨時可成的喪具，其中唯有絞紟衾冒等君子恥具，〔註105〕須等待人死之後才開始縫製。緣於古代人的平均壽命較低，人生七十已是古來稀少，送終的禮物又種類繁多，因此停殯期間就是準備各種陪葬物品的忙碌時刻。

一、早期社會多以人器陪葬

　　原始社會時期，由於生活簡單，送給死者的東西也很簡單，山頂洞人似乎已有埋葬死去親屬的習慣，〔註106〕屍體旁邊只放著幾件石器和身上戴的裝飾品。〔註107〕新石器時代早期的河南裴李岡墓地，一般而言隨葬物很少，至於較大的墓穴則隨葬物稍多，但均為生產、生活所需的實用器具，如斧、鏟、磨棒、磨盤、陶器等。〔註108〕新石器時代晚期的大汶口墓地，則隨葬品懸殊

〔註105〕《小戴禮・王制》，頁264：六十歲制，七十時制，八十月制，九十日修，唯絞紟衾冒死而后制。《小戴禮・檀弓上》，頁143：喪具，君子恥具。一日、二日而可為也者，君子弗為也。
〔註106〕傅樂成：《中國通史》上冊，頁5（大中國，1973年）
〔註107〕朱天順：《中國古代宗教初探》（谷風，1986年），頁188。
〔註108〕中國社會科學院考古研究所：《新中國的考古發現和研究》（北京，文物出版社，1984年），頁36。

很大，十號墓主除了生活實用器具以外，還有玉臂環、玉指環、玉鏟等裝飾品。〔註109〕上村嶺虢國墓地，一般隨葬有玉玦、項鍊、石戈、陶製生活器皿、青銅禮器〔註110〕、兵器、車馬器等。〔註111〕春秋晚期的壽縣蔡侯墓，出土的遺物中，則包括禮器、樂器、兵器、車馬器、食器。〔註112〕從考古資料中，顯示出從新石器時代早期到西周春秋期間，隨葬品一直以「人器」爲主流。

　　隨葬明器的現象，從出土的資料看，在殷代即有。在殷墟周圍近三千座中小型墓葬中，隨葬品以陶器爲主，普遍多有陶甂、陶壺，且多爲明器，而鬲、簋、豆、觶、罐等則多爲實用之器。〔註113〕

　　因此，隨葬用品或爲實用之器，或爲祭器，或爲明器，〔註114〕有合併使用之現象。推究其中的原因，越是早期的年代，陪葬之器物越少，而且多是隨身所用、日常所須的器物。後來則隨著物質條件的進展，活人的生活內容，在實用物品之外，增加了裝飾用品，因此陪葬器物也隨之而有裝飾品。在懂得使用裝飾品後，則進而不但要求擁有裝飾之陪葬物，而且還要求精雕巧飾，於是葬物之轉變，由人器而進入以祭器爲貴的層次。

　　由於以祭器爲貴，因此從祭器之多寡厚薄即可顯出死者身分之高低貴賤。至於生活條件不豐厚者，無法準備種類繁多的人器，更無法備辦禮敬鬼神之巧飾祭器，就只好以製工較差的明器權充人器之用，故而在崇祀鬼神的殷代即有明器出現。周代，則繼承殷商之傳統，以祭器爲尊貴的表徵，並訂

〔註109〕濟南市博物館：〈大汶口：新石器時代墓葬發掘報告〉（北京：文物，1974年），頁24、25。

〔註110〕王明珂：〈慎終追遠——歷代的喪禮〉見《敬天與親人》，頁 315：雖然許多銅禮器的初型在疑爲夏代遺址的陶器中已發展得相當完整，但是脫離實用性質，純粹成爲禮器，則在青銅鑄器的階段。銅器的使用，爲殷人身分的象徵。

〔註111〕〈上村嶺虢國墓地〉，頁6～28。

〔註112〕中國科學院考古研究所：〈壽縣蔡侯墓出土遺物〉（北京：科學，1956 年），頁6～17。

〔註113〕中國社會科學院考古研究所：《新中國的考古發現和研究》，頁232～233。

〔註114〕徐福全：《儀禮士喪禮・既夕禮儀節研究》師大國研所 1979 年碩士論文，頁 326：經傳中祭器、生器、明器三者之別，自其用而言，祭器用于宗廟祭祀，生器爲生人日常所用，又曰用器，明器則惟送死入壙用之。自其形質制工言，以生器爲準，生器必能合乎實用，祭器于實用外更加精美，而明器則質料製工皆較粗劣，或不堪使用，或僅爲象徵。用器與明器之分界，于田野考古的陶器群中最易辨明，陶器凡爲實用器者，陶土多經淘汰，燒時火侯高，是以質地密而堅；其爲明器者，陶土多未淘洗，火侯低，是以質地粗糙且鬆脆。

有禮制以規定社會各階級所應遵守的分際。

二、陪葬器物基於事死如生的態度

《小戴禮·檀弓上》頁一四四記載孔子對明器的看法：

> 之死而致死之，不仁而不可爲也；之死而致生之，不知而不可爲也。
> 是故竹不成用，瓦不成味，木不成斲，琴瑟張而不平，竽笙備而不
> 和，有鐘磬而無簨虡。其曰明器，神明之也。

孔子認爲在備辦陪葬物時，須在情感與理智之間作一折衷權衡，不要落於不
仁和不知。因爲死與生畢竟不同，存在的方式既已改變，因此所用之器物也
理應有所不同，所以不能一廂情願的以生人之物致送死者。然而由於無法確
知彼岸世界的器物需求，因此權以此岸世界所需之器物爲推論依據，並稍加
改變，使其「備物而不可用」。做成明器，希望死者能以其神而明之的感受體
會生者的一番心意，並因而滿足生者對死者生活作周全準備的情感需求。這
種事死如事生的態度，是詩的，也是藝術的。〔註115〕

《荀子·禮論》頁六○○亦云：

> 夫厚其生而薄其死，是敬其有知，而慢其無知也，是姦人之道而倍
> 叛之心也。君子以倍叛之心接臧穀，猶且羞之，而況以事其所隆親
> 乎？故死之爲道也，一而不可得再復也。臣之所以致重其君，子之
> 所以致重其親，於是盡矣。故事生不忠厚、不敬文，謂之野。送死
> 不忠厚，不敬文，謂之瘠。君子賤野而羞瘠。

送死必須內求忠心誠篤，外求恭敬而有文飾，因此對陪葬物的備辦，必須妥貼
周全。陪葬物品不論或以生器或以明器，均重在生者對死者的盡哀致意之上，
而不可刻苦死者。即便是使用明器陪葬，備物而不可用，也須注重忠敬之意與
文飾之情。因爲死亡是不可回復的，而跟隨入壙的陪葬飾物，也成爲死者永遠
的財產，所以情感深厚的人理當對這份最後的贈禮多付出關懷之心意。

〔註115〕馮友蘭：《中國哲學史》，頁 418～420（不載出版書局及年月）所說「生者對
　　　　死者的態度是詩的、藝術的」，我們可以接受這種美化情感的說法。至於其所
　　　　謂「不過詩與藝術所代表非眞實，而亦即自己承認其所代表爲非眞實。」則
　　　　有待斟酌：詩與藝術有可能非眞實，然而卻未必即是非眞實，此二者並不相
　　　　同。驗諸世界知名的詩人和藝術家，他們從事創作時，意象和作品是眞實感
　　　　通的。因此其所謂「蓋吾人理智明知死者已矣，客觀對象方面，固無可再說
　　　　者也。」也是有待商榷的。

三、陪葬的器物

陪葬之器物，根據《儀禮・既夕禮》頁四五四記載：

> 苞二。筲三：黍、稷、麥。甕三：醯、醢、屑，冪用疏布。甒二：
> 醴、酒，冪用功布。用器：弓、矢、耒耜、兩敦、兩杅、槃、匜，
> 匜實于槃中，南流。無祭器。有燕樂器可也。役器：甲、冑、干、
> 笮。燕器：杖、笠、翣。

《儀禮・既夕記》頁四八五～四八七續云：

> 葦苞長三尺一編。菅筲三，其實皆瀹。弓矢之新，沽功，有弭飾焉，
> 亦可張也，有柲，設依撻焉，有韣。翭矢一乘，骨鏃，短衛。志矢
> 一乘，軒輖中，亦短衛。

由於蘆葦的韌性強，可供長久保存，因此古人取蘆葦，截取三尺編為一苞，一用以包裹大遣奠之羊肉，一用以包豕肉，送去埋葬。取菅草為畚以盛放米糧，然而黍稷麥三者皆以熱水浸漬而不炊熟，因為未知神之所享，所以不用食道以表恭敬之心意。以甕各盛酸酢、肉醬與薑桂，供作調味之用。以甒各盛裝醴和酒。以上苞、筲、甕、甒皆為食器，然而由於士無祭器，因此苞筲甕甒雖為明器，但也以物實之，以表達生者不願死者飲食匱乏的事奉之心。

除了食器之外，也陪葬平日常用之器。弓矢為兵器，是特地為死者而準備的新物，製工較粗，表示雖設而不用。弓雖無緣，不以繳束，但仍然以骨角裝飾兩頭。此弓雖粗略，但仍使其如生者之弓可自由開張，弛則縛之於弓裡。送死之弓雖粗略，但也設有依撻，只是依撻皆用韋，而異於生人之用角。翭矢四支，可用以發射，但以骨鏃更替金鏃，並減短其羽，使不滿六寸，也表示設而不用之意，除了翭矢以外，並有志矢四支，用來練習發射，但也皆用骨鏃，只可擬準，不能殺傷。從記文對弓、矢記述之詳實，也可說明弓矢對於死者的意義特別。古之男子，始生三日即行使射禮，代表學習武事為男子之天職，因此弓矢即為當時重要的武器。不僅如此，古人尚且有持弓協助孝子驅逐禽獸的習慣，〔註116〕因此為使死者能永久擁有防禦武器，所以妥為製作弓矢以作為死者的重要陪葬器物。

除了陪葬弓矢兵器以外，也陪葬農業器具耒耜。士雖有爵，但卿以下有圭田，圭田須出土人親耕以供祭祀之粢盛，因此陪葬農器以供死者之用。除

〔註116〕《說文》，頁387：弔，問終也。從人弓。古之葬者，厚衣之以薪，故人持弓
　　　　會敺禽也。

此之外，並有「敦」爲黍稷器，「枅」爲飲器，以及「槃匜」爲盥器。與賓客燕飲時，也有琴瑟縣磬可用，而燕居之時，有杖可以扶身，有笠可以禦暑，有翣可以招涼。陪葬物還有師役之器，以供遇有師役之事時所用。甲用以護身、胄用以護首，皆由皮或金以製成。干爲用以扞身蔽目之盾，以皮或木爲之，箙爲盛矢之器，以獸皮或竹木爲之。

〈既夕禮〉稱「士無祭器」，鄭玄則以士禮較簡略，因此無祭器陪葬，若大夫以上，則兼用鬼器（明器）、人器（祭器）。故《周禮・春官・大宗伯》頁二七九云：

　　四命受器，鄭注：受祭器。

可見祭器須是四命以上之大夫才可鑄造，而非人人皆可擁有。

《小戴禮・禮運》頁四二一亦云：

　　大夫具官，祭器不假，聲樂皆具，非禮也。

《小戴禮・曲禮下》頁七五云：

　　無田祿者，不受祭器。……君子雖貧，不粥祭器。

有田祿的大夫可以造祭器，但無法具全，還得向人假借，至於無田祿的，則不得自造祭器，而須向人假借，不假借則是「非禮」，因此祭器是貴與位的象徵，故士禮略而無祭器。

因此，陪葬物祭器、生器、明器之差異，除了各代質文所重不同的原因之外，〔註117〕和死者的社會地位也有密切的關係。祭器既非人人所得而使用，死後自然也不能人人皆可得而陪葬。但不論使用祭器或明器，從文獻資料與考古所得，均可說明凡是人世間生活上需要的東西，都被認爲是彼岸世界所須的，使用祭器、明器之別，不在於人死後有知或無知。

由於社會資源有限，生者不可能把活人實用之物都送給死者，但又認爲死者在彼岸世界仍舊有此需要，因此就權衡自己的經濟能力，或以實物或以明器致送死者，故而墓中的隨葬品明器、祭器夾雜而有之，以彌補不能以生器相送的遺憾。另一方面，則由於春秋中、晚期以後，大夫以上多有僭越禮制者，因此表現於喪葬上的，有私自鑄造祭器陪葬，且多有以生前最珍貴的物品，和死者埋葬到墳墓內，以供死者在幽冥中繼續使用，不但破壞禮制，而且浪費社會資源，因此孔子贊成以明器隨葬。

〔註117〕《小戴禮・檀弓上》，頁146，孔疏。

四、陪葬明器的人文義

《小戴禮・檀弓下》頁一七二云：

> 哀哉！死者而用生者之器也，不殆於用殉乎哉？其曰明器，神明之
> 也。塗車芻靈，自古有之，明器之道也。孔子謂：爲芻靈者善。謂：
> 爲俑者不仁。殆於用人乎哉！

孔子以爲死生有別，因此認爲以生器隨葬，爲近乎殉葬，實不足取，而主張
用明器陪葬。而於明器中，又獨以芻靈爲善，而批評爲俑者之不仁。

俑，由泥塑或木刻而成人形，形貌機發，類似生人。將此類似生人的俑
偶殉葬，就好像以生人入壙一般，因此孔子要憤而宣稱「始作俑者，其無後
乎」！〔註118〕

芻靈，爲束茅草以作人之形，雖用以模擬生人用爲殉葬，但無機識發動
現象，因此不易引發以生人入壙的殺念。因此以俑和芻靈代替人殉，〔註119〕
以至孔子之獨善芻靈，皆是民智逐漸開發的結果，是社會進步的現象。亦即
是由於社會環境的改變，勞動力的需要相對的提昇，因此人的作用和價值也
相對的擡高，故而以俑偶和芻靈取代當時的人殉，〔註120〕減少殘忍的殺戮行
爲。陪葬物之改變，不但保留了可貴的生命，保存了社會的元氣，對於滿足
生者爲死者提供足夠的人力服務而言，也達到了情感上的認同。

今天經由考古所能見到的隨葬俑的實物，時代最早的在春秋戰國之際，
〔註121〕這一事實可以說明中國的殉葬方式，是由人殉到俑葬，是人殉在引起

〔註118〕《孟子・梁惠王上》，頁14。
〔註119〕楊景鶴：〈殉與用人祭〉見（《大陸雜誌》第十三卷第六期）。初民社會，所有
的假人殉葬均較眞人殉葬爲晚。〈檀弓〉成篇於漢，漢代所謂的古，可能也包
括了春秋戰國時代，因此「塗車芻靈，自古有之」的「古」，未必要「古」到
如孔穎達所說的周以前。
〔註120〕禮經上雖沒有人殉的禮儀，但從目前考古資料顯示：商代早期人殉不多，中
期以後漸有發展，晚期爲甚。周滅殷以後，人殉制繼續發展。（參見胡厚宣：
〈中國奴隸社會的人殉和人祭上篇〉見《文物》1974年，第七期）
黃展岳：〈中國古代的人牲人殉問題〉見（《文物》1987年，第二期）：目前
考古發現的東周墓葬，保存較好，墓主身分大體可以認定的諸侯、封君、上
卿、大夫，其墓內一般都有殉人，有的還有人牲。
至於文獻史籍所記，春秋時期殉葬事例，更是不勝枚舉：秦穆公、宋文公、
楚靈公、邾莊公……均有人殉。
《小戴禮・檀弓下》，頁186、187載有：陳子亢、陳乾昔之子以殉葬爲非禮
而反對殉葬。可見當時殉葬事實的普遍，但同時也引起了有識之士的反對。
〔註121〕谷聞：〈俑——階級壓迫的見證〉（《文物》，1976年，第十期）

有識之士的反對後，才出現的殉葬減輕的取代方式。因此，從減少人命的無謂犧牲來看，始作俑者未必沒有可取之處，但是從另個角度來看，則不論是木刻或泥塑的俑偶，一旦經由人類機心雕製，就難免不淪於競求華美，而且轉而趨於奢靡之風，因此難怪孔子要批評爲俑者之不仁，而僅以芻靈爲善。

五、陪葬器物給予生命慰藉

陪葬物品從剛開始的簡單隨身器物，到後來的種類繁多，數目增加，王公貴族們，爲實現其死後仍能過著舒適生活的幻想，更是陪葬了許多難得的寶物，造成無謂的浪費，因此引來以明器隨葬的主張。這種陪葬物的改變，正與當時的生活實況相配合，而這也更說明了地下世界是地上世界的模寫的事實。通過對死後世界的信仰，想像彼岸世界的存有，才能激發今生努力的動力因。認爲今生的辛勤奮鬥，並不因爲死亡而一切隨之結束，才能在遭遇挫敗時，始終存有一盞希望的明燈。人唯有信仰死後有生命，方知積取今世糧，甘於忍受今生苦，在遭逢橫逆阻礙時，能有更多的勇氣與毅力，去承擔外界橫加的苦厄與災難。通過生者對死者的備辦陪葬物，更旨在教導所有參與喪禮的生者：人之死亡非如燈之滅，更非人生一死萬事休。每一瑣碎的儀節，每一樣簡單的葬物，都包含了親人無盡的哀思，與無限的關懷，人並非空蕩蕩的死後就化爲烏有。因此在明瞭每一件陪葬物所代表的意義後，更能使我們坦然無懼的面對死後世界，也更能堅定開展今生的決心和信念。信仰，是面對苦難時的最高撫慰，也是導致成功的最佳動力。

從人殉到以俑偶、芻靈隨葬的歷史發展事實來看，可以看出「人」的價值隨著社會型態的轉變，與民智的漸次開發而逐漸得到尊重與肯定。當奴隸逐漸脫離往日身爲貴族財產的既定模式後，生存的權利也獲得更高的保障，此即表示更深刻的人本思想與更崇高的人道關懷正在不斷的滋長。從處理死亡的事實，教導我們相對的瞭解如何尊重正在生存的每一個生命。由於每一個存在的個體，都有他不可侵犯的存在權利，因此，人殉終歸要因它的不合理性而趨於沒落。

陪葬禮物，是生者對於死者一生的奮鬥，給予最後的回饋與慰藉，也是教導生者在親人告終，即將入壙前，仍能以事死如生，事亡如存的態度，爲死者完備各項物品，以盡人子之孝道。由此殷勤備辦隨葬物品的點滴過程，更足以牽引親情的維繫與人性的關懷，使生命獲得情感的安頓。

第九節　哀情的抒發——喪居的生活

當屬纊氣絕之際，就是死亡形成事實之時，這時侍候於死者身旁的親人，再也無法壓抑原先強作的鎮靜，而由於與死者關係的親疏，而有「主人啼，兄弟哭，婦人哭踊」〔註122〕的不同悲傷反應。精神病理學家艾利克・琳諾理曼（Erich Linoleman）指出：對悲傷反應的處理，精神病學家的根本任務是分擔病人的悲傷行為，即是努力使病人從對死者的束縛中解脫出來，並找到新的有益的相互作用方式。換言之，也就是要注意居喪者的悲傷反應過度，但除此之外，還要注意其反應不足，因為延滯的反應可以出現於日後未預料的時刻，並表現於悲傷反應的危險扭曲之中，此種悲傷不足的現象，在死亡事件發生時並不引人注目，但後來卻極富有毀滅性。〔註123〕因此，讓悲傷的情緒能適時的、盡情的得到宣洩，對居喪者而言才是健康合宜的。

在民俗學文獻中，有許多例證要求居喪者承受身體的痛苦和損害，〔註124〕而這種義務可以被看作試圖使居喪者注意他自身，並因而促使他從死者那裡解脫出來。因此，如果能正確的領悟一個特定文化的居喪問題，則可以為居喪者設計出功能上的適當模式，以減輕喪親者情感的脆弱反應，並防止可能出現的精神崩潰現象。〔註125〕

《小戴禮》中即分別記錄著居喪者在遭遇不同親等的親屬亡故時，在容體、聲音、言語、衣服、飲食和居處的不同等級的哀傷要求（見附表一）。

附表一　〈間傳〉所載各類喪等的居喪生活

表達的程度／表現的方面＼喪等	斬　衰	齊　衰	大　功	小　功	緦　麻
容　體	貌若苴	貌若枲	貌若止	容貌可也	同左
哭　聲	往而不反	若往而反	三曲而偯	哀容可也	同左

〔註122〕《小戴禮・喪大記》，頁763。
〔註123〕艾利克・琳諾理曼（Erich. Linoleman）：〈極度悲傷的復合症狀及其診治〉收於嚴平等譯、威克科克斯（Sandra Galdier Wilcox）、蘇頓（Marilyin Sutton）著：《死亡與垂死》（光明日報，1990年），頁165～166。
〔註124〕林惠祥：《民俗學》（商務，1968年），頁58。
〔註125〕沃克哈特（Edmund. H. Volkhart）、米希耶爾（Stanley. T. Michael）：〈居喪和精神健全〉，《死亡與垂死》，頁199。

言　語	唯而不對	對而不言	言而不議	議不及樂	同左
飲　食	三日不食、既殯食粥 卒哭疏食水飲 小祥食菜果 大祥有醯醬 禫飲醴酒	二日不食 疏食水飲 不食菜果	三不食 不食醯醬	再不食 不飲醴酒	同左 同左
居　處	居倚廬 卒哭柱楣翦屏 苄翦不納 小祥、居堊室 寢有席 大祥居復寢 禫而牀	居堊室 苄翦不納	寢有席	牀可也	同左
衣　服	三　升	四、五、六升	七、八、九升	十、十一、十二升	十五升去其半

一、對居喪者的哀傷要求

（一）容體

〈間傳〉頁九五五云：

> 斬衰貌若苴，齊衰貌若枲，大功貌若止，小功、緦麻容貌可也，此哀之發於容體者也。

〈雜記下〉頁七三七載孔子答子貢問喪云：

> 敬爲上，哀次之，瘠爲下。顏色稱其情，戚容稱其服。

〈檀弓上〉頁一一八則云：

> 始死，充充如有窮；既殯，瞿瞿如有求而弗得；既葬，皇皇如有望而弗至。練而慨然，祥而廓然。

「苴」爲有子之麻，其色黎黑；「枲」爲無子之麻，其色枯黯。斬衰、齊衰之喪，孝子內心極爲悲痛，無心整飾容貌，故面色灰黑。大功之人，則不動於喜樂之事，容貌若止。小功、緦麻則能有哀傷之表情即可。喪禮以哀情爲主，但因爲彼此的情感厚薄不同，所承受的痛苦程度也自然有別，但總要求外在的容貌表情能與內心的感受相稱，達到內外一致，表裡一如的境地。

（二）聲音

〈間傳〉頁九五五云：

> 斬衰之哭，若往而不反；齊衰之哭，若往而反；大功之哭，三曲而
> 偯；小功、緦麻，哀容可也。

斬衰之喪，由於鬱情強熾，因此一哭即一氣到底，不留轉寰餘地。齊衰之喪，由於所感受的情意稍減於斬衰，因此哭起來還可有換氣的餘地。大功之喪，由於哀情更減，因此哭聲有轉折而且留下餘音。至於小功、緦麻之喪，則只要哭的時候能表現哀傷即可。哭是人類最原初的情感表達方式，也是最自然的情感宣洩方法，因此「哭」在喪禮中占有極重要的地位，但是如果不加節制，則極可能傷身毀性，因此喪禮中又有種種對哭的限制（詳見本章第十節）。

（三）言語

〈間傳〉頁九五五云：

> 斬衰，唯而不對；齊衰，對而不言；大功，言而不議；小功、緦麻
> 議而不及樂。

由斬衰的缺乏心思言語，僅有應人之聲，到回答他人之言而不先發言，再到雖可先發言而不加議論，而後到雖可議論而不及享樂之事，都期求居喪者言語時的態度與內容能與心中的哀情相配合，不希望過多的言語干擾內心的哀思。

〈喪大記〉頁七八二亦云：

> 父母之喪，……非喪事不言。……既葬，與人立。君言王事，不言
> 國事；大夫、士言公事，不言家事。

喪禮不言，其目的即在於期求能專一心志以盡思慕之情，因此即使言語，也是談論公事，而不談論私事，以避免心思多受干擾而無法盡哀。

（四）衣服

〈間傳〉頁九五五云：

> 斬衰三升，齊衰四升、五升、六升，大功七升、八升、九升，小功
> 十升、十一升、十二升，緦麻十五升去其半，有事其縷，無事其布
> 曰緦。

喪服愈重者，其內心的哀痛愈深，自然愈無心修飾衣容，因此以愈粗疏的麻縫製喪服，而與心中的哀情相稱。至於喪服較輕者則隨情遞減，喪服的布縷

也依次加細。因此《白虎通疏證十‧一喪服》頁六二九八云：

> 喪服必制衰麻何？以副意也，服以飾情，情貌相配，中外相應。故
> 吉凶不同服，歌哭不同聲，所以表中誠也。

由此可見喪服的設計，都務求其能與喪親者的哀傷之情相合稱，以達到內外
如一之狀況。

（五）飲食

〈間傳〉頁九五五云：

> 斬衰三日不食，齊衰二日不食，大功三不食，小功、緦麻再不食。
> [註126] 故父母之喪，既殯食粥，朝一溢米，莫一溢米。齊衰之喪，
> 疏食水飲，不食菜果。大功之喪，不食醯醬。小功、緦麻，不飲醴
> 酒。

親人始死，悲痛惻怛之情充塞胸中，水漿無法入口，原是人之常情。在盡情
宣洩之後，三日而斂，既殯成服以後就該開始進食，以維持體力。由於三天
未食，腸胃的蠕動緩慢，為適應腸胃的吸收狀況，這時對飲食的限制仍嚴，
因此只吃份量甚少的粥，將飲食條件降低到最低限度，一方面體驗餓其體膚
的滋味，以提醒自己仍然活著，須注意自己的身體，一方面也表達親人已死，
自己不忍多食的心意。齊衰以下，飲食則由食粥改為疏食水飲，再依次遞增。
這也是配合哀情的深淺，隨而飲食亦有薄厚之不同。哀情深的，才可以體嘗
那份飢餓之感，而不以之為苦；在忍受痛苦的同時，也同時達到了發洩哀情
的效果，而形成心理的調適平衡。

至於君之喪，則與父喪同。故〈喪大記〉頁七七一云：

> 君之喪，子、大夫、公子、眾士皆三日不食。子、大夫、公子食粥
> 納財，朝一溢米，莫一溢米，食之無算。士疏食水飲，食之無算。
> 夫人、世婦、諸妻皆疏食水飲，食之無算。

君喪比照父喪，因此在飲食上也與斬衰之喪相同。

居喪的飲食雖由於喪等之別而各有限制，但在特殊情況之下，則須權宜
行事。

〈雜記下〉頁七四一云：

> 喪食雖惡，必充飢。飢而廢事，非禮也。飽而忘哀，亦非禮也。視

[註126] 〈喪大記〉作：五月、三月之喪，壹不食，再不食可也。

> 不明，聽不聰，行不正，不知哀，君子病之。故有疾，飲酒食肉，
> 五十不致毀，六十不毀，七十飲酒食肉，皆爲疑死。

喪禮的最高原則爲不以死傷生，因此凡有危及生者生命的，均在權宜行事的範圍之列。飲食事小，生命事大，不以小害大，直到病癒，才又恢復該有的居喪生活。

居父母之喪的喪期中，飲食情況又跟隨喪禮儀節的進行而改變。〈間傳〉云：

> 父母之喪，既虞卒哭，疏食水飲，不食菜果，期而小祥，食菜果。
> 又期而大祥，有醯醬。中月而禫，禫而飲醴酒。始飲酒者，先醴酒。
> 始食肉者，先食乾肉。

此即是在既葬之後，體會到親人已由有形至於無形，死亡的事實是無法改變的，生者卻仍要繼續生存下去。由於生者無法長期食用少量的米粥，以自苦爲極，於是在每道儀節的轉換時，也相對的更改飲食內容，使能逐漸恢復平常的生活狀態，重新回復生機，建立新的平衡。

（六）居處

〈間傳〉云：

> 父母之喪，居倚廬，寢苫枕塊，不說絰帶。齊衰之喪，居堊室，苄
> 翦不納。大功之喪，寢有席，小功、緦麻，床可也。

父母未葬之前，孝子居於殯宮外的草蓬內，就寢時無席，僅以茅草爲墊，以土塊爲枕，絰帶不離於身。居齊衰之喪，則住在不加塗飾的堊室，睡在剪齊了邊卻沒有扎緣的席上。居大功之喪，則可用平常的席子，居小功，緦麻之喪，則可睡於寢室床席之上。

三年喪期中，居處亦隨儀節而有所改變，故〈間傳〉續云：

> 父母之喪，既虞卒哭，柱楣翦屏，苄翦不納。期而小祥，居堊室，
> 寢有席。又期而大祥，居復寢。中月而禫，禫而床。

〈喪大記〉頁七八二則云：

> 父母之喪，居倚廬，不塗，寢苫枕塊。……君爲廬宮之，大夫士襢
> 之。既葬，柱楣塗廬，不於顯者，君大夫士皆宮之。凡非適子者，
> 自未葬，以於隱爲廬。……既練，居堊室，不與人居。……既祥，
> 黝堊。……禫而從御，吉祭而復寢。……婦人不居廬，不寢苫。

雖然〈間傳〉、〈喪大記〉所載情形不甚相同，可能是不同的人主張有所不同

之故，〔註127〕但二者都同樣顯示：先秦之世，孝子服喪，有居倚廬的禮俗。從滕文公「五月居廬，未有命戒」，〔註128〕可知居廬之禮是確有其事，至於其後居處之改變細節，容或有所出入，但也不失居喪之精神。同樣都能本於「哀親之在外，哀親之在土」〔註129〕的思慕之心，而不忍自己安寢樂居的人情之實，於是倚廬而居，親自體驗以草藉爲墊，以土石爲枕的近乎死亡的生活狀態。從愈接近死亡的經驗，確定自己仍然存活著，也必須繼續生存下去，於是能將極端悲傷的心情，經由切身的痛苦，而逐漸得到釋放，循著既葬、練、祥、禪，居處逐漸由外廬而移居內室，慢慢回復平常起居的形態。

（七）其他方面的限制

除此之外，居喪期間對於作樂也加以限制。

古人對於音樂向來極爲重視，因而「大夫無故不徹縣，士無故不徹琴瑟。」〔註130〕、「禮樂不可斯須去身」，〔註131〕但是遭逢災患喪病之時，則必須去樂，故云「居喪不言樂」，〔註132〕以免音樂干擾居喪的憂思。

《小戴禮·雜記下》頁七四八云：

> 父有服，宮中子不與於樂。母有服，聲聞焉不舉樂。妻有服，不舉樂於其側。大功將至，辟琴瑟。小功至，不絕樂。

由此可知：不但身居父母之喪時不能舉樂，即使在有齊衰、大功之喪者之側，奏樂也是一項禁忌。因爲音樂最容易動人心絃，感人肺腑，所以能摒除音樂的干擾，才可使居喪者更能專心致意於對死者的思慕與感念。

《小戴禮·喪服四制》頁一〇三三云：

> 祥之日，鼓素琴，告民有終也。

《小戴禮·檀弓上》頁一一九云：

> 孔子既祥，五日彈琴而不成聲，十日而成笙歌。

祥之日，可以鼓素琴，代表喪期即將終盡。然而孔子彈琴不成聲，表哀念未忘，因此聲調難諧。由此而知喪期中對作樂的限制，也是基於人情的考量。

凡此種種，從居喪生活的各項限制中，將人類大自飲食男女之慾望，小

〔註127〕章景明：《先秦喪服制度考》（中華，1971年），頁286～295。
〔註128〕《孟子·滕文公上》，頁89。
〔註129〕《小戴禮·問喪》，頁947。
〔註130〕《小戴禮·曲禮下》，頁77。
〔註131〕《小戴禮·樂記》，頁698。
〔註132〕《小戴禮·曲禮下》，頁74。

至好逸愛潔之念頭，都降到極低的限度，尤其是斬衰之喪的各種禁忌，更有如依照死後狀態而生活。但也唯有在經歷這段置之死地而後生的刻骨銘心之痛以後，生者才容易鬆解其與死者的情感連結，以便重新調適心情，而能再形成新的人際關係。這段從親人死亡，到既葬、練、祥、禪的過程，已是邁入喪期的第三年。在經過這段緩慢的心理調適之後，居喪者也可以逐漸學得回復正常的生活。

二、哀傷的調適

《小戴禮·三年問》頁九六一云：

> 創鉅者其日久，痛甚者其愈遲。三年者，稱情而立文，所以為至痛極也。斬衰、苴杖、居倚廬、食粥、寢苫枕塊，所以為至痛飾也。
> 三年之喪，二十五月而畢，哀痛未盡，思慕未忘，然而服以是斷之者，豈不送死有已，復生有節也哉！

對於至親骨肉亡故所形成的傷痛，雖是至深且鉅，然而卻也不容許毫無限制的哀毀一生，因此訂定以三年之喪為最高限度，代表送死必須知所終止，復生更須知所調節，然後個人的生命才可再行邁開腳步，社會的生機才可賴以順利推動。

經由親人的死亡，與喪期中悲傷心情的體驗與調適，可以瞭解生存與死亡乃是同屬於生命本身的兩個不同切面，因此二者是相輔相成的，是調和的，也是意識之連續和完整統合領域內的陰陽面。〔註133〕因此從死亡事實的發生，到認清生存與死亡的相輔相成，並能擺脫對死者的情感束縛，西方心理學家穰彬（Rubin）指出：首先將經歷三～十二週的哀傷，而後持續一～二年的哀悼，才能將其與死者的連結慢慢鬆解，而回復正常功能。〔註134〕史本格勒（Spangler）更是把這段悲傷的過程分為四個階段：震驚、思念、解組及重組；然後再以認知、情感、軀體化、社會關係及心理防衛機轉的使用等五個向度來分析悲傷的反應（見附表二）。經由該表，我們可以發現三年之喪、二十五月而畢的喪期，與該表的悲傷調適期已十分吻合。雖然它的分期點與我們喪禮儀式的時間並不完全相合，但是和我們以三個月的時間為喪期級距的

〔註133〕葉頌壽譯、克伊斯坦巴汪（Peter Koes tenbaum）著：《死亡的答案》（杏文，1990年），頁43。
〔註134〕沈湘縈：〈喪親危機的哀傷諮商〉（《輔導月刊》1991年8月）

原則，卻隱然有相通之處。經由表中居喪者心理調適的過程，也可以對照出人類亙古以來「脫死了生」的情感蛻變，仍有其不變的律則存在。

附表二　可能顯現的悲傷反應

調適反應階段	認知表現	情感表現	軀體化表現	社會關係	防衛機轉
1. 震驚 數小時至一週	①思考緩慢或解組 ②思考閉塞 ③自殺意念 ④願望與死者連結一起 ⑤似乎表面不受影響	①心靈麻木 ②感覺能力遲鈍 ③情緒爆發 ④安樂感 ⑤歇斯底里症狀 ⑥不受影響	①生理麻木 ②非現實感 ③感覺自己能存在軀體之外 ④過度活動 ⑤過少活動 ⑥好說話	①被動的人際關係 ②缺乏對他人的覺察	①否認 ②理智化 ③自我感喪失
2. 思念 一週至三個月	①思念死者 ②尋找 ③沈思默想 ④夢及死者 ⑤錯誤地認知刺激，誤以為死者重現	①憂傷 ②恐懼 ③忿怒 ④解脫 ⑤急躁 ⑥罪惡感 ⑦思念	①生理不適 ②胸部痛苦 ③失眠 ④疲勞 ⑤嘔吐 ⑥食慾改變 ⑦體重改變	①依賴 ②尋求幫助	①退縮到早期模式 ②投射 ③內射
3. 解組 三個月至半年	①混亂 ②漫無目的 ③思考緩慢 ④失去興趣 ⑤自尊降低 ⑥集中回憶 ⑦易有發生意外的傾向	①憂傷 ②孤獨 ③憂鬱 ④無意義感 ⑤冷漠 ⑥非現實感 ⑦強烈忿怒	①自我中存有死者的感覺 ②仿死者的行為特質 ③坐立不安 ④對疾病的抵抗力降低	①退縮 ②逃避接觸人 ③缺乏進取 ④缺乏興趣	①退縮到早期模式 ②投射 ③內射
4. 重組 半年至二年	①發展對死者現實的回憶 ②回憶中經驗喜悅 ③回復以前社會功能 ④尋獲生命中新的意義	同時能經驗憂傷及快樂	恢復以前的生理功能的水平	①更新或建立新的社會關係 ②更新及建立新的興趣	前面的防衛機轉繼續使用，然後發展新的適應模式

資料來源：John D. Spangler(ed), Bereavement, Support Groups: Leadership Manual（Englewood: Grief Education Institute），1984, P.19。

轉引改訂自吳庶深：《對臨終病人及家屬提供專業善終服務之探討》。

第十節　情感的調節──哭的限制

　　喪失至親者，其內心的悲哀與傷痛是深切且激烈的。如果不把這種悲傷的情緒宣洩出來，不能完遂哀傷過程，不能終止哀悼，那麼，這種哀傷的情緒就是造成各種生理、心理疾病的潛在危機。莎翁曾說：「傾吐憂傷吧！悲痛若不能訴諸言語，就無法修補沈荷的心，過重的負載會使人心碎。」傾吐憂傷的確可以使人減輕心靈的重負，然而在憂傷到至深且鉅時，要求傾吐也變得不可能，這時，哭泣應是自然的反應，也是更直接的宣洩方式。

一、哭踊無數

　　從「親始死，雞斯徒跣，扱上衽，交手哭。惻怛之心，痛疾之意，傷腎乾肝焦肺，水漿不入口。」到「三日而斂，動尸舉柩，哭踊無數。悲哀志懣氣盛，故袒而踊之，所以動體安心下氣也。殷殷田田，如壞牆然，悲哀痛疾之至也。」以至於「女子哭泣悲哀，擊胸傷心，男子哭泣悲哀，稽顙觸地無容，哀之至也。」〔註135〕這些都是由於極度的痛楚，強烈的打擊，所呈顯的情緒反應。這種激烈的反應不但無法加以限制，也無法講求當時應有的禮貌與儀容，而且要盡情的宣洩才是健康合宜的。然而像這樣強烈的宣洩，如此深沈的哀傷，也不能持續太久，否則，以死傷生絕非死者所願見，更非社會所樂見的。因此在喪禮的進行中，除了表達生者對死者的哀情以外，對於「哭」也要求有所節制，以免對生者造成嚴重的傷害，使社會蒙受更大的損失。如：伯魚之母死，期年而猶哭，孔子即指其過甚；子夏喪其子，哭而無節，以致喪其明，曾子也因以指責其哀之太甚。〔註136〕

二、哭踊有節

　　《小戴禮‧雜記下》頁七四二云：

　　　曾申問于曾子曰：「哭父母有常聲乎？」

　　　曰：「中路，嬰兒失其母焉，何常聲之有？」

　　《小戴禮‧檀弓上》頁一四二則云：

　　　弁人有其母死而孺子泣者。

〔註135〕以上均見《小戴禮‧問喪》，頁 946、947。

〔註136〕以上見《小戴禮‧檀弓上》，頁 125、128。

孔子曰:「哀則哀矣,而難爲繼也。夫禮,爲可傳也,爲可繼也。故
哭踊有節。」

前後兩則記載,看似相違,其實,從二者之相異處即可看出哭之應有節制處。
哭父母而無常聲,爲始死之時,悲哀志懑,哭踊無數,自然是無常聲。而孔
子所言,哭而可以以禮節制者,則在襲斂之後。襲斂之後,如果仍然哀之過
深,則恐怕會因哀毀而傷生,後人也無法繼而學之,因而須以禮節制,使哭
踊有節。

因此,方苞於《禮記析疑》頁三五云:

孺子求索於親而不得,戀慕谿勃,必哭且踊。先王制哭踊之節,實
緣於此。蓋恐至性篤厚者,常如孺子,哀情中迫,則後不可繼。即
能繼,力亦難勝,故即以哭踊之節洩其哀情,而使之漸殺。又使人
要其節而必哭必踊,則中人之性,必感物而有動於中,即頑薄者要
其節而強爲哭踊,亦自覺其中情不應,而愧怍難安。以故興物,莫
切於此,衰絰之制,其淺焉者耳。〔註137〕

「節」的作用,在於將激烈的情緒調整至適當的位置,而不趨於直情徑行。
因此,辟踊爲哀傷至深的表現,而「有算」則代表「節文」的呈顯。小斂之
後,即須配合情感變化,由哭踊「無數」而調節至「有算」的程度。

三、代哭

《儀禮·士喪禮》頁四二七云:

乃代哭,不以官。

鄭注云:代,更也。孝子始有親喪,悲哀憔悴。禮防其以死傷生,
使之更哭,不絕聲而已。人君以官尊卑,士賤,以親疏爲之。三日
之後,哭無時。

由此可知:古禮在小斂之後,即對孝子之哭採取限制的措施,因而有「代哭」
之詞。人君之死,依照官爵之尊卑順序而哭。士的地位較低,因此以五服親
疏關係依次而哭。多人依次輪流哭,使喪家的哭聲不斷,使死者的魂魄能隨
哭聲而知所返家,而未輪到哭泣者,也可以有休息的機會,以防哀毀傷生。

《周禮·夏官·挈壺氏》頁四六一云:

〔註137〕方苞:《禮記析疑》見《四庫全書》第一二八冊,頁35。

凡喪，縣壺以代哭者，皆以水火守之，分以日夜。

《小戴禮・喪大記》頁七六六云：

君喪，虞人出木角，狄人出壺，雍人出鼎，司馬縣之，乃官代哭。

大夫，官代哭，不縣壺。士代哭，不以官。

君之喪，由於所屬的官吏多，因此以縣壺刻漏分時而更哭，大夫則由於屬員較少，因此不須縣壺計時以代哭。由於這些代哭的成員與死者均有親疏遠近的關係，因此均有哀戚之情，而非「不情之禮」。

四、朝夕哭

大斂之後，棺柩停厝期間，早晚各有一次奠祭，謂之「朝夕奠」。奠祭之時，難免會睹物思人，悲從中來，而大哭一場，此即所謂「朝夕哭」，每天在人前只可早晚哭這麼一次，不可無節制。

《儀禮・士喪禮》頁四三八云：

朝夕哭，不辟子卯。

既殯之後，於殯宮之哭，只可以朝夕入哭。其餘時間，則哀至而哭，哭無時。子卯之日，雖為桀紂亡日，但凶事不辟，吉事則闕，因為哀親之死情切，故仍然朝夕哭泣而無所嫌辟。

五、反哭

出殯下葬，則是死者由有形轉為無形的最大改變。從此以後，不但親人的形體不可復見，就是棺柩也消失蹤影，葬後返家，更覺景物依舊，而人事卻已全非，因此一場盡情宣洩的「反哭」就不可或缺了。

《小戴禮・問喪》頁九四七云：

其反哭也，皇皇然，若有求而弗得也。求而無所得之也。……亡矣，喪矣，不可復見已矣。故哭泣辟踊，盡哀而止矣。心悵焉，愴焉，惚焉，愾焉，心絕志悲而已矣。

《小戴禮・檀弓下》頁一七〇亦云：

反哭升堂，反諸其所作也。主婦入于室，反諸其所養也。反哭之弔也，哀之至也。反而亡焉，失之矣，於是為甚。

反哭，為自壙而反，哭於祖廟西階東面。此處為葬前親人行禮之處，孝子思求親人神魂，因此於行禮處哭之。主人仍升自客階，受弔於賓位，猶不忍即

父位，代表死者的形體雖然至此已全然不可復見，然而於生者的心中，卻仍隱然若存。因此，死亡並非絕滅，而是一種轉換，化爲不同質的存有。

六、卒哭

「反哭」之後，便是連續多日的虞祭。虞祭畢的第二天，即舉行卒哭之祭。《小戴禮·檀弓下》頁一七一云：

> 葬日虞，弗忍一日離也，是月也，以虞易奠。卒哭曰成事。是日也，以吉祭易喪祭。明日祔于祖父。

卒哭成事，代表死者已成鬼神之事，死者的神主祔入祖廟，從此人鬼殊塗。「在生人的原始觀念中，祖先的神靈具有禍福子孫的能力，對之祭祀崇奉，可以祈福求吉。」〔註138〕代表生者對生命的概念：認爲死亡爲一蛻變，是由人轉而成爲鬼神的轉化，經此轉化後，祖先成爲一具有更高能力的存有，因此後代子孫除了對他懷有思慕之情以外，更有一份崇高的敬畏之心油然產生。

從「居倚廬，哭，晝夜無時。〔註139〕既虞，朝一哭、夕一哭而已。既練，哭無時。」〔註140〕到「祥而外無哭者，禫而內無哭者。」喪禮中對哭的限制愈來愈多，同時也代表生者對死者已由強烈的哀傷期進入和緩的哀悼期，而終於可望恢復正常的生活形態，心靈獲得再度的重整與平衡。在生者鬆解與死者的情感連結以後，重新調適，再形成新的人際關係。此即是荀子所謂「久而平，所以優生也。」〔註141〕的居喪後期之心理調適。

第十一節　神魂的象徵——爲銘到作主

經過招魂的復禮之後，死亡雖是不願接受的事實，卻又是不得不接受的事實。爲恐死者的身分於他日無法分辨，因此爲銘以表柩，使他人日後能見而識之。這種爲銘的作法，自天子至於士皆是如此。

〔註138〕章景明：〈祭、喪之禮吉凶觀念之分別〉見《三禮論文集》，頁179。
〔註139〕孔穎達於「父母之喪，哭無時，使必知其反也」云：禮，哭無時有三種：一是初喪未殯之前，哭不絕聲。二是殯後，除朝夕之外，廬中思憶則哭。三是小祥之後，哀至而哭，或一日二日，而無復朝夕之時也。
〔註140〕《儀禮·喪服傳》，頁339。
〔註141〕《荀子·禮論》，頁605。

一、爲銘

《周禮・春官・司常》頁四二二云：

> 司常，大喪共銘旌。

《儀禮・士喪禮》頁四一二亦云：

> 爲銘，各以其物。……書銘于末，曰：某氏某之柩。

《小戴禮・喪服小記》頁六〇一更云：

> 復與書銘，自天子達於士，其辭一也。男子稱名，婦人書姓與伯仲，
> 如不知姓則書氏。

由此可知：人死後，自天子至於士，均用其生時建旗之物製作銘旌，以供辨識之用。由於對死者有愛，所以記其姓名，作爲不敢忘懷的精神象徵；由於對死者有敬，所以各以平生旗幟〔註142〕爲銘，作爲事死如生的敬慎心態，僅以尺易刃，代表死生畢竟有別之意。故《小戴禮・檀弓下》頁一六八云：

> 銘，明旌也。以死者爲不可別已，故以其旗識之。愛之，斯錄之矣；
> 敬之，斯盡其道焉耳。

透過旗幟的精神象徵作用，「銘」成爲人死後到設「重」之前，生者懷念死者時的精神對象。到埋葬之日，銘旌則隨同至壙，並與茵同入於壙中，「重」則不入壙中。棺柩中的屍身雖會因日漸物化而無法辨認死者原來的面目，但是覆蓋在外的旗幟與旗幟上所書寫的姓氏名號卻可以說明其生存時所代表的社會地位與意義。

二、設重

設「重」爲始死之日，於襲尸之後所舉行之儀節。

《小戴禮・檀弓下》頁一六八云：

> 重，主道也。
> 鄭注：始死未作主，以「重」主其神也。

主即神主，爲虞祭之後始設。在未設主之前，由於不忍所招之神魂無所憑依，於是設「重」以安之。此即是方苞所謂「既襲設冒，親之形容不可復見，故設木於中庭，使神依焉。」〔註143〕由於人死之後，魂氣四處飄蕩，而生者爲

〔註142〕《周禮・春官・司常》，頁 420、421：日月爲常，交龍爲旂，通帛爲旃，雜帛爲物。王建大常，諸侯建旂，孤卿建旃，大夫士建物。
〔註143〕《四庫全書》第一〇九冊，頁 191。

死者設木於中庭，以供神魂有明顯之目標可歸依。再者人子取銘置於「重」上，於是親之形容雖不可復見，但其神仍隱然歸附於「重」之上，而成為生者對死者思慕時的憑藉所在。

夏祝於飯尸後，將所餘的米，以二鬲盛之，煮以為鬻，準備懸於「重」下，〔註144〕以供神魂飲食。此即所謂「鬻懸于重，蓋親之養至是而終矣。朝夕見之，孝子之心有隱焉，所謂以故興物也」。〔註145〕

禮的制訂，有時是以外在的事物來引發內在的情感。將粥懸於重下，使人子朝夕得以目睹之，於是心中隱藏的養親事親之情意，必會經此觸發而更為潛沈，更為深刻。至於重木而裹以葦席者，一來為鬼神尚幽暗，再者則可因以避免所盛之粥遭昆蟲、家畜甚或孩童之破壞，〔註146〕而這也是人子為親人考慮周詳之處。

由於「重」和「主」均為人之神魂所象徵，而神主之上，載有死者之姓名，因此可用以表示死者之神魂所在；然而葦席所裹之重木，則不載有死者之姓名，故取前已書妥姓名之銘置於重上，〔註147〕以表示死者之神魂依此為主，「銘」則垂於北，招向鬼神所居之幽暗處。當銘旌隨風而動，實有魂兮歸來的款款深意，誰又能說死者已遠，不可回歸？人神之距，原只有咫尺之遙，又何須遠求？

三、虞祭以安神靈

下葬之時，「銘」隨同入壙，「重」則代表「迎精而反」，隨主人反家進行虞祭之儀式。

《小戴禮·檀弓下》頁一七一云：

> 葬日虞，弗忍一日離也。是月也，以虞易奠。卒哭曰成事。是日也，以吉祭易喪祭。明日祔于祖父，其變而之吉祭也，比至於祔，必於是日也接，不忍一日末有所歸也。

葬禮的舉行，多採取日朝而葬，而緊接著的就是日中而虞的節目。鄭玄即以

〔註144〕《儀禮·士喪禮》，頁 426：「用二鬲」鄭注：士二鬲，則大夫四，諸侯六，天子八。

〔註145〕《四庫全書》第一〇九冊，頁 192。

〔註146〕張長臺：〈儀禮士喪禮「設重」一節之探討〉見《亞東學報》，1990 年 6 月，頁 1。

〔註147〕張長臺：〈儀禮士喪禮「設重」一節之探討〉見《亞東學報》，頁 5。

爲「虞，安也。骨肉歸於土，精氣無所不之。孝子爲其彷徨，三祭以安之。」
〔註148〕親人既已埋葬，世間已無具體可見的形跡。這種由有形轉至無形的劇
變，對生者是很難適應的，於是安頓死者精魂的虞祭就因此而設立。葬日而
虞，代表生者一日也不忍離開死者的精魂，因此設祭於殯宮，欲使親人的精
魂能經此具體的儀式，而確信其已安抵家門。然而面對此有形與無形的最大
轉變、喪禮中生事與死事的分野所在，一虞之祭不足以安頓死者的精魂，也
不足以撫慰生者的傷痛，因此必以三虞〔註149〕爲祭。經由三次的虞祭，前後
四天的儀式，生者的情緒也才漸能趨於穩定，然後才能在第五天舉行卒哭的
儀式，並以吉祭代替喪祭，而於葬日起第六天將神主祔入祖廟。

　　虞而稱祭，有別於前此所稱的喪奠，代表喪禮過程中的一大轉變。人自
始死至下葬以前，由於死者的形體未藏，所以凡用以事奉死者的儀式，均稱
爲「奠」或「薦」。孔穎達即稱：「奠，謂始死至葬之時祭名，以其時無尸，
奠置於地，故謂之奠也。」〔註150〕至於既葬以後，形體歸於不可見，因而自
此以後，所事於死者，乃純以其神魂爲對象。因此既葬而虞，虞而立尸。尸
表神象，〔註151〕以象其生而祭之。故有尸與無尸，實爲奠與祭二者分界之關
鍵所在。

　　《小戴禮・檀弓下》頁一九三云：

　　　虞而立尸，有几筵。卒哭而諱，生事畢而鬼事始已。

　　　孔疏云：未葬由生事之，故未有尸；既葬親形已藏，故立尸以係孝

　　　　子之心也。

虞祭時由於立尸以象徵死者的神魂，因此稱祭不稱奠。但由於在虞祭進行過
程中，死者的神魂尚未能得到安定的止息，因此仍然只能稱爲喪祭，而不得
爲吉祭。

　　葬後而虞，殷、周二代均同，但對於「重」之處理，與祔廟之時候則有
相異之處。

　　《小戴禮・檀弓下》頁一六八、一七一分別云：

　　　重，主道也。殷主綴重焉，周主重徹焉。

〔註148〕《儀禮・既夕禮》，頁 473：「三虞」之鄭注。
〔註149〕《小戴禮・雜記下》，頁 749：士三虞，大夫五，諸侯七。
〔註150〕《小戴禮・檀弓下》，頁 169：「奠以素器」之孔疏。
〔註151〕章景明：〈祭、喪之禮吉凶觀念之分別〉見《三禮論文集》，頁 176：祭祀之
　　　　有尸，也是復活觀念的產物。

　　殷，練而祔；周，卒哭而祔。

殷人於作虞主後，即將「重」聯綴於虞主而懸於死者所殯之廟，在周年練祭後才舉行祔祭。周人則在虞後作主，徹「重」而埋之，因此於卒哭之後即行祔祭。殷人偏重生者對死者的情感，不忍急於將死者以鬼神相待而行祔祭。周人則偏重於理智的崇敬，因此在卒哭之後即以鬼神之禮待死者。殷、周雖然祔祭之時候相異，但對於神魂的歸屬，則均歷經由「重」而作「主」的程序，且不曾中輟。這代表在古人的心目中，精神生命始終是延續不絕，未曾間斷的。

四、作主

　　廟以藏主，主以依神，因此凡有廟者皆應有主。〔註152〕至於作主所用的材料，則並不一致。

　　《史記・伯夷列傳》頁八四七云：

　　　武王載木主，號爲文王，東伐紂。

　　《白虎通疏證十二・宗廟》頁六三二一云：

　　　所以用木爲之者何？木有終始，又與人相似也。蓋題之以爲記，欲

　　　令後可知也。

以木爲主，或因取象於人與樹同爲生物，均有生長終老之現象，因此取以作主，供作神魂之憑依。又爲區別階級之隆殺差等，所以唯有天子、諸侯有木主，而大夫則以石爲主，〔註153〕若大夫而無土無民，則唯有「束帛依神」而已，士則結茅爲菆。

　　《儀禮・士虞禮》頁四九六云：

　　　佐食……取黍稷祭于苴。

　　　鄭注：苴所以藉祭也。孝子始將納尸以事其親，爲神疑於其位，設

　　　苴以定之耳。或曰：苴，主道也。

不論各人的社會階級爲何，作主時均各取一物以象徵祖靈之位則相同。主有虞主、練主，〔註154〕分別代表不同的涵義。虞主用桑，取聲爲名，三代所同。

〔註152〕大夫、士是否有主的討論，詳見章景明：《殷周廟制論稿》（學海，1979年），
　　　　頁126～132。

〔註153〕《說文》：祏，一曰大夫以石爲主。

〔註154〕《公羊・文公二年》：虞主用桑，練主用栗；用栗者，藏主也。
　　　　章景明：《殷周廟制論稿》，頁132～149有論「練主」之說。
　　　　《左傳》立主唯一。作主之說，詳見周師一田：《春秋吉禮考辨》，頁 231～

由於葬事剛畢，生者無暇也無心多作雕飾，因此取粗桷之桑作主，以副孝子之心意。練主之材料則三代各有不同。

江永《禮書綱目》頁四二三云：

> 夏后氏以松，殷人以柏，周人以栗。松猶容也，想見其容貌而事之，
> 主人正之意也，柏猶迫也，親而不遠，主地正之意也。栗猶戰栗，
> 謹敬貌，主天正之意也。〔註155〕

夏后氏時期，在歷史的分期上，屬於「傳說」時代，而非「信史」時代，但是比起舊石器時代來，人們的思維活動已能夠不局限於眼前的事物，而能夠在較大的範圍內進行概括的探索，並從事較遠的聯想，因此能夠形成對自然與人類社會的總體性看法，而產生具體形象思維的特性。〔註156〕夏后氏以松爲練主，代表想見其容貌而事之的心意，基本上即是反映當時人注重具體形象思維的表現，所以對於生命的觀念，是建立在人的具體現實性上而從事思考的。殷代則爲尚鬼時期，凡事皆「先鬼而後禮」，並時時「率民以事神」，人與鬼神的距離近而不遠，代表人對列祖列宗的極切崇敬與回歸本源的強烈驅策，因此以象徵迫近不遠的柏爲練主，代表人與其生存所倚賴的后土間的密切關係，象徵生命與其生存資源的不可切割性，故殷人處理喪事時常以猛烈的手段來發洩心中的哀慟情緒，而有「毀竈綴足」、「毀宗躐行」〔註157〕以及殺人以殉的激烈行爲。周代則由於王朝的變革，而深切體會「王命不易」〔註158〕、「王命靡常」〔註159〕的道理，一面以天神的權威論證君主權力的合理性，另一面則以天神的權威限制君主濫用權力，而開發出以人性自覺爲基礎的憂患意識。由於這種憂患意識的作用，表現在生活上的，則是「敬」與「敬德」的呈顯，〔註160〕因此取有戰「慄」音的栗爲練主。周人由於對天命的敬謹、畏懼，故而對生命的觀念，相

234。

〔註155〕《四庫全書》第一三三冊，頁 423。
　　　　《白虎通・疏證十二・宗廟》，頁 6320：夏后氏以松，松者所以自竦動；殷人以柏，柏者所以自迫促；周人以栗，栗者所以自戰慄。
〔註156〕任繼愈主編：《中國哲學發展史・先秦》（人民，1983 年），頁 60。
〔註157〕《小戴禮・檀弓上》，頁 136。
〔註158〕《尚書・大誥》，頁 194：爾亦不知天命不易。
　　　　〈君奭〉，頁 245：不知天命不易。
〔註159〕〈康誥〉，頁 206：惟命不于常。
　　　　《詩・大雅・文王》，頁 536：天命靡常。
〔註160〕徐復觀：《中國人性論史・先秦篇》（商務，1988 年），頁 22。

應的表現爲精神的斂抑，注重人文價值的發揚，希望透過制度的確立，而建立開展生命價值的目標。

神主在歷經虞主、練主之更替後，練主祔入祖廟，從此人鬼殊塗。廟爲莊嚴肅穆的場所，是祖靈的居住處所，也是家族成員的精神寄託所在；所以，祖先的精神是與後代子孫長相左右的。

第十二節　生命的網路——喪服制度

完整的喪服制度，應兼涵喪服與喪期二者而有之。

一、喪服

我國的喪服制度，是一套規畫相當精密的設計。開始時可能早到西周初年，經過修正，以至於完成，則可能已在春秋或戰國時期。這套制度的規畫和施行，當初是與封建、宗法制度互相配合，以求獲得當時社會政治的革新。在精神上把握人文意識的覺醒，並注重親親思想的伸張。施行的結果，則是加強了家族的凝聚力與向心力，也鞏固了當時的社會基礎及結構。〔註161〕

根據近代人類學研究，大抵初民社會都經由圖騰社會或母系氏族社會，演進而成父系氏族社會。父系氏族是由父傳子，於是產生家族。這種以男性爲主的家庭型態普遍流行以後，家族成員的系統觀念逐漸建立。由於家族崇拜祖先，於是立有宗廟，〔註162〕使祖先得以享祀宗廟。由於祭祀宗廟，須有一人主持領導，於是必須建立制度，以確立此人的領導資格，此即是宗法制度的產生。〔註163〕因此，宗法制度即是家族組織法，也是家族繼承制度，經由這種制度，而達到強化家族組織的力量，形成收族的效果。將宗法制再擴大範圍，運用到政治上，即形成模式相近的封建制度。封建制度則爲天子的家族組織法，其目的仍在於凝聚家族成員的力量，以達政治上的長久安定。

（一）五服親屬的畫定

由於宗法和封建制度，較偏重於家族縱向的發展，而橫向的聯繫卻有所不足，因此另立喪服制度，使整個家族的關係，不論縱向、橫向均有照應，

〔註161〕周師一田：《古禮今談》，頁129、130。
〔註162〕李震：〈三代宗法社會的起源與發展〉，見《中國歷史學會史學集刊》第八期。
〔註163〕孔德成：〈宗法略論〉，見《孔孟月刊》第十九卷十一期，1981年7月。

形成更嚴密周詳的家族網路，達到血脈相通，親情相繫的聯結。喪服制度即是以自我爲中心，將所有圍繞於我四周的族人，按照共同生活時間的久暫，彼此相處情感的厚薄，血緣關係的遠近，以上殺、下殺、旁殺的方式，規畫出各類親等，以便在喪事發生時，各不同親等的族人，可以穿上其該穿的喪服以表達其內心的哀痛之情。

　　以下即根據「四世而緦，服之窮也。」〔註164〕及「親親以三爲五，以五爲九，上殺、下殺、旁殺，而親畢矣。」〔註165〕的原則，參照章景明《先秦喪服制度考》製成本宗五服親屬圖。以己身爲中心，由上推之，四世而至高祖；往下發展，四世而及玄孫；旁而擴之，則四世而及族昆弟。從圖中縱橫旁通的關係，可以看出其間的親疏尊卑等差，而喪服的輕重關係也因而確立。

附圖：本宗五服親屬圖

					高祖母	高祖父				
				族曾祖母	曾祖母	曾祖父	族曾祖父			
			族祖母	從祖祖母	祖母	祖父	從祖祖姑 從祖祖父	族祖父		
		族母	從祖母	世叔母	庶母　母	父	世叔姑 世叔父	從祖姑 從祖父	族父	
	族昆弟之妻	從祖昆弟之妻	從父昆弟之妻	昆弟婦	妾　妻	己身	姊妹　昆弟	從父姊妹 從父昆弟	從祖姊妹 從祖昆弟	族姊妹 族昆弟
		從祖昆弟之子婦	從父昆弟之子婦	昆弟之子婦	婦	子　女子子	女子子	從父昆弟之女子子	從祖昆弟之女子子	
			從父昆弟之孫婦	昆弟之孫婦	孫婦	孫	女孫	昆弟之孫	從父昆弟之孫女	
				昆弟之曾孫婦	曾孫婦	曾孫	曾孫女	昆弟之曾孫女		
					玄孫婦	玄孫	玄孫女			

〔註164〕《小戴禮・大傳》，頁619。
〔註165〕《小戴禮・喪服小記》，頁591。

（二）服術的原則

喪服的制定，主要在於彰顯血濃於水的家族人倫秩序。因此《小戴禮·大傳》頁六一九云：

> 服術有六：一曰親親，二曰尊尊，三曰名，四曰出入，五曰長幼，
> 六曰從服。

「親親」即是依照血緣關係的親疏遠近而訂立喪服的輕重，此即所謂「其恩厚者，其服重。故為父斬衰三年，以恩制者也。」[註166]「尊尊」即是依照人的能力大小、社會地位的高低而有喪等的不同，因而於「尊尊」這一項，即以對君的喪等為最高。因為「門外之治，義斷恩。資於事父以事君，而敬同，貴貴尊尊，義之大者也。故為君亦斬衰三年，以義制者也。」[註167]至於依「名分」而制訂喪服的，即指異姓的女子，本與自己無喪服關係，但是由於與族中親屬有婚姻關係，遂因其名分而有喪等，如世叔母、昆弟婦皆是。至於依「出入」不同而訂立喪服者，則正好與依「名分」而制喪服者相反，指自己家中的女子，由於嫁人為婦，以致與在室之女不同，故須另定喪服。第五種因「長幼」而定的喪服，則指為未成年人所服之殤服。這類殤服又由於死者的年齡不同，再區分為長殤、中殤和下殤，此類喪服均須照原有親等而降等。最後一類為「從服」，則是由於間接關係而建立的。

〈大傳〉頁六二○續云：

> 從服有六：有屬從，有徒從，有從有服而無服，有從無服而有服，
> 有從重而輕，有從輕而重。

從服的第一種情況為「屬從」，即是由親屬關係而服其支黨，如子為母黨，妻為夫黨，夫為妻黨服喪。第二種為「徒從」，即與彼並無親屬關係，而空服彼之支黨，如臣為君之黨，妻為夫之君，妾為女君之黨。第三種為「從有服而無服」，如公子為其妻之父母。

公子之妻為其本生父母因出嫁而降服期喪，其夫本應從服總麻三月，然而公子為君所厭，不得從而服之，故妻有服而公子無服，因此稱此類為「從有服而無服」。第四種為「從無服而有服」，如公子之妻為公子之外兄弟、娣姒總麻三月皆是。第五種為「從重而輕」，如夫為妻之父母總麻三月。妻自為其父母服期喪為重，夫則僅服總麻，有別於平常之降一等為服，因此稱為「從重而輕」。

〔註166〕《小戴禮·喪服四制》，頁 1032。
〔註167〕《小戴禮·喪服四制》，頁 1032。

第六種爲「從輕而重」，如公子之妻爲其皇姑。公子爲君所厭，自爲其母練冠，是輕，其妻則仍服齊衰，與爲小君同，爲重，因此稱「從輕而重」。

（三）喪服展現的生命義

喪服大體區分爲斬衰、齊衰、大功、小功、緦麻五等，各等之中又有不同的差異性存在。由於各成員間的相對關係非常複雜，於是在五種喪服之外又有加服、降服的措施，使得喪服制度愈趨於精密細緻。喪服制度從表面上看來，似乎僅爲單純的社會禮俗，然而深入其內涵，則可以發現經由此一嚴密的區分各成員在家族組織中的地位，可以促使每個人對家族產生強烈的向心力，知道「五服」之內都是一家人，每個人不是一個孤獨存在的個體，每個生命也不是寂寞的一個點。每個「自我」都可以以自己爲中心，而架構出一個龐大的親屬網，因此生命不是疏離的，而是融合於有機體中的一個環節，每個環節都有與之相應的環節環環相扣。生命不只是「點」，生命還有「面」的層次，更還有「體」的建構。只有在生命的個體眞正融入家族組織的立體結構中，個人才不是孤寂的存在，才能深切體驗生命與生命之間的親密關係，才可明瞭個人的生死榮辱均非單純的個人事件，這種牽一髮而動全身的感覺，可以使人懂得更加珍惜自己的存在，也更懂得學習關懷周遭的親人。因此，喪服制度所表現的規畫與區隔，其實質則正在於期許家族的整合與生命的融通，這種整體和諧的生命概念，就是推動人類生命向上向善躍升的精神力量。

五等喪服之外，再加上喪期不等的變化，才使得喪服制度越發嚴整完備。

二、喪期

有關的親屬亡故，由於彼此之間血緣的親疏遠近，相處的情感深淺厚薄不同，因而服喪的期限也各有等差。

（一）以情感為畫分的原則

《小戴禮・喪服小記》頁五九五云：

> 再期之喪，三年也。期之喪，二年也。九月、七月之喪，三時也。
>
> 五月之喪，二時也。三月之喪，一時也。

喪期的畫分，以情感爲衡量的原則。（配合「哀情的抒發」）以三年之喪爲最高限制，以下則依次有期年之喪，及三時、二時、一時之喪。以喪期之久暫，配

應哀情之深淺，並透過衰絰杖屨纓帶等服飾配件之搭合，而表達傷痛之意於其外，達到「稱情而立文，因以飾群別，親疏貴賤之節，而不可損益也」〔註168〕的目標。

（二）以自然的運行為制限的依據

由於自然界的生態變化，周而復始，循環往復，在變動不居的過程中，又有其永恆不變的規律存在，總循著春去夏來，秋盡冬來的順序交替而生，無時已。這種四季分明的變化現象，就是農耕社會中的人們最易於體察的，於是在遭遇事故，需要計算期限時，便自然的會以四時年歲的區分作為規畫限期的依據。

《小戴禮・三年問》頁九六二載有喪期的畫分：

> 至親以期斷。……天地則已易矣，四時則已變矣。其在天地之中者，莫不更始焉，以是象之也。

「期」為一年之周匝，物換星移，天地間萬物已度過一個完整的循環期，因此生於天地之間的人，也應該配合自然界的循環規則，作另一新的創發，所以對於至親的哀思，也應以期年為限。此即先人制禮時內求順應人情，外求配合環境變化，而制定至親以期斷的原因。如為人後者，為其本生父母，僅降服齊衰不杖期；父在為母，亦僅止於齊衰杖期，表面上均為對至親之父或母降服，然而於喪期而言，則仍保持至親以期斷的原則，並未縮減。由此亦可見以期年為一完整的週期，是制定喪期的基準原則。

> 然則何以三年也？曰：加隆焉爾也。焉使倍之，故再期也。……子生三年，然後免於父母之懷。夫三年之喪，天下之達喪也。

至親本應以期斷，然而為加隆父母之恩，於是再期而舉行大祥之祭，二十五月禫祭除服。由於已跨入第三年，因而號稱三年之喪。代表三年一閏，天道小成之意，〔註169〕並可回報父母三年懷抱之情。對於死者而言，能保有親人長期的悼念，當是一更圓滿的完結；對於生者而言，能擁有更完整的思慕盡哀的歷程，對於再重回社會的心理調適，也越發顯得自然。

> 由九月以下何也？曰：焉使弗及也。故三年以為隆，緦、小功以為殺，期九月以為間。上取象於天，下取法於地，中取則於人，人之所以群居和壹之理盡矣。

〔註168〕《小戴禮・三年問》，頁961。
〔註169〕《小戴禮・三年問》，頁962，孔疏。

親屬間的關係，無法統一以期年之喪爲準則，彼此間恩情較淺的，就比照基準而降低等級，以與其哀情相配合。降等的結果，於是在期喪一年之下，有大功九個月、小功六個月、緦麻三個月的等級。各級距的變化各爲三個月，正好配合四季的交替，上則取象於天時的運轉，下則取法於地物的變化，中則順應人類情感的轉變。因爲季節變換的時節，物產交替的節候，也是人類情感最容易轉化的時刻，因此以一季三個月的時間作爲喪期的最低等級，代表宣洩哀情的最低週期，足見制禮者的考慮是周詳而且細密的。

（三）順應自然的變以邁向生命的總體和諧

　　配合自然界的循環變化，而規畫喪期的久暫，可使人的情感與大自然作更緊密的溝通，上自雲彩的變化、星辰的轉移，下至草木榮枯、花開花謝，都可開啓人對生命的體悟。因爲儘管風雲瞬息萬變，卻不離天體運行的律則，人的生命也是如此，脫離不了生命的律則：有生必有死。生死是生命的自然現象，因此不必以生爲喜，也不必以死爲悲。經由這種體察，哀傷的悲情就容易得到紓展，也能使人更坦然的面對死亡。再經由花開花謝有時盡，化作春泥更護花的生態平衡現象，更可體驗到每一個曾經存在的生命、正在存在的生命，雖然在宇宙的整體中僅是一粒微塵，但是每一粒微塵也可影響繼起的一切，因此如何珍惜每個正在存在的生命，就成爲自我責無旁貸的義務。不過珍惜存在還只是消極的目的，人不同於自然物的，還在於人不只是服從自然律則，人還能在自然律則中製造差異，開展積極的意義。人死，最後終將是化歸塵土，但問題是，這些塵土是護花的春泥、是滋養的沃壤、是貧瘠的礫土，抑或是有毒的鎘塵，這就必須訴諸其存在時的抉擇了。

　　生命是一種變動的歷程，而生命的存在方式卻可以因人之選擇而異。生前選擇何種方式存在，死後就留有該種存在所遺留的價值，在後代繼起的生命中形成意義，這就是人之所以有別於「萬物死皆曰折」〔註170〕的原因。人之死，不單純是「物」的化學變化與物理變化的組合，也不只是單純的「物」的循環變化，人有責任不使死亡歸向虛無、化爲烏有，而是形成另一種意義的存有，深藏於後代子孫的心靈中，永存於他人的意識之內。

　　通過親人之死，讓生者深切體驗何謂生命的分離；經由晦暗粗惡的苴杖衰麻等配飾，感受何謂深沈的悲哀；再經由大自然四時的變化，明瞭何謂生

〔註170〕《小戴禮·祭法》，頁798。

命的現象。死亡，使人觸摸到更深切的成長經驗。通過居喪的體驗，讓人懂得人也是天地間、大自然蘊育下的生命存在，然而人與物最大的區別，就在於人能透過死亡的教導，可以明瞭自身之有限性與內心之永恆性是完整融合的；〔註171〕能經由別人的死亡，而證悟生命的價值在於意義的追尋。人之有限性，在於人之終歸於塵土；人之永恆性，在於塵土因爲護花而成爲價值的存有。這種生命的雙重性，通過具體的個體生命，而得到實際的差異呈現，而個體生命的光輝，也經由家族組織的推衍拓展，而得到不朽的保障。每個生命輻射所及的親屬網，就是他從事各項努力時的精神後盾。當個人的生命結束後，各有關的家族成員，可以分別由長短不一的喪期中，從接觸死亡到認識死亡，從認識死亡到尊重生命，從尊重生命到賦予生命意義，達到以死教生的目的──死者留給生者的，是他生命總體的、全幅的呈現。凡是存在時創造意義的，則死後也必然留存了意義。

　　以下即根據《儀禮·喪服》、《小戴禮》的〈喪服小記〉、〈大傳〉以及章景明的《先秦喪服制度考》、徐福全的「士之五服喪期表」，製成「九族五服喪期表」。從綿密的親屬關係中，認識人際關係的差等；從彼此血緣的聯繫中，凝聚家族成員的向心力，從而體認個體生命與家族群體生命的整體融合性，推而至於與國族生命、人類生命融合發展，與大自然和諧共榮，形成一總體的和諧。

附表三　九族五服喪期表

九族喪期／五服		高祖	曾祖	祖父	父	己	子	孫	曾孫	玄孫
斬衰	斬衰三年			父卒然後爲祖後者爲祖（據喪服傳）	父（女子子在室，子嫁反在父之室爲父與男子同）	妻爲夫	父爲長子			
					爲人後者爲所後之父	妾爲君				
齊衰	齊衰三年				父卒爲母		母爲長子			
					繼母如母					
					慈母如母					
	齊衰杖期				父在爲母	妻				
					出妻之子爲母					
					繼母嫁從爲之服（報）					

〔註171〕葉頌壽譯、Peter Koestenbaum 著：《死亡的答案》（杏文，1990 年），頁 10。

五服	九族 喪期	高祖	曾祖	祖父	父	己	子	孫	曾孫	玄孫
	齊衰不杖期			祖父母（女子子嫁者、未嫁者與男子同）	世父母、叔父母		眾子（女子子在室者同）	適孫		
					爲人後者爲其本生父母（報）	昆弟	昆弟之子（報）			
					女子子適人者爲其父母	女子子適人者爲其昆弟之爲父後者	女子子適人無主者			
					繼父同居者	姊妹適人無主者（姊妹報）	夫之昆弟之子（報）			
					婦爲舅姑					
					姑適人無主者（姑報）					
	齊衰三月		曾祖父母（女子子嫁者、未嫁者與男子同）		繼父不同居者					
大功	殤大功九月				叔父之長殤	姊妹之長殤	子、女子子之長殤	適孫之長殤		
					姑之長殤	昆弟之長殤	夫之昆弟之子、女子子之長殤			
	殤大功七月				叔父之中殤	姊妹之中殤	子、女子子之中殤	適孫之中殤		
					姑之中殤	昆弟之中殤	夫之昆弟之子、女子子之中殤			
	成人大功九月			夫之祖父母	姑適人者	姊妹適人者	女子子適人者	庶孫		
					夫之世父母、叔父母	從父昆弟	姪（男女皆報）			
						爲人後者爲其昆弟	適婦			
						女子子適人者爲眾昆弟	爲夫之昆弟之婦人子適人者			

九族 喪期 五服		高祖	曾祖	祖父	父	己	子	孫	曾孫	玄孫
小功	殤小功五月				叔父之下殤	昆弟之下殤	子、女子子之下殤	適孫之下殤		
					姑之下殤	姊妹之下殤	姪（男女）之長殤（報）	庶孫（男女）之長殤（報）		
					爲夫之叔父之長殤	爲人後者爲其昆弟、從父昆弟之長殤	昆弟之子、女子子之下殤 夫之昆弟之子、女子子之下殤			
	成人小功五月			從祖祖父母（報）	從祖父母（報）	從祖昆弟	庶婦	孫適人者		
				外祖父母	從母（丈夫婦人報）	從父姊妹適人者				
				妾子爲君母之父母	夫之姑（報）	爲人後者爲其姊妹適人者		孫適人者		
					妾子爲從母	夫之姊妹（報）				
						娣婦（報）				
						姒婦（報）				
緦麻	殤緦麻三月				夫之叔父之中下殤	從祖昆弟之長殤	姪之下殤	昆弟之孫之長殤		
					從祖父之長殤	從父昆弟之下殤	從父昆弟之子之長殤			
					從母之長殤（報）	夫之姊妹之長殤		庶孫之下殤		
					夫之姑之夷殤					
	成人緦麻三月		族曾祖父母	族祖父母	族父母	族昆弟	從祖昆弟之子	庶孫之婦	曾孫	
				父之姑	從祖姑適人者（報）	從祖姊妹適人者（報）	甥（報）	庶孫之中殤		
				夫之諸祖父母（報）	庶子爲父後者爲其母	從母昆弟	壻（報）	外孫		
					士爲庶母	姑之子（報）				
					乳母	舅之子				
					妻之父母					
					舅					
					爲父之從父昆弟之妻					
					君母之昆弟					

第五章　生命薪傳的達成──追遠的祭禮

　　祭祀的行為是古今中外共同的社會文化現象，是人類與生俱來的本能，而非外塑於人。自有初民以來，當其仰望遼闊的穹蒼，俯察四周的環境，莫不深感自然界的奧妙難測、無法駕馭，而心存畏懼，於是設法與其修好，甚且希望因而獲取助益。〔註1〕由於這種避禍求福的心理需求，遂產生了祭祀行為。這種自求多福的需求，即是馬斯洛（Maslow）所說的：安全感的需求為人類的基本需求之一。〔註2〕由於祭祀與人類的生活關係密切，於是社會學者認為：各民族的祭禮，可以充分反映其民情、禮俗，是各民族文化的源頭。

　　從「國之大事，在祀與戎」〔註3〕的說法，可知祭祀與兵戎之事，同屬古代國家之大事，二者之別，當在於前者為日用之常，而後者則為時局之變，於此尤其可見祭祀在古代生活中之重要性。

《小戴禮・祭統》頁八三〇云：

> 凡治人之道，莫急於禮，禮有五經，莫重於祭。
>
> 鄭注云：禮有五經，謂吉禮、凶禮、賓禮、軍禮、嘉禮也。莫重於
> 祭，謂以吉禮為首也。

《周禮・春官》頁二七〇云：

> 大宗伯之職，掌建邦之天神、人鬼、地示之禮，以佐王建保邦國，
> 以吉禮事邦國之鬼、神、示。

〔註1〕林惠祥：《文化人類學》，頁 281。
〔註2〕孫大川審譯，馬斯洛（Masloww, A. H.）、弗洛姆（Fromm, E.）等著：《人的潛能和價值》（結構群，1992 年），頁 181，〈高級需要與低級需要〉：由低級至高級需要的順序：生理需要、安全需要、愛的需要、尊重的需要、自我實現的需要。
〔註3〕《左傳・成公十三年》，頁 460。

由此可知，古代以祭禮為五禮之首，並設有大宗伯之專職人員掌理祭祀天神、人鬼與地示諸事宜，輔佐王者平治天下。於是祭祀由原始的基於安全感的需求，到周代制禮時，則與政治亦有了密不可分的關係。祭祀天神，旨在彰顯政治功能；祭祀地示，旨在促進社會功能；祭祀人鬼，則在加強倫理功能。

由於周代禮制的規畫，加上政治力量的推動，祭祀已成為政治教化之輔。西周之時，雖然亦崇隆祭典，以祀神為致福的方式，然而此時由於人本思想的萌發，而有「夫民，神之主也」〔註4〕的觀念，能辨認天人之分，逐漸轉變神祀而歸本於人世，確立「民神異業」〔註5〕的祭祀制度。又由於周人由「敬」所貫注的「敬德」、「明德」觀念，注重主動反省的、積極負責的態度，〔註6〕於是建立「崇德報功」的祭祀制度。更由於宗法制度的推行，強化了家族的組織，也凝聚了家族成員的感情，形成了血濃於水的親親思想，因而建立起注重「孝道倫理」的祭祀制度。

因為注重孝道倫理，家庭成為每個人生活的重心，成員間由於朝夕相處，更懂得彼此間的關懷與體恤，於是在親人亡故之後，由於孝道的延續與親情的維繫，對人鬼的祭祀，就成為生者與死者的聯繫，並經由祭禮的儀式，而肯定生命薪盡火傳的意義。以下即以直接關涉具體生命的祭祖制度為討論主軸，再旁及祭天、祭地的外圍禮儀，且以有關生死大義者探討之。

第一節　情感的昇華──珍重的親情

喪禮的設計，在於經由一套精細繁縟的儀式，使喪親者能夠充分宣洩內心的哀情，並以珍視掩藏親人的遺體為目的；祭禮的安排，則在於以一套莊嚴而隆重的儀式，來表達對前人的深刻懷念與由衷的尊崇。因此，祭禮其實就是喪禮的延續，〔註7〕二者的形式與目的雖然有所不同，但都同基於一份真摯而深沈的孝思。對於死去的親人，如果能始終保有這份長久不渝的情感，則對於眼前的生者，當更能懂得珍惜彼此間真摯的情感，而使社會洋溢著溫

〔註4〕　《左傳・桓公六年》，頁110。
〔註5〕　嚴定暹：〈崇德報功，裨益風教──我國先秦祭義述評〉，《復興岡學報》第三十九期，1988年6月，頁330。
〔註6〕　徐復觀：《中國人性論史・先秦篇》，頁22～23。
〔註7〕　周師一田：〈傳統文化中的家族觀念〉；見《禮儀民俗論述專輯》（內政部編，1989年），頁49～51。

馨淳厚的人情味。這就是曾子所說的「愼終追遠，民德歸厚矣」。〔註8〕經由愼終的喪禮與追遠的祭禮，使抽象的「仁」的觀念，用具體的形式，表現於社會群體活動之中，在潛移默化中，使每個人能深切體會「仁」的價值，也願意努力實踐「德」的行爲。

一、祭禮的設置根於人情

喪、祭二禮的設計，其根本要件，在於有眞摯的情感，尤其是祭禮要傳之久遠，更有賴於這份情感的凝鍊與昇華，懂得思索目前所見的種種，都是前人心血的結晶與經驗的累積，而知道更爲尊重歷史、緬懷先人。從尊重歷史的教育中，體認人對於時代的使命感；從緬懷先人的德澤中，標舉人對於生命的價值感。因此《小戴禮・祭義》頁八〇八云：

> 君子生則敬養，死則敬享，思終身弗辱也。

當親人生存之時，由於有形可見，因而要求對親人恭敬侍養，尚屬具體可爲，而不會顯得不自然、不落實。但是當親人亡故之後，人已由有形而歸於無形，於是在面對這種不可見的存有，〔註9〕而要求保有一份虔誠的敬意，並且不忘祭享先人，而又要求終身弗辱先人，則需要一份對親人永恆的孝思與對死者具有雖死而不絕的信仰。

故《小戴禮・祭統》頁八三〇云：

> 祭者所以追養繼孝也。……是故孝子之事親也，有三道焉。生則養，沒則喪，喪畢則祭。養則觀其順也，喪則觀其哀也，祭則觀其敬而時也。

凡人莫不有親，故親死而致其思慕懷念，本爲人情之常，因而以歲時行使祭享祖先之禮，表達追孝恭敬之意，實爲孝敬仁親的人道思想的表現。故祭禮之設置，就在於這份自中心生出，終身不敢忘祖的親親之情。因而《小戴禮・

〔註8〕《論語・學而》，頁7。

〔註9〕項退結編譯，布魯格（W. Brugger）編著：《西洋哲學辭典》（華香園，1989年）：存有（Being）的原始意義是指眞實存在。因此，存有者包括存在者與可能者。存在（Existence）是每一個存有物的基本因素，它和本質共同構成每一個有限的存有物，同時表現出存有物的特性：本質表達某物「是什麼」，存在則指出某物的「有無」。如果某物是存在的，則它就不只是思想或想像之物，而是自行獨立於思想之外的現成者。存有者則不限於感覺可知的事物（存在者），而是同時包含可能存有之物，亦即是指具備存有或可能具備存有之物。

祭統》頁八三〇云：

> 夫祭者，非物自外至者也，自中出、生於心也。心怵而奉之以禮。

《小戴禮・祭義》頁八〇七亦云：

> 霜露既降，君子履之，必有悽愴之心，非其寒之謂也。春，雨露既
> 濡，君子履之，必有怵惕之心，如將見之。

每當季節轉換之際，本是自然生態呈現周而復始的循環變化之時，而長久積存潛藏心底的孝思與感懷，也自然的再度浮現湧升，而不可或已。由於悽愴之情與怵惕之意，於是渴望能和親人再見一面，以求克盡孝子之思，因此祭禮的安排，便安慰了思親的心靈，也滿足了懷親的愁緒。祭禮的靈魂，即是這份凝鍊昇華的情感。

二、虔心齋戒可與鬼神感通

由於因應對親人的懷念與感思而設置祭禮，於是在祭祀之前，先行齋戒，以摒除一切雜務，集中精神，收束心志以思念親人，就有實際的需要。故《小戴禮・祭義》頁八〇七云：

> 致齊於內，散齊於外。齊之日，思其居處，思其笑語，思其志意，
> 思其所樂，思其所嗜。齊三日，乃見其所為齊者。祭之日，入室，
> 優然必有見乎其位；周旋出戶，肅然必有聞乎其容聲；出戶而聽，
> 愾然必有聞乎其嘆息之聲。

經由齋戒的作用，使心靈達至極度澄明靈覺之狀態，專心思慮親人昔日的居處、笑語、志意、所樂與所嗜，於是當祭祀之時，在莊嚴肅穆的氣氛之下，隱然親人已臨降於祭尸身上。由於親人再現，而滿足了祭祀者的心理需求。也就是祭祀的主體，透過主觀自由的形式，經由自我意識的作用，而展現祭祀的客體，使之呈現對象意識，〔註 10〕這即是「祭如在」〔註 11〕之意。由於心誠則靈，祭祀的客體，對主祭者而言，實為昭然在目、確實無妄的。

《小戴禮・中庸》頁八八四云：

> 鬼神之為德，其盛矣乎……視之而弗見，聽之而弗聞，體物而不可
> 遺。使天下之人，齊明盛服，以承祭祀。洋洋乎如在其上，如在其
> 左右。

〔註 10〕王祥齡：《中國古代崇祖敬天思想》（學生，1992 年），頁 206。
〔註 11〕《論語・八佾》，頁 28。

孔子從未否認鬼神之存在，雖然視之不見、聽之不聞，宛然如不存在，然而由鬼神爲德之盛，體物而不遺，且可以如在其上，如在其左右而言，則鬼神之爲眞實存在之「存有」又屬眞實無假，因此孔子極注重祭祀之誠敬，更曾切實提出與神明交的感通之道；《小戴禮・祭義》頁八○九云：

> 濟濟者，容也遠也；漆漆者，容也自反也。容以遠，若容以自反也，
> 夫何神明之及交？夫何濟濟漆漆之有乎？反饋，樂成，薦其薦俎，
> 序其禮樂，備其有官。君子致其濟濟漆漆，夫何慌惚之有乎？

同在一場祭禮中，由於主祭者、助祭者與賓客的角色不同，因此各人在祭祀時所採取的態度不同，所秉受的鬼神臨在感也各不相同。主祭者由於一念之誠，故其心志可於慌惚之間，與神明達到密契相合的感通狀態，這就是宗教情操的高度表現，〔註12〕能經由精神的純化與向上躍升，而與超越的鬼神冥合。助祭者則由於職責所在，故須濟濟漆漆，保持戒懼，以求祭禮之如禮進行，因而不必求與神明相交通。至於參與祭禮的賓客，態度整飭謹愼，則是其該守的禮節，而與神明相交亦非其心意所趨，故亦難以達致慌惚與神相交之狀態。

此即費兒巴赫（Feuerbach）所云：

> 神不能被證明，神祇能被信仰；……神不存在於感官中，也不存在
> 於理性中，……神就是一個想像的東西，……宗教就是詩，神也就
> 是詩的產物。〔註13〕

由於目前人類的智慧與能力，尚無法絕對肯定或否定鬼神的存在，因此較合理而科學的態度，就是將這種鬼神的存有，歸於精神的想像作用，列爲詩與藝術的呈現。

馮友蘭即以爲：由於主祭者主觀方面對死者有「志意思慕之情」，故鄭重其事以行祭祀，至於所祭的對象，則「無形影」，只是「如或饗之」、「如或嘗之」而已，然而卻也足以成文，此即是詩的態度。〔註14〕由於是詩，故不必斷其眞假，當其能達於至情，則爲眞、善、美的融合。因此當主祭者的情感昇華而達於極致時，則能與鬼神歸於詩境般的最高契合。

對於祭祀之客體，主要在求致其懷念誠敬之意，因此唐君毅認爲：

〔註12〕羅光：〈孔子的宗教信仰〉《哲學與文化》（1988年4月）：孔子的一生是在一種宗教信仰裡度過。

〔註13〕林伊文譯，費兒巴赫（Feuerbach）著：《宗教本質演講錄》（商務，1968年），頁202。

〔註14〕馮友蘭：《中國哲學史》，頁425。

> 懷念誠敬之意者，肫肫懇懇之眞情也。眞情必不寄于虛，而必向乎
> 實，必不浮散以止于抽象之觀念印象，而必凝聚以著乎具體之存在。
> 既著之，則懷念誠敬之意，得此所對，而不忍相離。事死如事生，
> 事亡如事存者，「如」虛擬之詞，乃實況之語。言必以同于待生者存
> 者之情，以與死者亡者相遇，乃足以成祭祀之誠敬。〔註15〕

眞情之所寄，則事死而「如」生，事亡而「如」存，祭者「如」其在。所祭之對象，雖非如一般可把握之現實存在，卻如流風雖擒之不得，而不害其實有。故而能投注此一念之眞情，則能自盡其心，而成祭祀之敬。因此《小戴禮·祭義》頁八一○云：

> 孝子之祭也，盡其愨而愨焉，盡其信而信焉，盡其敬而敬焉，盡其
> 禮而不過失焉。進退必敬，如親聽命，則或使之也。……其立之也，
> 敬以詘；其進之也，敬以愉；其薦之也，敬以欲。退而立，如將受
> 命；已徹而退，敬齊之，色不絕於面。

孝子祭祀之時，由於與死者具有親情的牽繫，因此不論進薦退立，均能由於內心的虔敬信實，而自然外現爲齊莊和順、敬聽親命的行爲，一舉手一投足，都是眞情的流露，不爲表演，更非演戲，而是眞以親人已在眼前，孝子眞在克盡平日侍養之道，也因而才能體嘗那份滿足與安慰的感覺。故《小戴禮·祭義》頁八一一云：

> 孝子有深愛者，必有和氣；有和氣者，必有愉色；有愉色者，必有
> 婉容。

表現於外的愉色與婉容，都是基於內心深切企盼親人的降臨。由於心中深厚的愛意而顯露愉悅的神情，並且渴望親人能盡量享用所準備的祭品。尤其在進行享用祭品的節目時，由於所準備的菜餚一一被親人遍嘗，孝子的心意也因而獲得了滿足，更感覺愉悅，祭禮的意義也才算圓滿達成。

三、祭禮滿足人的本質需求

費兒巴赫（Feuerbach）云：

> 人在宗教裡面並不是滿足其他的本質，而是滿足自己的本質。〔註16〕

祭禮的舉行，其目的就在滿足祭者的感情需求。因爲人在祭祀之時，有絕對

〔註15〕唐君毅：《人生之體驗續編》（人生，1961 年），頁 100～101。

〔註16〕林伊文譯，費兒巴赫（Feuerbach）著：《宗教本質演講錄》，頁 83。

的自由，可以以其物理生命對應於外在的客體，使主祭者與受祭者二分，互不相干，也不交流，當然也就無法滿足祭者的情感本質需求；另一方面，祭者也可以以其精神生命，透過主觀的情感思維，賦予受祭者意義與價值，同時也呈現了人的價值屬性，滿足了祭者的本質需求。主體對客體的祭祀，正是主體本質的反映。主體與客體的合一，其實也就是主體存在與思維的合一。〔註17〕

　　人與人相處久了，彼此就懂得親情的關懷，一旦親人亡故，濃厚的情感不見得會隨著時間的流逝而淡化、消失，甚至於還會更加深內心潛藏的懷念與崇高的仰慕，而這即是凸顯了人的價值屬性。人雖然物理生命有窮盡之時，然而人的精神生命，卻可以因價值而繼續存在。一個人生命中的點滴，走過的痕跡，都可以化作歷史教育的資料，供給後代子孫作揀擇之參考，因此在後人的心中，親人的精神是與子孫長相左右的不朽性存在。由於這種不朽的存在，滿足了人類追求永恆的心理，銷融了對於絕滅的畏懼，而得到情感上的慰藉。

　　經由定期的祭禮儀式，可以重溫親情的聯繫，重新貞定生命的關懷；親情不因人之死亡而消減，生命的意義與價值也因而得以獲得保障，從主體與客體的情感交融，平衡了主體對客體親情的懸念，也穩定了主體對未知的不安，形成了更穩定的情性與理性的平衡。因此根於情感需要而設置的祭禮，使得乾澀的生命得以滋潤，使生命不因死亡而滅絕，也不因喪禮結束而終結，而是綿長的延續，悠遠的流傳。因此更能使人體會：凡走過的，必留下遺跡；凡曾經付出的，必造成影響。

第二節　祖靈的憑依──祭祀的立尸

　　古代宗廟祭享時，除了祭拜神主之外，並有立尸之制度。

一、立尸的緣由

　　不論祭祀的動機是來自逃避禍害、希求福佑，或是表達思慕之親情，祭祀之時，無不希望祖先神靈能欣然享食祭品。然而由於鬼神無聲無影，無法觀察其是否歆饗醉飽，於是立尸以為祖靈的代表。

　　《小戴禮‧郊特牲》頁五○八云：

〔註17〕王祥齡：《中國古代崇祖敬天思想》，頁210～217。

尸，神象也。

尸爲祖先神靈的替身，鄭玄以尸爲神主之主。

《小戴禮・坊記》頁八六八云：

> 祭祀之有尸也，宗廟之有主也，示民有事也。

《禮記集說》頁一八二九九引方愨亦云：

> 尸用于祭祀之時，主藏于宗廟之內，故于祭祀言有尸，宗廟言有主
> 也。爲尸以象其生，爲主以偶其存。經曰：事死如事生，事亡如事
> 存。此所以言示民有事也。

宗廟爲祖靈憑寄之處，爲靜態的存在，因此以神主象徵先人的精神與生者長
相左右；祭祀則爲針對祖靈而設置的動態行爲，因此另外以活人爲尸，代表
祖先的眞實臨在。在經過這一番特殊的安排後，祭祀時就有敬事的具體對象，
由於受祭的對象眞實而具體，因此祭祀的行爲就可以達到如同侍奉生者的效
果，獲得追孝的目的。

《白虎通疏證十二・宗廟》頁六三二二云：

> 祭所以有尸者，鬼神聽之無聲，視之無形，升自阼階，仰視榱桷，
> 俯視几筵，其器存，其人亡：虛無寂寞，思慕哀傷，無所寫洩，故
> 坐尸而食之，毀損其饌，欣然若親之飽；尸醉，若神之醉矣。

神靈無影無跡，與生者爲不同質的存有，因此生者無法知其是否歆饗醉飽，
於是立尸以爲祖靈的替身。《儀禮》〈特牲饋食禮〉與〈少牢饋食禮〉中所載
九飯三獻等儀節，都以尸爲對象，從尸的享食情況，作爲比況祖靈醉飽的標
準。從具體的行爲動作中，尸的醉飽就如同祖先也已醉飽，而孝子的思慕之
情已得到了慰藉，體貼親心的飽食之愛也得到了滿足。由於生者所感受的這
份愉悅與滿足，使得祭祀的儀式可以傳之久遠，其中的關鍵，則在於「尸」
的設立使祭者與受祭者建立起具體的溝通，經由這具體的媒介，即可上達爲
人與先祖精神的相通。

二、立尸的原則

《小戴禮・曲禮上》頁五三云：

> 君子抱孫不抱子。此言孫可以爲王父尸，子不可以爲父尸。
> 鄭注云：孫爲王父尸，以孫與祖昭穆同也。

依禮制而言，昭穆相同者，於入廟時比並而居，同屬一列。父子則異昭穆，

相對而立，不在同列。故尸之人選，以同昭穆者爲選擇對象。依人情而言，祖孫之間的相處，由於祖輩不須負實際督導教養孫輩之職責，責善之心也相對的不趨於強烈，因而祖孫之間容易以和氣相通，故立尸時，宜以和氣爲盛的孫輩爲之。

《小戴禮・祭統》頁八三五云：

> 孫爲王父尸，所使爲尸者，於祭者子行也。

《小戴禮・曾子問》頁三八一亦云：

> 祭成喪者必有尸，尸必以孫；孫幼則使人抱之。無孫則取於同姓可
> 也。

以孝子祭父而言，則尸必爲受祭者之孫，此即「尸必以孫」。然若無孫，則退而求其次，取於同姓之適孫。然於祭者而言，此尸仍屬於子行。〔註18〕取諸同姓，代表血緣關係近，取諸適孫，表示不敢以賤位輕慢先祖。

尸爲祖先神靈的替身，因此除了遵守上述原則以選擇尸的人選之外，仍須透過卜筮的方式，來確定誰是最後的人選。筮而吉，表示祖靈同意憑依此尸，筮而不吉，則須改筮他人。至於筮尸之法，《儀禮・特牲饋食禮》頁五二○云：

> 前期三日之朝，筮尸，如求日之儀。命筮曰：「孝孫某，諏此某事，
> 適其皇祖某子，筮某之某爲尸，尚饗。」……乃宿尸。

《儀禮・少牢饋食禮》頁五五八～五五九云：

> 宿，前宿一日，宿戒尸。明日，朝服筮尸，如筮日之儀。命曰：「孝
> 孫某，來日丁亥，用薦歲事于皇祖伯某，以某妃配某氏：以某之某
> 爲尸，尚饗。」

鄭玄以爲〈特牲〉稱「某事」而不稱「歲事」，又不言「以某妃配」，故以所言爲專事之特稱，爲三年喪畢禫月之吉祭，而非一般歲時之吉祭。至於歲時吉祭，則是祭其祖而以祖妣配享，所立雖只有一尸，但以此尸爲共祖之代表。

由此可見古代之立尸，態度極爲審愼，必須經由筮尸的手續以確立尸與祖靈之間精氣感通的可能性。

〔註18〕根據衛湜《禮記集說》所列，尸與主祭者之關係可分爲兩類：（一）主張所立
　　　之尸爲主祭者之子者，如崔靈恩、周諝、陳祥道。（二）主張所立之尸乃同宗
　　　中和受祭者同昭穆之孫輩者，如新安王氏、葉夢得、方苞。

三、為尸的光榮

大夫、士以孫之倫為尸,至於天子、諸侯,從《周禮‧春官》頁三二八云:

> 守祧掌守先王、先公之廟祧,其遺衣服藏焉。若將祭祀,則各以其服授尸。

可知天子之祭,亦有立尸。

《小戴禮‧祭統》頁八三二云:

> 君執圭瓚祼尸。

《詩‧大雅‧鳧鷖》頁六〇七～六〇九云:

> 鳧鷖在涇,公尸來燕來寧;……公尸燕飲無有後艱。

由此亦可知:諸侯之祭,同樣有尸之設立。

雖然由經文所載,知天子、諸侯之祭均設立有尸,至於以何人為尸,則無明文可徵。《白虎通疏證十二‧宗廟》頁六三二二云:

> 王者宗廟以卿為尸,不以公為尸。避嫌三公尊近,天子親稽首拜尸,故不以公為尸。

班固以為王者至尊,而三公則因地位尊近於王者,為了避嫌,故不以三公為尸,而採降等為尸之方法。由此亦可推知:為諸侯與天子之尸,代表無比的光榮,也是高位的象徵。

《小戴禮‧學記》頁六五四云:

> 當其為尸,則弗臣也。

君王雖位為至尊,然而亦有有所不臣者。臣而為尸,則已為祭主、王父,故不以臣視之。

《小戴禮‧曲禮上》頁五三云:

> 為君尸者,大夫、士見之則下之,君知所以為尸者,則自下之。尸必式。

此為散齊之時,尸之人選已定,故於路上遇見君尸時,不獨大夫、士須下車禮敬,君亦須下車致敬。然而君之尸由於身處廟門之外,尸尊未伸,不敢亢禮,因此僅以俯式為敬,以答君之禮敬,而為尸之尊榮則於此已見凸顯。

《小戴禮‧少儀》頁六三六云:

> 酌尸之僕,如君之僕。其在車,則左執轡,右受爵,祭左右軌范乃飲。

臣為王公尸,則受人尊崇。不獨為尸者受尊崇,即使其車駕之僕,亦比照國

君之僕而加以禮敬。

　　《小戴禮・曾子問》頁三八五云：

　　　　尸弁冕而出，卿大夫、士皆下之，尸必式，必有前驅。

由於身爲君之尸，而人君之禮可伸，因此君之尸可服助祭之上服，著弁冕而
出，而且其出行，尚有爲尸前驅辟道之人，代表對祭尸的崇敬之意。

四、由立尸看親親之情與尊尊之義的實踐

　　尸與主均爲祖先神靈之所憑依，由於尸爲生人，具有可動性，因而可經
由迎之、安之，而使之坐於堂、入於室，並對之施以獻酢飽酳的實際供養，
因此最能表達親親之情的關懷。故程顥云：

　　　　古人祭祀用尸，義極深。人之魂氣既散，必求其類而依之，人與人
　　　　既爲類，骨肉又爲一家之類，以此求神，宜其享之。後世以尊卑之
　　　　勢，遂不肯行。〔註19〕

中國人極爲注重血緣子嗣的觀念，因此在祭祀成人之喪時，因其有爲人父之
道，威儀具備，故藉由對與祖先昭穆相同的尸進行獻飲獻酢中，傳達爲人子
對敬事侍奉祖先的始終不渝之親情。並由祭者事尸的不自專意、不自尊大的
虔敬事奉尊長之道，給予爲尸者與所有爲人子輩者以最佳的身教，明瞭人子
事父應該如何。故而祭祀之有尸，不獨使祭者的思慕之情，由於有具體的祭
祀對象，可使眞情不流於虛擲，而得到情感的慰藉，並以實地的教育、切身
的動作，教導子孫：父祖由於子嗣，而生命賴以延續不絕；子嗣由於敬親，
使生命充滿了意義。然而曾子以爲祭祀之本意在祭神，而非祭祀生人，因此
祭祀立尸事屬無益，不若厭祭已能達致祭神之原意。孔子則不以爲然。

　　《小戴禮・曾子問》頁三八一～三八三即云：

　　　　祭殤必厭，蓋弗成也。祭成喪而無尸，是殤之也。……宗子爲殤而
　　　　死，庶子弗爲後也。其吉祭，特牲。祭殤不舉，無肵俎，無玄酒，
　　　　不告利成，是謂陰厭。凡殤，與無後者，祭於宗子之家，當室之白，
　　　　尊于東房，是謂陽厭。

厭祭爲不完整的祭禮。年幼而殤，人道未備，威儀簡略，不足可象，與成人
有別，因此雖爲宗子，亦不爲其立後，代表其不至成人，尚未盡到生命傳承

〔註19〕尚秉和：《歷代社會風俗事物考》，頁207引程顥說。

延續之職，故不爲之立尸。至於其他庶子之殤，與宗子內功之親而無後者，亦不立尸，只有厭飫而已，以盡親人關懷之意。凡是殤祭，則牲降用特豚，且祭祀時代表重古之義的玄酒，亦降而不備，表示中國人向來所重視的子嗣生生不息、綿延不斷的傳統觀念並未切實達成，因而不以玄酒禮敬。因此祭祀之立尸，除了使祭祀之情更爲具體落實，並能彰明以子事父之道以外，更由爲尸者之「肖像」先人，而表現生命不朽的薪盡火傳之義。

「尸」不但具有生命薪傳的莊嚴意義，當其爲王公之尸時，承受諸多尊榮，除了感受親親之情的維繫外，更標示了尊尊之義的可貴。然而由於位尊者，其責大，因而所受的限制也相對提高，因此當親親之情與尊尊之義無法並行時，就須區分輕重緩急，使無違於禮了。

《小戴禮・曾子問》頁三八五云：

　　曾子問曰：「卿大夫將爲尸於公，受宿矣，而有齊衰內喪，則如之何？」

　　孔子曰：「出，舍於公館以待事，禮也。」

既已受命齊戒，則公已無時間改卜他人爲尸，故爲尸者雖有齊衰之喪，亦應受命爲尸，且因吉凶不同處，因而須舍於公館以待行禮，當祭禮完畢，方返回家中以遂私情。此即是親親私情與尊尊公義無以得兼時，亦不可直情逕行，而須尋求合於禮義之道而行。禮義的創立艱難，而毀損甚易，去取之間，差之毫釐，謬以千里，其危害，豈僅止於眼前可見的一場祭禮之舉行？實不可不慎！故由宿尸之遭喪變，而處之須以禮，可啓示吾人：當面臨生命抉擇之時，切不可任性恣情，須深化情感爲理智，擴張私情爲公義，以求合於禮義。

第三節　祖先的餐飲——宗廟的祭享

凡人莫不有親，親死而長懷追念思慕之情，乃人之常情，不分窮達，不論貴賤，古今皆同。因而當親人之沒，而思求盡追養繼孝之道於先祖祭享之禮，自古以來即十分重視。故《國語・周語》所謂：「日祭、月祀、時享、歲貢、終王。」〔註 20〕與〈楚語〉之「是以古者先王，日祭、月享、時類、歲祀」，〔註 21〕均代表人子終身不忘敬祖之義。然而《小戴禮・祭義》頁八○七云：

〔註 20〕《國語・周語》四部叢刊正編（商務・1979 年），頁 4。
〔註 21〕《國語・楚語》，頁 131。

祭不欲數，數則煩，煩則不敬；祭不欲疏，疏則怠，怠則忘。是故
君子合諸天道，春禘秋嘗。

祭祀既不欲數，又不欲疏，以免流於不敬或遺忘，則於各種祭禮中，必當有合乎情理，疏密適中之制，以作爲宗廟祭祀之常規。因而古之制禮者配合天道之運行，隨著四時自然之變化，而訂定四時祭享之禮。

一、宗廟祭享的名義制度

《周禮・春官》頁二九二、二九五云：

小宗伯掌四時祭祀之序事與其禮。

肆師以歲時序其祭祀。

由此可見周代宗廟祭禮，有依春、夏、秋、冬四時而行者。至於其名義，最早而可信的資料則爲：

《詩經・小雅・天保》頁三三〇所云：

吉蠲爲饎，是用孝享。禴祠烝嘗，于公先王。

《毛傳》則云：

春曰祠，夏曰禴，秋曰嘗，冬曰烝。

〈天保〉一詩所列舉的只是四種祭名，而未明言其爲四時祭享。《毛傳》所說之次序則與詩文不同，因而與他處經文〔註22〕印證，推知〈天保〉詩爲因應協韻之需要而作文字之前後安排。〔註23〕然而其他史料中所言之祭名，亦有與詩文、傳文不盡相合者。〔註24〕故知周初之四時祭享，初未一致，而當時諸侯則各行其禮。至於〈天保〉詩所舉之四名，則疑其本爲周室之禮，其後則因漸次通行其名於列國諸侯，而成周世舉國之定稱。〔註25〕

四祭之名義，不見於經籍，至漢之儒生，則踵事增華，遞相飾解。如：

《春秋繁露・祭義》卷十六、頁七云：

〔註22〕《周禮・春官・大宗伯》：以祠春享先王，以禴夏享先王，以嘗秋享先王，以烝冬享先王。

〈司尊彝〉：春祠、夏禴、秋嘗、冬烝。

〔註23〕章景明：《周代祖先祭祀制度》臺大中文所六十二年度博士論文，頁242。

〔註24〕《周禮・大司馬》：春祭社、夏享禴、秋祀祊、冬享烝。

〈明堂位〉：夏禴、秋嘗、冬烝、春社。

〈祭統〉：春礿、夏禘、秋嘗、冬烝。

〈祭義〉〈郊特牲〉：春禘、秋嘗。

〔註25〕周師一田：《春秋吉禮考辨》，（嘉新，1970年），頁197。

> 春上豆實，夏上尊實，秋上朼實，冬上敦實。豆實韭也，春之所始
> 生也。尊實醴也，夏之所受初也。朼實黍也，秋之所先成也。敦實
> 稻也，冬之所畢熟也。始生故曰祠，善其司也。夏約故曰礿，貴所
> 受初也。先成故曰嘗，嘗言甘也。畢熟故曰蒸，蒸言眾也。奉四時
> 所受於天者，而上之為上祭，貴天賜且尊宗廟也。

《白虎通疏證十二‧宗廟》頁六三二○云：

> 春曰祠者，物微，故祠名之。夏曰禴者，春熟進之。秋曰嘗者，新
> 穀熟嘗之。冬曰烝者，烝之為言眾也，冬之物成者眾。

由上可知四時祭享與農事生產有密切的關係。〔註26〕因農事收成的好壞，與四時節候有關，所以自古以來即在農作物種植期間，舉行祭禮，祈求風調雨順，作物豐收。此即《詩經‧小雅‧甫田》頁四六八～四七一所云：

> 以我齊明，與我犧羊，以社以方，……琴瑟擊鼓，以御田祖，以祈
> 甘雨，以介我稷黍，……乃求千斯倉，乃求萬斯箱，黍稷稻梁。

至於農產收成時，則舉行祭禮，感謝祖妣福佑，故《周頌‧豐年》頁七三一云：

> 豐年多黍多稌，亦有高廩，萬億及秭，為酒為醴，烝畀祖妣，以洽
> 百禮，降福孔皆。

避禍求福而對自然界採取祭祀行為，是先民自發性的宗教活動。經由這種與大自然的妥協努力，而減緩與外界的緊張對立狀態，增強對外界變化的適應能力，因此祭祀的行為就被長期流傳下來。再加上對祖先亡靈的信仰，認為他們具有比活著的人更大的威力，可以懲罰或福佑後代子孫，於是在祭祖禮中，便自然的會祈求祖先運用其神威，保佑風調雨順，五穀豐收。因為對祖先的一份企求，子孫的內心就相對的增加一份戒慎之意，因而更懂得敬事勤事。敬事勤事的結果，則是以人自己的力量改變外在的環境，增加農產的收穫量，促進生活的安樂。制禮的聖人，由於深知信仰的力量，足以影響人處事的態度，是事情成敗的重要關鍵，因而制禮時不但不排斥祭祀的行為，而且採取崇隆祭祀的作法，只是儘量消減盲目的迷信崇拜色彩，而加入人文的道德情操，增強人子感時念親的思慕情懷。故由四時之祭不統稱「時享」，而必各有專稱，且與各時作物生熟條件相對應來看，祠、禴、嘗、烝之祭，不可避免的含有祈祀與酬恩的現實

〔註26〕章景明：《周代祖先祭祀制度》：臺大中文所六十二年度博士論文，頁 257～
258。

心理因素。春夏之時，百物未登，可薦者少，故所獻享之物薄簡，但禮敬祈虔之心則尊隆，至於秋冬之際，穀物登成，可薦者多，故所獻享之物豐隆，禮數完備，而表現盛大之酬恩行爲。由於自然界的四時變化寒暖交替、草木榮枯，最容易帶動人潛藏的情感發生波動，因此孝子思親之情也最容易觸發，所以依時節而行祭享也是極自然的眞情流露。於是四時享祀，在現實的因素與眞情的流露二者交織下，可以年復一年，歲復一歲的綿延不絕。

宗廟祭享，除了自天子至於士皆有之四時祭享外，尚有天子專屬之禘祭。

《小戴禮・大傳》頁六一六云：

> 禮，不王不禘。

此「禘」指大禘，爲天子之專禮，諸侯不得與聞。大禘之所祭，上達遠祖，下及親廟，其禮尊大（詳見「報本反始」），故不王不禘，爲天子所專。大禘爲常祀，行祭之年數疏密，今雖不可詳知，然必有定制定期，依節次而行，則爲理之無可疑者。〔註27〕

二、宗廟祭享的方式──犆與祫

宗廟祭享除了有時間的定隔之外，其祭祀的方式則有分祭與合食的區別。

《小戴禮・王制》頁二四三云：

> 天子犆礿、祫禘、祫嘗、祫烝。諸侯礿則不禘，禘則不嘗，嘗則不
> 烝，烝則不礿。諸侯礿犆，禘一犆一祫，嘗祫，烝祫。

祫非祭名，只爲分合祭祀的方式之一。〔註28〕此中所舉四祭之名稱次序不同於祠、禴、嘗、烝，且又以禘祭混於時享禮之中，實由於周初時享之未有定制之故。至於文中以犆、祫相對，且各附於四時之祭者，則爲時享諸禮各具儀制之證。〔註29〕

禘祭與時享之禮，皆有犆與祫之方式。時祭之祫，則群廟之主皆升而合食於大祖之廟，而毀廟之主不參與其中。三年大祫，爲大禘之祫祭，則毀廟之主亦參與其中。天子之禮，春礿則特祭於各廟，禘、嘗、烝則皆合食而祭。〔註30〕故黃以周《禮書通故》頁五一九云：

〔註27〕周師一田：《春秋吉禮考辨》，頁 138～139。
〔註28〕周師一田：《春秋吉禮考辨》，頁 97～139。
〔註29〕周師一田：《春秋吉禮考辨》，頁 220。
〔註30〕衛湜：《禮記集說》，頁 17229～17235。周師一田：《春秋吉禮考辨》，頁 220。

> 禮家舊說，禘、祠、嘗、烝，各祭于其廟。楊復云：程子言每年四祭，
>
> 三時合食於祖廟，惟春則分祭諸廟，此說推明時祭之本意最爲明白。

由此可知：周代時享之禮，春祠由於春物未成，可獻者少，因而不爲祫祭，僅牷祭於各廟而已。秋冬二祭，則百物登場，故而祫祭於大廟。至於夏禘之祭，則或爲以樂爲主，或逕稱爲薄祭，故或牷或祫，並未一定。天子與諸侯之別，則爲天子夏、秋、冬三祭皆祫，諸侯則或爲朝覲之故，而闕一時祭。〔註31〕

三、祭享以仁昭穆

祭祀之禮，重在人子思慕之情的表達，原爲祭義的要旨所在，然而於行祭之時，與先祖感通之際，向祖先報告自己的心願所在，亦是人情之常，而不必即以「祭祀不祈」而非之。因而在四時祭享之首祭春祠中，除了受限於春物未成的現實因素，而不採取合祭的方式，另一心理因素，或當是在這一歲之首的春季，正是萬物欣欣向榮、處處充滿生機朝氣之時，於是藉著每年的第一次祭享，一一的向每位祖先作誠摯的心靈溝通，〔註32〕以表達內心的禮敬之意，更可以達到親情感通的效果。

至於夏祭之後，則一方由於穀物尚屬有限，因而儀節品物亦稍簡薄，但又本於生人不可乏會遇之歡，故先祖亦不可無會遇之禮，〔註33〕所以會合群廟之主，祭於大廟，使先祖可以共享合食宴飲之歡樂。

《小戴禮・禮器》頁四六七云：

> 周旅酬六尸。曾子曰：周禮其猶醵與！

祫祭之時，六廟之主合食於太祖之廟。廟各有尸，共爲七尸，而由太祖之尸向其他六尸勸酒，以盡飲酒之樂。

《小戴禮・曾子問》頁三六七云：

> 祫祭於祖，則祝迎四廟之主。

此代表諸侯舉行合祭時，由太祝迎接二昭二穆的神主合食於太祖之廟，以享具醉之歡。

舉行小祫之祭時，至大廟合食的尸與神主即不止一位。至於大祫之祭時，

〔註31〕衛湜：《禮記集說》，頁17231，引張橫渠所言。
〔註32〕《五禮通考》卷八十五（新興，1970年）第七冊，頁5204。引鄭鍔曰：春以祠爲主。
〔註33〕衛湜：《禮記集說》，頁17233。

毀廟之主與未毀廟之主均會聚於大廟，因而尸、主之排列亦須按照昭穆之別，分序入列。故《小戴禮‧仲尼燕居》頁八五三云：

> 嘗禘之禮，所以仁昭穆也。……明乎嘗禘之禮，治國其如指諸掌而已乎！

能加厚愛於昭穆先輩，而爲之舉行嘗禘合食之禮，從其中禮儀的進行，而明瞭仁愛先人的道理；並由宴飲有序，而懂得尊卑有等、長幼有節的重要，則治國的原則亦可以運諸掌中了。

從特祭與合祭的儀式中，可以反映出：在周人的觀念中，祖靈的世界和生人的世界自有其雷同之處。生人有時需要與人作單獨的溝通，祖靈亦因而有特祭之形式；生人有時需要聚眾宴飲之歡，祖靈亦因而有合祭之儀節。此外，自始祖之後，父爲昭，子爲穆，通乎存亡，〔註34〕代表生爲同家族之人，死亦屬一家族之共同存在，因而合祭時仍須按昭穆依次入列，亦即是：不論是天上的世界抑或地下的世界，均以人間的世界爲模本。

由人的意識而言，人有怎樣的意識，便形成怎樣的信仰；有怎樣的信仰，便產生怎樣的崇拜；有怎樣的崇拜，便塑造怎樣的儀式來表達心中的意識。因此由外顯的儀式形態，向上回溯其始源，則可發現祭祖的儀式，實根源於人類對死後世界的信仰。只是在商、周以後，祭祀逐漸制度化，於是使祭祖活動，除了是宗教活動以外，也架構出一套完密的政治倫理，一方面維繫了個人及政權的權威，但另一方面也由於信仰的作用，安定了社會群眾心靈的空虛與不安。〔註35〕

第四節　本源的回歸——報本與反始

舉行宗廟祭禮，除了表達對已故親人的追思與懷念之外，並且具有歷史教育的意義與價值。《詩經》的頌詩，就是宗廟祭祀的讚美詩。詩中有的讚美祖先的豐功偉績，有的稱揚他們的德行修養，有的則是描述開疆闢土的艱辛歷程。在肅穆的廟堂中，結合高雅的音樂與優美的舞步，吟唱對祖先的讚美詩歌，使參與祭禮的成員，在崇敬感懷的氣氛下，凝聚出尊祖敬宗的觀念，懂得尊重歷史本源，學習知道感恩與認同。

〔註34〕《五禮通考》卷五十九引何洵直言。
〔註35〕洪德先：〈俎豆馨香——歷代的祭祀〉，《敬天與親人》，頁 377。

一、尊祖敬宗的觀念

《爾雅・釋詁》頁六云：

> 祖，始也。

《說文》頁四、三四五、四五○云：

> 祖，始廟也。　宗，尊祖廟也。　廟，尊先祖皃也。

《孔子家語・廟制》頁八八云：

> 古者祖有功而宗有德，謂之祖宗者，其廟皆不毀。

祖宗代表人類之始源，由於生前有功德，造福於氏族與後人，於是當其死後，鬼魂被當作氏族共同創始者加以崇拜，其神主所居息的廟堂均保留不毀，以供後代子孫瞻仰憑弔。如夏、商、周三代皆各有其自認的始祖。凡是被奉爲祭祀者，都是祖先輩中，曾經安邦定國，禦災捍患有功之人。

因此《小戴禮・祭法》頁八○二云：

> 夫聖王之制祭祀也，法施於民則祀之，以死勤事則祀之，以勞定國
> 則祀之，能禦大菑則祀之，能捍大患則祀之。

由於這些人有事功德行，足以供世人仿效，故列爲祭祀對象，除了歲歲時時表達感恩之情以外，並可垂範子孫，作爲樹立價值取向之標竿。故《小戴禮・祭法》頁七九六云：

> 祭法：有虞氏禘黃帝而郊嚳，祖顓頊而宗堯。夏后氏亦禘黃帝而郊
> 鯀，祖顓頊而宗禹。殷人禘嚳而郊冥，祖契而宗湯。周人禘嚳而郊
> 稷，祖文王而宗武王。

此即代表虞、夏、商、周四代各有其自認的祖宗人物，這些人物若不是神話傳說中的英雄人物（即所謂的「英雄即祖宗」），〔註36〕不然則是開國功勳。然而〈魯語〉所記，則與此有別。

《國語・魯語》頁三九～四○云：

> 故有虞氏禘黃帝而祖顓頊，郊堯而宗舜。夏后氏禘黃帝而祖顓頊，
> 郊鯀而宗禹。商人禘舜而祖契，郊冥而宗湯。周人禘嚳而郊稷，祖
> 文王而宗武王。

由〈祭法〉與〈魯語〉二文之異，一則代表傳聞有殊，一則證實由卜辭歸納所得殷禘不限祭於某一祖之事與此相符。殷禘之所祭，皆上甲以前遠祖

〔註36〕張光直：《中國青銅時代》（聯經，1987年），頁313。

中之尤遠者，下不及於先王，此即代表尊尊之義。〔註37〕又因禘爲禮之尤尊者，爲天子之禮，故不同於一般宗廟祭祀。

《小戴禮・大傳》頁六一六云：

> 禮，不王不禘。王者禘其祖之所自出，以其祖配之。

「以其祖配之」，代表群祖皆參與合祭。由於殷人尙質，因而禘祭唯取尊尊之義；周代則尙文，故於尊尊之外，尙兼有親親之情。當其禘祭遠祖先公先王，是爲尊尊之義；至於更以群祖配享，則屬親親之情。禘之祫祭，則取象於生有聚族合食之歡，故死亦有合禘聚飮之樂。當行禘祭之時，則列其尊卑之序，編有長幼之等，使凡爲同源之所貫，與一氣之相通者，皆可濟濟乎一堂，而見周文之親親。〔註38〕

天無二日，地無二王。由於禘祭上達於其祖所自出之遠祖，雖然於親而言，爲疏爲遠；然而於尊而言，則爲重爲本，因此禘祭爲禮之尤爲尊大者，故非天子，則無以舉之。

人類皆本於父母所生，而父母又從其父母所出，故追本溯源，則人必有其始祖始源自是於情於理所須的。因而祖宗人物之溯源與其形象之塑造，對於後繼生命之開展，不但具有發生學上的始源義，更具有價值學上的建構義。由於價值本爲抽象的存在，須依附於價值主體而呈現，〔註39〕亦即必須通過人的作爲而顯現價值的區分，因而祖宗之形象，爲始源價值的建構者，其所擁有的價值屬性，則成爲人的主體生命價值之意趣目標，〔註40〕所以對於人類始祖的尊崇，就該是至高至大的。然而由於價值具有層級性，〔註41〕古代由於社會階級分明，較低階層的人，或由於生活的空間所限，意識的開展不如較高階層的人來得快捷敏銳，因而對於祖先的祭祀，停留於關係較爲親密的近祖層次，而將關係價值始源愈爲密切的遠古初祖祭祀權，歸於社會階級之最高擁有者（天子）專屬。由於價值的類比關係，天子與始祖形成了相應的對照關係，成爲最高價值的表徵。甚且由於價值層級高者，可以統攝價值

〔註37〕周師一田：《春秋吉禮考辨》，頁130～131。

〔註38〕周師一田：《春秋吉禮考辨》，頁133～134。

〔註39〕黃藿譯、方迪啓（Risieri Frondizi）著：《價值是什麼——價值學導論》（聯經，1991年），頁1～7。

〔註40〕王祥齡：《中國古代崇祖敬天思想》，頁74。

〔註41〕黃藿譯、方迪啓（Risieri Frondizi）著：《價值是什麼——價值學導論》，頁8～10。

層級低者,因此周之禘祭由因襲殷禘祭之每祭僅祭一遠祖（雖不固定祭祀某
一遠祖,但均爲特祭,而無合祭現象）而改爲不僅特祭遠祖,且可以群祖配
享。此現象代表由尊祖之義,擴展爲敬親之仁,使遠古的生命與近祖的生命
交融合流,也啓發了生命價值層級間的延展性與遞承性。亦即每一生命的存
在,不是單獨孤立存在的一點,而是可以上下開展,縱橫交通的立體存在中
的有機點。爲了圓融每一有機點均可上下開展的設想,更將人之最高有限的
存在（天子）,推向絕對的天之存在,而以「天子」爲「天之子」串起天人的
溝通,保障了天人關係的緊密性,同時也說明了祭天權爲天子所專的合法性。

　　禘祭爲天子所專屬,至於諸侯以下,則行時享祭禮,雖亦有合祭先祖之
祭祀方法,但所奉祀的先祖則各有所限。

　　《小戴禮‧大傳》頁六一六云:

　　　諸侯及其大祖,大夫、士有大事,省於其君,干祫,及其高祖。

諸侯之祫祭,可以推及始得封國的先祖,代表對一國之至尊始祖的崇祀。至
於與諸侯同祖先的支族庶子而爲大夫、士者,則祭祖禮更比諸侯簡省,最多
只能聯合其同高祖以下的族人,合祭至高祖爲止,亦即是配合五服的宗族關
係,上祭至高祖,以爲近親之極致,而不再往上推源。祭祀近親,最能感受
親情聯繫的力量,然而於禮而言,這種愈切近於人情者,並非禮之最尊貴者,
此即上推之不遠,澤及之不廣的緣故。關懷近親,是眞實生命之著力處,但
非成就最高生命意義的極限處。因爲生命是以家族爲核心,但非以家族爲局
限,在鞏固家族之外,仍須將這種凝聚力擴展至國族,再由國族延伸至於種
族,使生命的境界更爲開闊、更爲深廣。此即是由尊祖敬宗的觀念,外推而
至於注重歷史傳承、生命開展的莊嚴課題。

二、祭天地以致反始

　　人生於天地間,爲最高的存在,與天地合稱三才。天子則是把自然的存
在與社會的組織架起密切聯繫的中心人物。故《小戴禮‧經解》頁八四五～
八四六云:

　　　天子者,與天地參。故德配天地,兼利萬物,與日月並明,明照四
　　　海而不遺微小。

由於天子爲「天之子」,因而德可配天地、利萬物。又因爲天地孕育萬物生長,
提供人類生活的資源,所以由天子代表國人參與祭天祭地的儀式,以達報本

反始的祭祀原義。

《小戴禮・郊特牲》頁四八九云：

> 社，所以神地之道也。地載萬物，天垂象。取財於地，取法於天，
> 是以尊天而親地也，故教民美報焉。家中主雷而國主社，示本也，……
> 所以報本反始也。

土地是萬物生長的地方。缺乏土地，則農作物就沒有賴以生長的憑藉。周代為以農立國的社會，因此作物的豐饒與否，足以關係國家的興衰，所以訂立社祭，可以教導人對作物生長的土地作完美的報答，以表示不忘本的美德。舉行社祭，則須配合天地陰陽之氣的運行。故《小戴禮・郊特牲》頁四八九云：

> 社祭土而主陰氣也。君南鄉於北墉下，答陰之義也。日用甲，用日
> 之始也。天子大社必受霜露風雨，以達天地之氣也。

作物的成長，需要天地日月之氣的化育、風霜雨露的潤澤。在陰陽調和的狀況下，作物才能順利生長，因此祭地須選擇代表陰位的北郊，並且直接接觸雨露，不設遮蓋，以啟發天地之氣通達無阻對生命成長的重要。

至於祭天的儀式，則在代表陽位的南郊舉行。故《小戴禮・郊特牲》頁四九七～五〇〇云：

> 郊之祭也，迎長日之至也，大報天而主日也。兆於南郊，就陽位也。
> 掃地而祭，於其質也。器用陶匏，以象天地之性也。

冬至代表陽氣自此滋長旺盛，因此冬至祭天最受重視。祭祀時，燔柴在壇，而設祭於墠，並「以禋祀昊天上帝」。〔註42〕

〈郊特牲〉該篇記載祭天的場面相當隆重：

> 王被袞以象天，戴冕，璪十有二旒，則天數也。乘素車，貴其質也。
> 旂十有二旒，龍章而設日月，以象天也。天垂象，聖人則之。郊所
> 以明天道也。帝牛不吉，以為稷牛。帝牛必在滌三月，稷牛唯具，
> 所以別事天神與人鬼也。萬物本乎天，人本乎祖，此所以配上帝也。
> 郊之祭也，大報本反始也。

祭典的舉行極為慎重，即使是牲牛，也須經卜而得吉，以表虔敬於天。天子的穿著，則象徵天體的運行和時序的變化。這些祭儀均在啟發：自然界的天地、陰陽、四時變化和人類社會的各項禮樂制度是相互對應的。宇宙的秩序

〔註42〕《周禮・春官・大宗伯》，頁270。

與和諧，也是人間倫常關係和諧的法式。〔註43〕

周之郊祭因於殷禮，為禮之尤大者。由《周禮・春官・大司樂》頁三四二云：

> 冬日，至於地上之圜丘奏之，若樂六變，則天神皆降，可得而禮矣。

可知：郊禮總祭天之群神。經籍中每只言祀「帝」或「上帝」者，即以至尊上帝為百神之君，以尊而統卑，舉重以及輕。圜丘之祭本為報本之祭典，故總祭天神系統之全部。

郊祀上帝，而百神從之，本為純粹天神系統之祭典，然而自周初大行宗法制度以後，周人欲宣揚其始祖建邦立國之功勳，並藉以垂訓後世，因而於郊天之祭中，以其始祖后稷為配饗，代表尊祖反始之義。〔註44〕

祭祀天地，並以祖配天，均是飲水思源的報恩行為。

《小戴禮・祭義》頁八一九云：

> 君子反古復始，不忘其所由生也。是以致其敬，發其情，竭力從事，以報其親，而不敢弗盡也。……天子為藉千畝，……諸侯為藉百畝，……以事天地山川社稷先古，以為醴酪齊盛，於是乎取之，敬之至也。

能由天子、諸侯等主政者率先敬事天地始祖，奠定報本反始的思想，自然能使人人懂得報恩感念的心理，而使民德歸於淳厚。

三、掌握天地之德以求自願交付

所有的事物都是互相關聯，而非完全孤立的。人，更是如此。故《小戴禮・禮運》頁四三二云：

> 故人者，其天地之德，陰陽之交，鬼神之會，五行之秀氣也。

人非單向度的存在，而是與物質和精神兩大層面均有複雜而密切的關係，由無數不同卻又互補且交互作用的陰陽關係交織而成，是一個整合而統一的複雜存在。人不斷的在物理層級、生物層級、感官層級及自覺層級之間跳躍，而又位於各層級的中心，而意識和知性的層面更是人的正位。因此，能掌握此天地之德，才能具備完全的自覺和責任。能具備完全的自覺與責任，並且能真正的自

〔註43〕任繼愈主編：《中國哲學發展史・秦漢》，頁210～211。
〔註44〕周師一田：《春秋吉禮考辨》，頁12～44。

我餽贈，懂得自願交付，然後才有可能組織和諧進步的社會。〔註45〕

　　人能深切感知人與天地之間的緊密關聯，並能意識到人是天地間具有自覺性、主體性的存在，凡所做為，均會影響其他的人、事、物，於是就會加重自我的責任感，曉得今天我所擁有的，都是過去的祖先，憑藉著天地間萬物的賦予，經由慘澹的經營所遺留下來的基業，因而在承受德澤之餘，能倍加珍惜現有的一切，並懂得自願付出自己所擁有的。經由對天地的禮敬與對先祖的感懷，體會個人的生命，在歷史的洪流中，是聯繫過去與未來的環節。環節雖小，但是與前後環節卻是緊緊相扣，因此每一環節都是重要的。每一個小環節都有責任使它發出耀眼的光芒，才能盡到薪盡火傳的歷史責任，完成生命的使命感，達到祭禮旨求報本反始的意義。

第五節　薪火的傳承——孝道與政治倫理

　　祭祀祖先的儀式，是活著的家族成員對亡故祖先表示敬畏、懷念之情的最重要禮儀。人們懷著無比誠敬的心情參拜祖先，彷彿祖先真的臨降於尸的身上，傾聽子孫的祝告，觀察子孫的舉止。在莊嚴肅穆的氣氛中，子孫也感受到祖先的神威，從而把對祖先的敬畏之心，轉化為對傳統道德的尊奉，把道德的自我完善，作為對祖先繁育之恩的最好報答，〔註46〕於是祭祖與孝道之間形成了緊密的連接。

　　由於周朝盛行宗法制度，在宗法家族社會，藉著祭祖的儀式，以增進一般人對宗法精神的信仰，一方面重視骨肉親情，另一方面則區分嫡庶、辨別長幼，〔註47〕以祭祖之隆重儀式，鎔鑄孝、弟、貞、順的精神，建立家長的尊嚴，與長幼尊卑的觀念。〔註48〕又由於宗法制度與封建制度的密切相關，〔註49〕於是祭祖與政治倫理之間亦締結起密不可分的高度相關。

〔註45〕項退結：〈人者陰陽之交、天地之心——對若干涉及人性論的中國古代典籍之詮釋〉（《哲學與文化》，1990 年 8 月）。
〔註46〕李曉東：《中國封建家禮》（文津，1989 年），頁 44。
〔註47〕任繼愈主編：《中國哲學發展史・秦漢》（人民，1985 年），頁 180。
〔註48〕高達觀：《中國家族社會之演變》（九思，1978 年），頁 53。
〔註49〕周師一田：《古禮今談》，頁 131：如果說宗法只適用於諸侯，則封建制度即是專為天子所設計之管理家族的辦法。

一、祭祖與孝道精神

處於農業社會，家人聚族而居有其自然與實際的需要，因爲朝夕相處，親情的感受自然濃烈，所以緬懷亡故的先人，實爲正常的情感反應。

《小戴禮・問喪》頁九四七～九四八云：

> 祭之宗廟，以鬼饗之，徼幸復反也。……此孝子之志也，人情之實也，禮義之經也，非從天降也，非從地出也，人情而已矣！

人與動物之間的最大差異，就在於人有自我意識，是個能自我覺知的認識主體。由於能自我覺知，因而能展現對自我存在與自我生命的關愛，同時也能感受人本身即具有創生與生生的衝動本質，嚮往存有而非虛無的生命特色。因爲存在與生命，才使實踐一切價值與理想具有可能性，〔註 50〕亦即人的自我主體價值，因爲存在而有可能呈現；而自我主體的目的，則在於創造生生不息的生命，因而對於自我生命之所從出的父母，亦同時賦予無上的關愛與崇高的敬意，於是這種關愛之情與誠敬之心，就成爲孝道的本質。

《小戴禮・祭統》頁八三一云：

> 身致其誠信，誠信之謂盡，盡之謂敬，敬盡然後可以事神明，此祭之道也。

祭祖活動最重誠敬之心，經由內在情感的充塞，並通過外在儀式的規範，在莊嚴的氣氛下，開啓一種高度的義務感才是實踐孝道倫理之大道。

《小戴禮・檀弓下》頁一九四云：

> 墟墓之間，未施哀於民而民哀；社稷宗廟之中，未施敬於民而民敬。

在祖先的墟墓之間與奉行祭禮的宗廟之中，所油然而生的，是一種源自內發的愛戴、哀情與欽崇敬意。這種自發的深厚情感，就是維持社會和諧發展的精神支柱；這種由家族孕育而出的生命親和感，就是社會賴以凝聚團結的基礎力量。

《小戴禮・祭統》頁八三〇云：

> 祭者，所以追養繼孝也。孝者，畜也。順於道不逆於倫，是之謂畜。

祭祖的意義，就在於繼續生前未盡的供養，延長事奉父母的心意。由於平日敬養已久，孝心蓄積於內，故能順從人理，而不悖人倫。

《小戴禮・祭義》頁八一一云：

> 立愛自親始，教民睦也；立教自長始，教民順也。教以慈睦，而民

〔註 50〕王祥齡：《中國古代崇祖敬天思想》，頁 192～193。

> 貴有親：教以敬長，而民貴用命。孝以事親，順以聽命，錯諸天下，
> 無所不行。

自我之生命，乃源自父母所生，因而父母之生命，實爲與我最早聯繫之生命。由於血緣之傳續與遺傳基因之緣故，自我之生命最易與父母之生命相感通。因而對父母之孝，實爲我與一切生命相感通之開始，也是對一切人盡責任之起點，更是一切仁心流行之泉源與根本。〔註51〕能知孝親、敬長，並將這種精神推擴於國家政治生活上，就能穩定社會秩序。因爲父子兄弟等親屬關係，並非簡單的榮譽稱號，而是一種負有完全確定的、異常鄭重的相互義務的稱呼，這種義務的總和便構成一個民族的社會制度。因此經由祭祖儀式的進行，即可以實踐家族中各親屬間的相互對待關係，而建構穩定的社會制度。

《小戴禮・祭統》頁八三八～八三九云：

> 銘者，論譔其先祖之有德善，功烈勳勞慶賞聲名，列於天下，而酌
> 之祭器，自成其名焉，以祀其先祖者也。顯揚先祖，所以崇孝也。
> 身比焉，順也。明示後世，教也。……是故君子之觀於銘也，既美
> 其所稱，又美其所爲。爲之者，明足以見之，仁足以與之，知足以
> 利之，可謂賢矣。賢而勿伐，可謂恭矣。……子孫之守宗廟社稷者，
> 其先祖無美而稱之，是誣也；有善而弗知，不明也；知而弗傳，不
> 仁也。此三者，君子之所恥也。

刻鑄銘文以顯揚先祖，是賢智的子孫表現大孝尊親的最佳方式，除了可使祖先的聲名傳諸後世，永垂不朽之外，更可以將列祖列宗的功勳善德教導子孫，樹立典範。然而亦不可因貪圖美名而捏造事實，名不副實，否則不但無以尊親，甚且永貽先祖羞辱，不可不慎。其他如不明先祖之善德，或雖知而弗傳，均是君子所引以爲恥的。故利用祭祖之時機，可以使子孫重新回顧先祖的嘉言懿行，在善德的激勵下，願意成就更高的德行以光宗耀祖。因此，祭祖除了消極的傳達思慕之情以外，更可以積極的教導子孫把握有限的生命以從事德命慧業，達到大孝尊親揚親的最高義。

二、祭祖與政治倫理

祭祖本爲孝道的延續，而在孝爲一切德行之本的觀念下，通過「忠者，

〔註51〕唐君毅：《中國文化之精神價值》（正中，1991 年），頁202。

〔註52〕其孝之本與。」〔註53〕、「夫孝者，天下之大經也。」〔註54〕的說法，使孝道倫理也具有政治性功能，而祭祖亦因而具有政治倫理的效益。

《小戴禮・祭統》頁八三○云：

> 賢者之祭也，必受其福。非世所謂福也。福者，備也；備者，百順之名也。……忠臣以事其君，孝子以事其親，其本一也。上則順於鬼神，外則順於君長，內則以孝於親。如此之謂備。唯賢者能備，能備然後能祭。

賢能的人由於上能順於鬼神，外能順於君長，內能孝於親，可謂於道無所不順。以此誠敬之心舉祭，則能順受道福，〔註55〕而非一般祈求鬼神之福佑。這種祭祀不祈福而受福的道理，同樣可通於忠臣本其一念之忠心以服務國君，而終能獲得國君的信任，國事亦因而得以治理的道理。

《小戴禮・祭統》頁八三四云：

> 夫祭之爲物大矣，其興物備矣。……是故，明君在上，則諸臣服從；崇事宗廟社稷，則子孫順孝。盡其道，端其義，而教生焉。……是故君子之教也，必由其本，順之至也，祭其是與？故曰：祭者，教之本也已。

祭禮的施行，是國家行使教化的基礎。由於祭禮須順應天理人情，祭物須備辦充足，因而爲人臣、爲人子者，可從君父之謹於宗廟祭祀，盡心社稷大事之作爲中，學習凡事不可自行專斷的美德，於是臣子知所從君，人子知所從父，如此則教化的推行自然順暢。

《大戴禮・曾子立孝》頁二四云：

> 是故未有君而忠臣可知者，孝子之謂也。未有長而順下可知者，弟弟之謂也。未有治而能仕可知者，先修之謂也。故曰：孝子善事君，弟弟善事長。君子一孝一悌，可謂知終矣。

穩固的家族制度是社會安定、國家發展的重要基礎。至於家族制度的維繫，孝道精神的貫徹是其中的關鍵所在。在傳統的家族中，可以培養順從的品德；從祭祀的行禮如儀中，可以實踐尊卑異等、長幼有序的倫常觀念。將這種孝

〔註52〕此處之「忠」，是廣義的，不專指臣對君的忠。凡是出於內心的真誠，一絲不苟的，均可稱爲「忠」。
〔註53〕《大戴禮・曾子大孝》，頁23。
〔註54〕《大戴禮・曾子大孝》，頁24。
〔註55〕唐君毅：《中國哲學原論・原道篇》（學生，1976年），頁104。

親敬長的美德，推擴於服務國家政事中，必能本其孝親之心以事君，推其敬長之意以事同僚，如此則可群臣戮力，君民同心，國事大治，而此即是所謂的「以孝治天下」、「求忠臣於孝子之門」。

《小戴禮・大傳》頁六二二云：

> 親親故尊祖，尊祖故敬宗，敬宗故收族，收族故宗廟嚴，宗廟嚴故
> 重社稷，重社稷故愛百姓，愛百姓故刑罰中，刑罰中故庶民安，庶
> 民安故財用足，財用足故百志成，百志成故禮俗刑，禮俗刑然後樂。

宗法制度的基本精神就是親親和尊尊。親親代表仁，可以融合家族成員的關係，達到和同的目的。尊尊代表義，可以區別家族成員的身分，達到別異的目的。〔註 56〕這種親親尊尊的仁義思想，在實際的宗廟祭禮中可以得到切實的踐行。因此莊嚴宗廟祭禮，可以表現敬君愛親的仁義精神，本此精神以從事政事，則能使黎民百姓生活安定、財用恆足、家居和樂。

要推行這種教化，就是要以天子為主導，使諸侯、大夫等各級統治者都能嚴格奉行各種禮儀，尤其是對祖宗的祭禮更須尊崇，如此便能達到「貴賤明，隆殺辨，和樂而不流，弟長而無遺，安燕而不亂」〔註 57〕的國安、天下安的政治理想。

從祭禮的最後一道節目──餕──的儀式中，最可以表現統治者的施惠之道與統治者和被統治者之間的政治倫理關係。故《小戴禮・祭統》頁八三三云：

> 善終者如始，餕其是已。……尸亦餕鬼神之餘也，惠術也，可以觀
> 矣。是故，尸謖，君與卿四人餕。……大夫六人餕。……士八人餕，
> 賤餕貴之餘也。……百官進，徹之，下餕上之餘也。凡餕之道，每
> 變以眾，所以別貴賤之等，而興施惠之象也。……祭者，澤之大者
> 也。是故，上有大澤，則惠必及下，顧上先下後耳。非上積重而下
> 有凍餒之民也。

祭禮之中，有形可見的，以尸的地位最尊，因此餕食之時，按照由尊而卑的順序，每變必眾，形成一金字塔型的政治結構，施政者居於塔之上端，德澤自上傾瀉而下，在下者則可因而普獲甘霖。統治者與受治者之間，雖有上下層級之區分，然而彼此之間為和諧共榮的關係，而非矛盾衝突的兩極。德澤

〔註 56〕任繼愈主編：《中國哲學發展史・秦漢》，頁 181～182。

〔註 57〕《小戴禮・鄉飲酒義》，頁 1008。

是應當普施於眾民的，只是施惠之時，則不能不有順序與等差，否則無倫則危，無序則亂，而社會亦無法安定，國家亦無法平治，因而政治倫理的講求，是每一爲政者首應具備的要件。由此金字塔型的政治組織，可知最終必歸極於最高的統一，亦即是定於一尊的局面。然而此最高的統治者又非可以漫無節制，爲所欲爲。因此祭禮的儀式，即是給予實際的統治者以不可妄自尊大的機會教育，雖其位居王公，然而行祭之時，仍須以尸爲尊，不可自專。不過，尸雖爲祭禮中有形的最高存在，然而其尊崇卻又來自鬼神之憑依。於此，我們又可見：有形的最高存在，仍須向無形的超越存有開放，從心靈的朝向超越開放，而尋求有形與無形的感通與合一，而後可以回過頭來貞定一切有形存在的價值。

三、祭祀十倫與生命活動

　　人類文化都是以宗教爲開端，且又以宗教爲中心，亦即是無論人群秩序、政治倫理以及各種思想學術，均導源於宗教。〔註 58〕中國的孝道，實是一種宗教化的倫理，這種孝思的表現，是我國固有文化的特質，祭祖則是這種倫理精神的具體表現，更是我國人的優良傳統。〔註 59〕

　　《大戴禮·盛德》頁四二云：

　　　　凡不孝生於不仁愛也，……喪祭之禮所以教仁愛也。致愛故能致喪
　　　　祭，春秋祭祀之不絕，致思慕之心也。夫祭祀，致饋養之道也。死
　　　　且思慕饋養，況於生而存乎？故曰：喪祭之禮明，則民孝矣。

喪祭禮的進行，可以教導人懂得實踐仁愛的孝道。能對死者表達思慕之情、饋養之愛，則對於眼前的生者，自然更懂得珍視彼此的親情，而使得人間處處充滿愛與溫情。

　　《荀子·禮論》頁六二四對祭祀之義更有詳說：

　　　　祭者，志意思慕之情也，忠信愛敬之至矣，禮節文貌之盛矣！苟非
　　　　聖人，莫之能知也。聖人明知之，士君子安行之，官人以爲守，百
　　　　姓以成俗。其在君子以爲人道也，其在百姓以爲鬼事也。

荀子的闡述，最能說明神道設教足以化民成俗的事實。祭祀本爲個人表達眞

〔註 58〕梁漱溟：〈以道德代宗教〉，黃紹倫編：《中國宗教倫理與現代化》（商務，1992
　　　　年），頁 5。
〔註 59〕何聯奎：《中國禮俗研究》（中華，1978 年），頁 100～103。

摯親情的儀式，然而若能善加運用這種敬己慎事的態度，則可達到化善人群的作用，成爲安定社會、鞏固政權的工具。〔註 60〕因此崇隆祭祀的目的不在於祀神祈福，更不在於求神以遂所願，而是在透過儀式的作用，而純化個人的心靈，增強個人的善德，將這種美聖的情操融入生活中，所以對於統治者而言，如何掌握祭祀的功效就是一種施政的藝術。

　　祭祀與政治的關係密不可分，因此在祭祀十倫中，除了展現孝道人倫以外，其餘的則爲政治倫理的表露。

　　《小戴禮‧祭統》頁八三四云：

> 夫祭有十倫焉：見事鬼神之道焉，見君臣之義焉，見父子之倫焉，
> 見貴賤之等焉，見親疏之殺焉，見爵賞之施焉，見夫婦之別焉，見
> 政事之均焉，見長幼之序焉，見上下之際焉。此之謂十倫。

祭祀的十大功用中，事鬼神之道者僅有一項，而事鬼神之道又可通於神道設教，而入於政治之範圍，因此可說這十大功用均有關於人倫政教，代表人文崇祀的觀念已經建立。故雖主崇隆祭祀，但不是盲目崇拜鬼神的權威，也不妖言惑眾，更不祭淫祀，而認爲祭祀應是上以風化下的人倫教化禮儀。從人神異業、天人有分的體認中，確立修習人德以自求多福的生命態度，凡事要求盡其在我，以克盡人事，並以敬事謹祀的態度，護持善德，造就淳厚的風俗，以福國利民，使生命的活動在政治的環繞下，感受到的不是欺壓詭詐的抑制，而是道德倫常的提昇。

〔註60〕嚴定暹：〈崇德報功、裨益風教──我國先秦祭義述評〉，《復興崗學報》，第三十九期，1988 年 6 月。

第六章　生命禮儀中的生死觀

　　生命禮儀（俗）是一個人自其生命的一階段推移至另一階段的重要轉折點時，所舉行的各種典禮儀式。在每一儀式中，社群內的成員使用各種「象徵」的符號，[註1] 從事彼此間的「對話」，互相將關於對方角色地位的認定，與對方的關係距離，對對方的觀感與今後的期許，經由儀式的作用而作某種程度的溝通。[註2] 因此儀式具有組構、辨明並支持人生的功用，更由於使用符號的凸顯作用，而賦予生命一種獨特的意義。它表現愛情而無激情、嚴峻而無苦澀、傷愁而無悲嘆，儀式辨明真實人生，而以轉化生命為其目的。[註3]

　　儀式即是將存在的某些重要時刻、重要事件標舉出來，成為符號，以便將存在安排為一個可理解的與有秩序的綜合體，並藉此為整體生命帶來結構。由於儀式的結構活動是為了群體，而不是為了隔離的個人而發，所以儀式又是社會生活的混凝土。人們在參與同樣結構活動時，覺察自己根本上屬於一個團體，而增強自我與團體的向心力。甚且，涵蓋了誕生、成長、婚姻與死亡的儀式更使個人與團體結合，亦即是在個人生命的私人事件中加上一層公眾的性質，具有社會整體的意義。儀式還能使人重新貞定人與自然界的關係，因為人從自然界走出來，並且繼續依賴自然界而生活，儀式則提醒人

〔註 1〕 傅佩榮譯，杜普瑞 Louis Dupr'e 著：《人的宗教向度》（The Other Dimension）（幼獅，1988 年），頁 139～148：符號（symbol）與記號（sign）不同。記號本身不具意義，可由約定俗成而具有信號作用，而達到行為上制約反應的效果。符號則於成立之初，本身即須具有脈絡意義。它來自人類的集體潛意識，指向自身以外之物，且參與其所指向之物，能為我們開啓不同的實在界（Reality），並可向內開啓心靈不同的內涵，引導人們追求更高的嚮往。

〔註 2〕 余光弘：〈A. Van Gennep 生命儀禮理論的重新評論〉。

〔註 3〕 傅佩榮譯，杜普瑞 Louis Dupr'e 著：《人的宗教向度》（The Other Dimension），頁 162～163。

回到生命的原點，達到與自然界的合一，同時並與自然界保持必要的距離，以便從事各項文化建設，創造各種文化價值。〔註4〕

冠禮爲人之始爲成人之禮，婚禮爲人之始成家之體，喪祭之禮則爲生命終了之禮。四禮俱備，則人之一生即始於禮，而終於禮，亦即人之生命由始至終，皆存在於禮讓尊敬之精神的環繞之中，而人之生命亦由於受此光輝之照耀而得以潤澤。不僅如此，同時於諸多典禮之儀節中，即可見天地與人之德義多寄寓其中，亦即是在極平常之儀節中，皆可透顯出至高明、極廣大之德義。〔註5〕由於周旋進退皆於禮儀之中，自能體驗生命價值之崇高偉大處，而由此所涵泳、型塑之生死觀念，也自有其恢闊宏偉之氣象，而無卑狹瑣屑之情。

死亡是人生必經之路，但也由於有死亡，才賦與人類存在以意義與價值。因爲有死亡，才使有形的人生可以界定在一有限的範圍之內。由於有一定的範圍，才使得人生在世時的奮鬥有圓滿達成目標的可能。由於人生有可能圓滿，因此活著時才會要求無苟於生、無畏於死，而能建立欣然以生、坦然以死的胸懷，凝聚「善盡其生，乃所以善盡其死」的生命態度。今即由生命禮儀所透顯的生命本質中，再行分析、歸納，而抽繹建構其生死觀，分別得到死而不絕的生命觀，總體存在的和諧觀以及以死教生的價值觀。

第一節　死而不絕的生命觀

死亡是一種令人悲哀的失落，也是一種對人影響深遠的事實，死亡昭示我們：人，既是個別的，也是宇宙的存有，我們同時參與及獻身於暫時性領域及永恆性領域之中，我們不只是生理的客體，也不只是精神或意識的生物，我們生存於這兩者的交界之處。〔註6〕因此，要解釋死亡，就必須先明瞭何謂人的本質，才能進而界定生、死的定義。

一、《禮記》中的人觀與生、死的定義

《小戴禮》將「人」的觀念，置於大宇宙的律動中，根據人在宇宙中的

〔註4〕 傅佩榮譯，杜普瑞 Louis Dupr'e 著：《人的宗教向度》（The Other Dimension），頁 168～169。

〔註5〕 唐君毅：《中國哲學原論，原道篇》（學生，1976 年），頁 111～112。

〔註6〕 葉頌壽譯，彼得・克伊斯坦巴汪（Peter Koestenbaum）著：《死亡的答案》，頁 2、3。

地位而界定「人」的特性。因此〈禮運〉頁四三二、四三四云：

> 人者，其天地之德，陰陽之交，鬼神之會，五行之秀氣也。
>
> 人者，天地之心也，五行之端也。食味別聲被色而生者也。

人是兼涵物質和精神兩大不同層面的複雜統一體。「五行之秀氣」、「五行之端」，即代表人之物質性存在層面，亦即是人為生理上的客觀存在，「天地之德」、「天地之心」，即代表人之精神性存在層面，亦即是人為精神意識的主體存在。「陰陽之交」、「鬼神之會」則代表宇宙間有陰陽、鬼神等成對出現的異質存在，彼此具有對立、依存、消長、平衡的交互作用與互補關係。「食味、別聲、被色」則為人表顯於外的具象行為，為知覺作用的外現。

人必須先具有物質性存在，亦即是人須以物質存在為必要條件，而「五行」〔註7〕就是代表五種不同的物質，彼此具有不同的性質，也有一定關係的相生相剋作用，遵守一定的秩序，交互作用，不相紊亂。此即說明人體是由不同的物質組合而成，各物質間具有互補與相互作用的複雜關係，成為一個統合性的有機整體存在，在此一層級上，人屬於生物性存在，因此即具有生物性本能。然而由於人為五行之「端」與「秀氣」，因而是生物中最傑出的有機體。人於物質性存在之外，人還是精神意識的存在，此即為人之充分條件，而人之價值亦因此而凸顯。因此說人為「天地之心」，代表人是宇宙中能思想的力量，可居於主宰的地位。同時，人亦為「天地之德」，能協助天地參贊萬物之化育，為宇宙穩定應有的秩序，此即是「天地生君子，君子理天地。」〔註8〕的觀念。這種自覺為天地之「心」，具有思想的能力，可以協助萬物之化育，即是人可突破自我個體的有限性，而進入個體間際的關係，亦即是進入社會層級的存在。這種社會層級性存在，即是基於個人均有需要他人陪伴，希望共同構成社會統合的不可抗拒的衝動。這種衝動，當代學者多認為是毋須屈從的「群體本能」。〔註9〕由於人是社會性的存在，因而人具有向更高層級的統合發展的傾向。

人兼有物質與精神之存在，而物質與精神之所以能產生微妙的統合作

〔註7〕《尚書・洪範》，頁169：五行：一曰水、二曰火、三曰木、四曰金、五曰土。水曰潤下，火曰炎上，木曰曲直，金曰從革，土爰稼穡。孔疏云：五行即五材也。可知：五行本為五種生活日用之「材料」，後則加以抽象化，成為構成宇宙萬物之元素（見勞思光：《中國哲學史（二）》三民，1981年，頁13）。

〔註8〕《荀子・王制》，頁324。

〔註9〕項退結：〈人者陰陽之交、天地之心——對若干涉及人性論的中國古代典籍之詮釋〉，《哲學與文化》，1990年8月。

用，則二者之間必有其所賴以維繫的媒介存在。此媒介物，即《白虎通疏證四、五行》頁六一八四云：

> 五行者何謂也？謂金、木、水、火、土也。言行者，欲言爲天行氣之義也。

此即是說明各種物質均稟於天地而生，而具有氣之存在。由於氣之無所不在、無孔不入，因而可以往來於物質與精神之間，〔註 10〕使二者發生互動，而達到微妙的統合。統合的媒介在於「氣」，統合的方式，則爲「陰陽」、「鬼神」〔註 11〕的相互對待作用。由於陰陽二氣的違逆、導引之作用，而產生物質間的運動與變化的現象，在這代表五行的五種物質中，土居中，代表地，而與天相對應，金與水則屬陰，木與火則屬陽。〔註 12〕由於陰與陽之相互作用而產生相生相剋的現象，亦即：

> 金生水，水生木，木生火，火生土，土生金。
>
> 金剋木，木剋土，土剋水，水剋火，火剋金。

因爲相生相剋的作用而產生能量，由於氣的運行，透過感官的知覺作用，而形成意識，且可與精神相感通，使人成爲物質與精神相統合的複雜機體存在。

在明瞭《禮記》中的人觀以後，才可進而探求生、死的定義。

《大戴禮·本命》頁六八云：

> 分於道，謂之命；形於一，謂之性；化於陰陽，象形而發，謂之生；
>
> 化窮數盡，謂之死。故命者，性之始也；死者，生之終也。有始，
>
> 則必有終矣！〔註13〕

「道」爲冥化自然之道，爲天地萬物之本體。〔註 14〕「命」即是分享於這種宇宙之最高原理。然而一言乎「分」，即必有所「不足」，亦即有所「限制」，因此「命」即呈現「有限性」與「不完滿性」；然又由於「命」乃分享宇宙之最高存有而來，因而「命」又具有「無限性」與「超越性」，亦即「命」乃朝

〔註10〕 《小戴禮·祭義》，頁 814：其氣發揚于上，爲昭明，焄蒿，悽愴，此百物之精也，神之著也。

〔註11〕 黃暉：《論衡校釋·論死》（商務，1968 年），頁 870：陰氣逆物而歸，故謂之鬼；陽氣導物而生，故謂之神。

〔註12〕 《白虎通疏證四·五行》，頁 6185、6186。

〔註13〕 《大戴禮》本作：故命者，性之終也，今依高師仲華所言，此處可能有脫漏，故據《孔子家語·本命解》補正。

〔註14〕 張立文：《中國哲學範疇發展史·天道篇》（中國人大，1989 年），頁 38～50：「道」之原義爲道路，引申爲宇宙本體或規律。

向最高存有而運動、變化，以求完滿之達成。因此，「命」即兼涵自然義、歷程義與終極義而有之。由於有自然義，所以生命為一基本的自然單元，亦即為自然生物性存在。由於有終極義，所以生命有邁向更複雜，更高層級的可完滿性傾向，亦即具有社會生物的屬性存在。至於界於自然義與終極義之間的，則為歷程義，代表每一生命的自然單元與其他單元之間，相互影響，彼此具有密切的運動變化的關係，這一階段即是一種可變性的存在。

　　由於命源分於道，因此有偏全、厚薄、清濁、昏明之不齊，又因為所分得的各有不同，於是「性」亦有別，也由此而造成生命歷程的錯綜複雜性。當「道」之混沌本體運動而發生變化時，即有陰陽之對立轉化，相反相生之作用產生。當其陽性顯發而形象可見時，則為「生」之現象；當其陽消陰長、形銷數盡時，則為「死」之現象。因此，「生」與「死」實為顯與隱之對立概念，故以「生」為顯，為始，則以「死」為隱、為終。亦即凡有始者，則必有終；凡有生者，亦必有死。故而生與死乃必然之現象。生，不必喜；死，亦不必悲。生死之變化對於個體生命而言，雖然關係到有形軀體的顯隱、存在與否的對立性問題，然而當這種對立性的兩極存在，邁向更高層級發展時，又可呈現統合之現象。在層級轉進中，個體生命雖會隱而不顯，但是個體卻可因融入其所隸屬的社群團體，而成為該團體中不可或缺的生命環節。同時在「類」與「種」的遞生繁衍上，每個個體生命也都扮演著接續傳承的中介角色。由於生命之源源不絕、生生不息，亦可說明生命所源分之道為長存不缺。由於道之不曾或損，因而可衍生出死而不絕的生命觀念。由於有死而不絕的信念，於是使人能正視生命週期的終結，在瀕死之時能保持往日的尊嚴，逐步放棄不可獲得的東西，尊敬自我過去的形象。然後，他才能將自己的生命放置於其個我的歷史發展之中，安放在與人類文化傳統的重新結合與延續的前景之上。能達到如此，即是真正的走向生命的回歸，而非進入恐怖的絕滅。〔註15〕

二、死而不絕的概念來自靈魂不滅的信仰

　　人不僅是實際生活中的有限存有者而已，更是始終朝向無限的存有或完美性開展。因此對於靈魂不滅的信仰，即是基於人類對自我生命要求無限、

〔註15〕嚴平等譯，威克科克斯（Sandra Galdier Wilcox）、蘇頓（Marilyin Sutten）著：《死亡與垂死》（Understanding Death and Dying），頁87。

完滿的至深刻、至普遍的心理傾向。這種對於靈魂不滅的信仰，則可以基於下述的考量：

（一）倫理學上的道德律則

　　道德律令的最高原則，在於德福一致的圓滿達成。然而存在於人間世的，卻經常是好人常遭不幸，倍受災難折磨，壞人卻生活富裕、事事順心如意的情況。因此爲了貫徹「爲善得賞、作惡受罰」的道德律則，必須設定死後尚有後世生命。在後世生命中，靈魂尚須接受再次的裁斷，〔註 16〕如此才能保障道德的公正性與公平性。否則，如果人死，即一切都不復存在，則活著時又何須有道德？如果人活著而不須講求道德，則人類社會只有迅速趨於毀滅。然而，道德不是空洞的口號，不能經由純粹理性達成，而須在實踐理性中逐步實現，因此對於行爲的判準，必須尋求實踐上的普遍性原則。亦即是道德的判準不是個人自我的認定，否則一人一道德，又有何道德？所以，道德的判準，除了須考慮行爲的動機以外，更須配合行爲所發生的影響，亦即是必須參照社會的規範，不踰越規範之行爲才具有道德的普遍性。由於道德要求普遍性，因此無可避免的會有世俗道德的形成，然而不必鄙夷世俗道德，因爲世俗道德僅爲道德的始基，而非道德的極致，而且唯有能站在堅實的世俗道德基礎上，才能建構上層的超越道德，否則高超的道德只是空話。人類也唯有在進入講求倫理道德的層次，才有可能達成對完美的追求，因此爲保障道德的正義原則，靈魂必須不滅。

　　《禮記》中所講求的，是「親親、尊尊、長長、男女有別」的達成，亦即是要求倫理道德社會的建構。要建構倫理道德的社會體制，當然須重視道德律，因此基於道德律則之所須，對於靈魂不滅的信仰自有其存在的必要。

（二）人類生命的演化法則

　　演化不只是生物的，也是社會的、心理的，演化在達到人類的反省能力出現後，即能展開個體與群體的反省，便超越了軀體的物理化學組織，而進入精神領域，走向心靈的總體化，以促使意識發展，並使個人社會化加速。因此人

〔註 16〕 由於要進行裁斷，就必須有判準存在。至於這最後、最高的判準則須歸諸於超越的絕對存在。這種超越的存在可以名之爲天、道、帝、上帝皆可，因爲他代表的是哲學意義上的最高存在，而非宗教上的實體。因此，一個完整的道德律則，必須以人是自由的爲前提，亦即人可以自行選擇做或不做爲先決條件，而以最高的超越存在作最後的判準，不滅的靈魂則爲最後的受裁斷對象。

類果眞要有前途，則必然要以「反省」的方法處理問題，而在「自由地計畫的」及「集體的」中間達成完整的協調。人類的歷史即是在這兩個臨界點中發展，一個是個體而低級的，一個則是集體而高級的，在兩極的協調中進展，即形成社會文化。亦即是人一旦跨進反省的門檻，個人的生命即由過去的被動接受機會的安排，轉而爲接受自我內在的安排，並由於意識的覺醒，於是會要求「無止境的留存」，再由個體的發展而邁向集體的反省門檻，促成人類社會化，成爲整個宇宙生生不已的內化旋風。換言之，人的現象可兼含二類；由於初級人化，而發展成爲每一個體，然而在每一個體身上，另有一個屬於人類全體的人化。在人性的社會化中，有一最重要的心理生理學特性，即是不可回復性的要求，而這就是人類「複雜與意識之律」的推展。〔註17〕

　　基於「複雜與意識之律」的推衍原則，人無可避免的必須朝向更高的社會層級發展，但是在這遙遠的奮進過程中，遭遇困難與障礙自是在所難免的。如果這些經長期的磨難、辛苦所得的成就，因爲死亡而一切即化爲烏有，則人類積極進取的動機便無法持續。因此，若要有成功的社會演化，就必須先肯定人類的靈魂不滅。〔註18〕

　　《禮記》中的人觀，亦指出人本爲生物性之存在，且爲生物中之最靈秀者，然而卻以能掌握天地之「心」與「德」，達於社會性之高階存在爲人之特質，故以精神意識爲人之主導，且具有不斷邁向更高層級之統整傾向。以如此之「人」的概念，與上述德日進的「複雜與意識之律」相較，實有異曲同工之妙，因而在生命禮儀中處處流露出對靈魂不滅的信仰亦是理有必至、事有必然。

（三）民俗學上的人類共識

　　原始人在他的個人情感和社會情感中，都充滿了對生命不中斷的統一性和連續性的信念，斷然否認死亡的眞實可能性，認爲不朽的事實不需要證明，需要證明的是死亡。例如金字塔的建築，就是人類最早的反抗死亡的紀錄，反抗那一切都一去不復返的巨大黑暗和寂靜，表達了「死人活著」的堅強信念。〔註19〕埃及人對死而不絕、靈魂不滅的堅定信仰，是人類史上塑造生命

〔註17〕李弘祺譯，德日進（Pierre Teihard de Chardin）著：《人的現象》（The Phenomenon of Man）（聯經，1989 年），頁 196〜258。
〔註18〕劉貴傑譯，佟西爾（J. F. Donceel S.J.）著：《哲學人類學》，頁 418。
〔註19〕結構群編譯，卡西爾（Ernst Cassirer）著：《人論》（An Essay on Man），頁 132〜133。

概念的重要里程碑。至於其他各民族的人也紛紛以其不同的方式處理屍體，以表達其對靈魂不滅的信仰。

至於我國，喪葬禮俗也和鬼魂崇拜有密不可分的關係。在鬼魂迷信發生以前，人們把死者的屍體棄之不管。鬼魂觀念產生以後，人們即根據鬼魂和屍體的關係，以及對死後世界的信仰，來處理屍體，於是就產生各種不同的葬法和喪葬儀式。〔註20〕山頂洞人時期，埋葬死人即有一定的規矩，有隨葬品，並在死者身旁撒有紅鐵礦粉粒，代表靈魂不死的觀念已經產生。到了仰韶文化時代，靈魂不死的觀念已成為人們普遍的生死觀，埋葬死人的制度也漸趨複雜，死者的頭向位置，各族均有一致的現象，可能代表當時人們相信該氏族的成員死後，靈魂要返回傳說中的老家，或者靈魂要到另一世界去生活。〔註21〕由此可知：我國對靈魂不滅的觀念，和世界古老民族一樣，都是由來已久的。

雖然古今中外對「靈魂」的義界各有爭議，〔註22〕並且久久不能確定，然而這正證明人類對於追求無限、永恆，都具有共同的信仰，而靈魂不滅的說法，正是表達人類對生命死而不絕的一種合理化解釋。

人性的本根，在於情感，因而自古以來這種對生命最本源性的情感，即發展成為對死後靈魂不滅的共識。藉著對靈魂不滅的信仰，可以滿足人類對那些曾經共存過，如今卻已不復存在的生命產生濃烈思念之情，並由之發展出各民族的禮儀節文。因此從各種禮儀中，多可以窺探生者與靈魂的關係。由「大公封於營丘，比及五世，皆反葬於周。」〔註23〕即顯示當時的人信仰人在死後，不但靈魂可以不滅，而且靈魂還希望落葉歸根，返回老家，與先祖團聚。

無論從道德論證、生命機體演化原則與人類普遍的情感共識而言，靈魂都必須不滅，故而可據以推衍出死而不絕的生命觀，說明有形可見的形體雖然會腐朽，可是那個使形體活動，使個體創造意義的精神體卻不會亡滅。

三、生命禮儀中死而不絕的生命概念

由於生命是死而不絕的，因此在冠、昏、喪、祭的典禮儀節中，即可透顯

〔註20〕 朱天順：《中國古代宗教初探》，頁182～183。

〔註21〕 任繼愈編：《中國哲學發展史‧先秦》，頁47～49、58～59。

〔註22〕 本文對靈魂採取的立場是：某種非具體有形可見，卻又無法否認的精神存有體。

〔註23〕 《小戴禮‧檀弓上》，頁125。

出生命的連續性秩序。生與死是生命的兩個臨界點，然而在誕生的一刻之前，實仍有生命的醞釀期；死亡的剎那之後，則又有生命的後續期。因此在這兩個臨界點之間的，爲顯性的生命；在這兩個臨界點之外的，則爲隱性的生命。《禮記》中所載的禮義儀文，即同時兼含出生之前的胎教禮儀、喪葬之後的祭祀儀義，與其他生命存在時的禮儀活動而有之。從這個完整的生命禮儀過程，可以看出儀制的訂定，即是採取或以後代子孫的傳承延續之顯性方式，或以死者的靈魂不滅且可與生者的精神發生感通之隱性方式，以傳達其對生命死而不絕的概念。

《小戴禮·哀公問》頁八四九云：

> 身也者，親之枝也。……不能敬其身，是傷其親。傷其親，是傷其本。傷其本，枝從而亡。

親子之間，無論是外表的容貌，或是內在的習氣精神，必有其相似之處，這是基於生物學上的遺傳原理，子女必從父與母中各取得二十三個染色體。由於基因得自父母，因此父母即爲本根主幹，而身爲子女者，在遺傳學上則猶如父母親之枝葉。因此若傷害本根主幹，則末梢枝葉亦無法獨存，由此即可見代與代之間實具有不可分割的血脈相連性。

一代代的人形成一條不間斷的環鏈。上一階段的生命，透過基因的遺傳，被新生的生命所保存，於是祖先的靈魂就返老還童似的，又顯現在新生的嬰兒身上，過去、現在與未來的不同世代間，形成一團交融，而不再有明確的分界線。各代人之間，在血緣的連鎖相關下，延續不絕。因此個體雖有死亡，然而家族的命脈卻不曾絕滅。

《小戴禮·祭義》頁八二一、八二二云：

> 身也者，父母之遺體也，行父母之遺體敢不敬乎？
> 天之所生，地之所養，無人爲大。父母全而生之，子全而歸之，可謂孝矣，不虧其體，不辱其身，可謂全矣。

儒者將人從死亡的深淵，躍升到生存的綿延豐隆；從死的陰霾，衍化出生的意義；由消極的退隱，轉化爲積極的哲理。父母之形體雖或不存，然而由於子女之不虧其體、全而歸之，實亦宛如父母之形體長存不朽；更由於不辱其身，不羞其親之孝道成全，而使父母之精神得以光輝顯揚。亦即是前一代的志業，可經由後一代的承繼，而更向前推進，往生命的更高層級轉進。

因此，冠禮於宗廟中舉行，即是上告祖靈：家族的命脈業已茁壯長成。「冠

於阼，以著代也。」﹝註24﹞即是意謂父子之傳承，為人子者已有義務與資格承繼上一代之地位。由此亦可顯出：古人對生命的新陳代謝現象，實早有深切的體悟，下一代的欣然長成，即是上一代階段責任達成的展示。上一代的長者，由於能親眼目睹下一代的晚輩邁入成年期，有足夠寬廣堅實的臂膀可以承擔一切責任，準備昂首面對生命中不可避免的痛苦和挑戰，就可以安然的面對自己。因為自己過去辛勤的付出，如今已有了交代；又由於已為家族的延續，善盡一份職責，也可以更坦然的面對自我生命的逐步邁向衰退與老化。

婚禮之舉行，男方須親迎新娘於女方之廟中，一方面因為這是女方骨肉分離的大事，一方面因為這是合兩姓之好，故須上告祖廟以表敬慎重正。由婚禮不賀、不用樂，凸顯婚禮雖為嘉禮，但亦有其不必慶賀之處。因為當子輩長成時，父輩已不可避免的邁入衰退期，如今子輩之結婚，更代表孫輩的即將來臨，而身為父輩者，則是更加速步入老化之時期，此即是婚禮之不必以為喜慶之因。然而也由於制禮者的這份細密考慮，更使人可以真實的面對生命的各個歷程，使長一輩者經由晚一輩的不斷成長，相對的體認到生命的不可回復性。亦即由相對的現象而體悟絕對的意義，明瞭生與死是一種轉化，生與死之間是連續而非斷裂的。故而能有健康的心理建設，也更能面對死亡時可能產生的焦慮。

冠、婚二禮均是顯性生命時的禮儀活動，由於父輩與子輩均處於顯性生命，所以可由彼此的成長、衰退現象，而相互體察到生命雖有死亡，卻不曾斷絕的絕對真象。亦即有限的個體生命在融入了無限的家族生命後，即意謂著相對者經由絕對者的存在而獲得了存在的保障。

死亡，是生命最大的臨界點。由於死亡的發生，使顯性的生命從此步入隱性的存有。因為這是一個由有形進入無形的門檻，所以需要有一道道綿密繁複的喪葬儀式，幫助生者穩定情緒、重整人生的腳步。因此禮儀的設計，即以招魂的復禮維繫住顯性生命與隱性存有的連續性，再往下，則漸次進行沐浴、飯含、襲、斂、殯、葬等儀節。每一道禮數的進行，都採取每動而遠，有進無退的方式進行，代表生命的不可逆轉性。由有形身軀的愈去愈遠，而將生者對死者的情感漸次轉換為意識的存有。意識不只是一種思想，而是一種體驗；不只是一項概念，而是一種可把握的存有領域。因此死亡可以提示

﹝註24﹞葉頌壽譯，彼得‧克伊斯坦巴汪（Peter koestenbaum）著：《死亡的答案》，頁43～46。

我們：我們也是一種意識的存在。生存與死亡乃是相輔相成的，是調和的，是意識之連續和完整統合領域內的陰陽面。〔註25〕

　　意識，具有指向性，永遠指向對象，指向一種自身以外的超越客體。將上述道理逆向反推，可以發現死者本為與生者相對的客體對象，只是由於死亡事件的發生，此一有形的客體對象即發生變化，而與原來的存在相異，不再是對等的主客體。基於「既已存有，即不忍其虛無」的理念，因而形上觀念中即以存有為善，而以虛無為惡，又由於生者與死者的一念真情，當然不忍置死者於虛無之惡，於是轉變死者原來的存在客體對象而為超越的意識存有，以精神意識的作用達到主體與客體的交融。這種精神意識的作用，即是源自於亙古以來人類對靈魂不滅的信仰。由於人具有這種無形的，卻又無法不存在的精神意識，才造成人與萬物的區隔，凸顯人存在的特殊性。

　　生命不是屬於實體的，而是屬於一種機能的「場」。生命本身也並不就是物質的，而是屬於特殊能量的「場」。意識、精神則是屬於更高階層的、特殊的、機能的、能量的「場」。每個人生命的場帶有自己矛盾對立的統一性，而其特質則存於綿延連續的流動性（波動性）與不可端倪的展開性（發展性）。〔註26〕藉由精神意識特殊能量的波動性與延展性，生者與死者可以進行另一向度的感通，因此喪禮儀節的進行，均以「生者飾死者」的方式舉行，每一細瑣禮數，均有其精神意識作最後的依據，期許經過一連串的儀式，而將死者的客體存在，成功的轉換為超越的意識存有，進入後代子孫的心靈之中，成為永恆的印象存有，形成死而不絕的生命概念。

　　《小戴禮・祭統》頁八三〇云：

　　　　凡治人之道，莫急於禮。禮有五經，莫重於祭。

吉（祭）、凶、賓、軍、嘉禮合稱五禮，而以祭禮為重。推其原因，當以祭禮之對象為天神、人鬼、地祇之形上超越存有，代表人類心靈的最高崇向，因此如能真切掌握祭祀的精神，則能提鍊虔靜敬慎的德行，而有益於治道。

　　祭禮之中，對祖先的祭祀，更將死而不絕的生命概念推到最高的層次。喪禮之進行，雖然人已成為屍體，然而仍有形體可供生者作最後的敬禮與致意，並由於儀式的作用，逐漸將深邃的情感轉換為意識的存有。然而這種意識的存有亦須定時加以重溫，才能使這份情感歷久而彌篤。因此祭祖禮的進

〔註25〕《尚書・洪範》，頁 43～46。
〔註26〕曾宵容：《生命論》（青文，1969 年），頁 31。

行，即是定期的將這種已收攝入意識界域的情感，再重新以人世間的存在方式予以展現，一方面滿足生者對死者的思慕之情，一方面以香火不斷的血食之祭傳達死而不絕的生命概念。

祭祖的精義即在於對生命所從出的本源之禮敬，因此，爲求祖靈果能臨降，祭前的齋戒就顯得格外重要。由於散齋與致齋的作用，主祭者摒除一切雜念，專心致意於先祖之志意思慮，以介於感性與知性之間的想像力產生形象與圖式的聯結，使意識中的先祖，重新還原至清晰的影象，配合宗廟肅穆的氣氛與祭尸的神似，而有「祭如在」的祖神臨在感。由於祖神的臨在，於是祭祀不但具有主體，同時也具有客體，因此也更說明了生命是死而不絕的。

喪、祭二禮，是生者的顯性生命與死者隱性生命發生交互影響的禮儀活動。雖然禮儀的設計以生者的情感需要爲主，然而其基本前提，則爲必須先有人之死亡爲要件。由於主、客體的生命型態不同，因而二者的溝通方式即無法經由彼此的相對觀察生命變化，而體認死而不絕的生命概念，而須透過後代子孫的心意念慮，發揮其想像能力，使意識不再僅止於意識的型態，而是能浮顯所意識的形象以達到祖神臨在、人神感通的最高境界。故而在後代子孫的心目中，祖宗不但是長存不滅的，而且是可以產生教化子孫，達到激勵鬥志的眞實存有。

第二節　總體存在的和諧觀

死而不絕的生命觀念，其建構的方式，即是以自我個體的生命爲基本的「點」；當自我的生命融入家族之後，即由「點」而構成「線」；當其再由家族組織躍入社會人群之命脈時，即由錯綜交織的「線」而成爲「面」；當其進入宇宙的律動，掌握天地之「心」與「德」時，則構成了一個大的「立體」結構。生命的概念，即從原初的單一個體，逐漸擴展其外延，突破原有的限制，進入更大的「體」，猶如點之到線、面、體之依次遞升。每一個組織結構，對其本身而言，都是一個完整的「體」，但是當其躍入上層單位時，則原有的完整組織卻只是另一更高組織中的一部分，而且部分與部分之間分別具有對立、統一的關係，不過這個更高的組織終歸以統合、和諧爲最後的發展取向，亦即是死而不絕的生命觀是建立在生命可邁向更高和諧的基礎之上。不過這種死而不絕的生命觀，尚僅以人類自身生命的和諧拓延爲取向，而不及於生

命本身與鬼神以及與其他物類之和諧存在關係。因此，嚴格而論，此僅爲人類生命自身縱向的深度和諧性，而欲使生命達到更廣大的和諧，則尚須進入與超越界和其他類種共存的總體存在層次，亦即是生命尚須具有橫向的廣度和諧性。由於生命能同時掌握深度與廣度、縱向與橫向的和諧，故而在實際活動時能優有餘裕，轉圜自如，達到眞正的和諧之境。

一、總體和諧的概念來自禮樂陶融互補的作用

　　禮樂思想爲古代文化的核心，位居中國文化的樞紐地位，涵蘊著複雜的功能。故《周禮‧春官‧大宗伯》頁二八二云：

> 以天產作陰德，以中禮防之；以地產作陽德，以和樂防之。以禮樂合天地之化，百物之產，以事鬼神，以諧萬民，以致百物。

《漢書‧禮樂志》頁一○二七～一○二八亦云：

> （聖人）故象天地而制禮樂，所以通神明，立人倫，正情性，節萬事者也。

由兩者相對而觀，可以得知禮樂包含五大範圍：（一）象天地以合天地之化。（二）通神明以事鬼神。（三）立人倫以諧萬民。（四）正情性以和男女。（五）節萬事以致百物。亦即經由禮樂之作用，可達到人與天地鬼神的感通，促進人倫情性之導正，並建立人與自然界萬事萬物的和諧對待關係。禮樂之合稱，代表我國文化史上的特色，「樂」總是伴隨著「禮」而出現，依附在禮儀之下，而達成音樂的功能。不過禮樂雖相伴而生，但二者之間仍各有其差異性。故《小戴禮‧樂記》頁六七一云：

> 天高地下，萬物散殊，而禮制行矣。流而不息，合而同化，而樂興焉。春作、夏長，仁也。秋斂、冬藏，義也。仁近於樂，義近於禮。樂者敦和，率神而從天。禮者別宜，居鬼而從地。故聖人作樂以應天，制禮以配地，禮樂明備，天地官矣。

禮取法於地，是自然界的秩序在社會生活中的體現。樂取法於天，是自然界的運動在社會生活中的體現。〔註27〕由於天體的運行周而復始，帶動四時的變化循環不已。春夏之間，陽氣發動，代表上天健動不已的仁德；秋冬時節，陰氣凝結，代表大地斂藏之義氣。於是作物在生長與收斂的兩種相對作用中，

〔註27〕馮友蘭：《中國哲學史新編》第三冊，頁 120。

完遂其生長的週期。天地間的萬物，就現象而言，雖是品類殊異、散居各處，不過就其性質而言，則均能應合各自之變動原則而化生不已，亦即萬物因宇宙之化分作用而成爲分殊有序之物類，然而各物類相互之間又有合同的作用，這「散殊」與「合同」的兩股相異力量，即與天地相對應，而統合於一更高的自然法則之下，形成一貫的和諧現象。因而此時之「禮樂」並不代表具象的禮儀與音樂，而是提昇至抽象的禮樂本質，二者雖似相異，實則相成。此即《小戴禮、禮運》頁四三八云：

> 是故夫禮，必本於大一，分而爲天地，轉而爲陰陽，變而爲四時，
>
> 列而爲鬼神。

此處雖僅言禮，而不兼言樂，其實，就精神而言，實已兼含禮樂之相對與統合之作用。追本溯源禮的本質，則必歸於「大一」〔註28〕爲終極。聖人更本於「大一」之終極原理，設計各項禮制，而以樂相從。由於是終極原理，故必然歸於一而不爲二，代表天地未分前之混沌元氣。混沌初開後，於是分化而成具體的世界。由此可知禮樂與天地同源於「大一」，只是禮樂須由聖人制作而定型，天地則由分化而成體。由於天地相對，故而以代表兩相異存在且具有消長轉化作用的陰陽表示天地之間的相對關係。〔註29〕由於陰陽之運轉，於是在天地上下二分的概念下，再衍生出「四」的觀念，並以「四」配合四方位，於是架構成上下四方的空間觀念。由於天體運行周而復始，日照有別，寒暖各異，故而有四時之變化。禮樂與四時之間又可依同類相應的關係而成相近之類比，故而以春夏表樂，以秋冬表禮。此即代表禮樂之原始和諧體「大一」，在空間上的變化，由一而二而四；亦即由「一」可化爲「多」。由於「多」之本源爲「一」，因而「多」仍可被「一」統合，成爲和諧的狀態。至於「大一」在時間上的變化，則是由於人的繁衍、死亡諸變化，於是使鬼神之數爲「多」而不爲「一」，又因爲人之繁衍不純以由一生二的方式產生，故僅以「列」表「多而數目未定」之義，而以鬼神列居於地表之上。由於眾鬼神亦由「大一」而來，故鬼神之數雖爲多，而不害其可以「和」。「大一」

〔註28〕康君毅：《中國哲學原論・導論篇》（新亞，1974 年），頁 537：此大一即易之太極。

〔註29〕《小戴禮・樂記》，頁 672：「著不息者，天也；著不動者，地也。」在當時的科學知識下，古人相信天動地靜的說法。雖然地是靜止不動，但是因爲天的變動不居，所以人居於大地之上，亦會感受到相對的變化關係，因而以陰陽之相對變化代表天體運行之不時或止。

於時間、空間上均可衍化為多，且於其各自的時空系統中，均有其和諧的運轉規則，當其時空交會之際，則亦由於各有同質的「大一」本源，因此，人、天地、鬼神即可達成和諧交感之作用，形成人、天地與鬼神之間總體存在之和諧觀。

至於禮樂之陶融互補，其作用能關涉於百物者，則有《小戴禮·樂記》頁六六九所云：

> 樂者，天地之和也；禮者，天地之序也。和，故百物化；序，故群
> 物皆別。

由於禮樂之相對作用，可以以天地之和氣化生萬物，且於化育之中呈現井然有序的條理，而非紛亂之雜多現象，亦即禮樂為促使群物和諧生長的兩個相異相須之力量。推極禮樂至最高點，則能對萬物產生至精微妙之效。

《小戴禮·樂記》頁六八四、六八五即云：

> 大人舉禮樂，則天地將為昭焉。天地訢合，陰陽相得，煦嫗覆育萬
> 物，然後草木茂，區萌達，羽翼奮，角觡生，蟄蟲昭蘇，羽者嫗伏，
> 毛者孕鬻，胎生者不殰，而卵生者不殈，則樂之道歸焉耳。

此即代表統治者能興舉具體的樂章儀禮，則其極致，可使各種生物化生不已，即使是尚在孕育中之微小生命，亦能感受此生生之德，而順適發展，達到「樂」之最高境界：致中和，天地位焉，萬物育焉。〔註 30〕當然，這需要身為統治者的大人能進入「窮本知變、著誠去偽，情理不可變易」的化境，才有可能造成這種奇效。這種至境雖然不易在現實界顯現，但是禮樂的興作，對自然界萬物之和諧發展卻是昭然若揭，無法置疑的。故禮樂之全體大用即《小戴禮·樂記》頁六七二所云：

> 及夫禮樂之極乎天而蟠乎地，行乎陰陽而通乎鬼神，窮高極遠而測
> 深厚。樂著大始，而禮居成物。

推極禮樂，可達於窮神知化之境，更可以繁興庶物，使人與物、人與鬼神均可達於最高之和諧。由禮樂之貫徹，可達於人神之最高和諧，其中的關鍵，即在於「樂」之能與宇宙律動相呼應，此即《小戴禮·樂記》頁六八一所云：

> 凡姦聲感人，而逆氣應之；逆氣成象，而淫樂興焉。正聲感人，而
> 順氣應之；順氣成象，而和樂興焉。倡和有應，回邪曲直，各歸其
> 分，而萬物之理，各以類相動也。

〔註30〕《小戴禮·中庸》，頁 879。

盈天地之間，無處不有氣之存在，而氣有逆順之分，故於以類相動之原則下，而有淫樂與和樂分別與之相應。因而大人之興作禮樂，自當多以和樂導致倫常之清明。故《小戴禮・樂記》頁六八二云：

> 君子反情以和其志，廣樂以成其教，樂行而民鄉方，可以觀德矣。……
> 是故情深而文明，氣盛而化神，和順積中而英華發外。唯樂不可以
> 為偽。

由於「樂」經由「氣」之作用而與宇宙之律動相應，因而君子重在明辨氣有順逆之分，人情亦受此二氣之感應而有正淫之別。然而宇宙間之順逆二氣，原是為達成更高融合的陰陽摩盪之力量，而不該僅止於其間，尤其不該固著於姦聲逆氣。因此於人情之把握，亦該著眼於人情之深邃處，而不應以原始情欲之順遂為志向之所趨，故而能在反情以和其志的內在要求下，達到情深而文明的外顯作用；甚且由於情深，故而志氣可以充盛。由於氣之充盛，而可以不斷向外延伸、向上擴展，而可上交於鬼神，且與之同化。此即是推源禮樂之本質，而可歸於無形的宇宙太始混沌之氣，又由於本質無法自顯，故須藉由天象運行和時序變化的自然規律而得到啟發，所以禮樂並非來自社會本身，〔註31〕而是源於宇宙之律動。宇宙為一和諧體，因此禮樂之作亦以達成和諧發展為訴求。

聖人由於能明於天地之道，知曉陰陽鬼神萬物相通之理，而後能制禮作樂。〔註32〕由於古人之生活長期浸潤在禮樂之氣息中，因此對於生命之體認，不僅以自己一身之順遂為具足，亦不以僅求人類自身之永久延續為圓滿，而是擴大視域至其他物種以及無形的鬼神超越存有之總體存在為指標。因為人是自然界的一份子，且有賴於自然資源而存在，因而人與自然是同體的，鬼神則來自人與自然之蛻變，〔註33〕故必須人、自然與鬼神三者之間均能獲得總體之和諧存在，人類才能得到更高的和諧，並企求更高的發展。

二、生命禮儀中總體存在的和諧觀

由於人對生命的體認，能分從縱向與橫向重作深刻的思考，因此能突破個體的限制，擴大自我的生命至人類整體生命的存在與和諧發展，並以人類

〔註31〕任繼愈主編：《中國哲學發展史・秦漢》，頁 210。
〔註32〕唐君毅：《中國哲學原論・原道篇》，頁 125～126。
〔註33〕神包括天神與各種自然神之存在。

全體的生命爲中心，向下延伸至自然物的生命，向上擴展至天地鬼神的超越
世界，建構起宇宙生命的總體存在與和諧的觀念。亦即達到《小戴禮・中庸》
頁八九五所云：

> 唯天下至誠，爲能盡其性。能盡其性，則能盡人之性。能盡人之性，
> 則能盡物之性。能盡物之性，則可以贊天地之化育。可以贊天地之
> 化育，則可以與天地參矣。

個體的生命，唯有在提昇到至誠的境界，能參與天地之化育，才能成爲宇宙
中的人，成爲宇宙中的主體，而且更懂得尊重其他物種的存在權利與發展可
能，亦即是擴大生命的一體性至全宇宙的總體存在，因而在不同階段的生命
禮儀的踐履之中，即可看出各有偏重於人與人、人與自然、人與鬼神的不同
和諧取向。

　　冠禮乃始爲成人之禮，代表一個人從自然人躍居爲社會人，開始具有對
社會的責任與義務，並正式取得其在社會上的權利和地位。由於行禮之後即
將展開往後的社交活動，因而冠禮中顯露的即是期許人與人之間的和諧相處。

　　人，是社會的生物，不可避免的具有群體本能的衝動，然而社會又由眾
多的個人組合而成，因此人與人的相處，若無法把握拿捏的分寸，而一任欲
求紛起，則必至於爭端時聞，而亂離不輟，故而〈冠義〉即首先提示人：「凡
人之所以爲人者，禮義也。」因此凡所行動，必須內在講求義理的原則，外
在合於規範的要求，二者相輔相成，不可直情巡行。由於古人必須在進入成
年期後，始有資格參與各項禮儀活動，而且各項禮儀活動中又常須飲酒，因
而行冠禮時，即由擔任加冠的來賓醮冠者於客位，教導行禮者應有的飲酒禮
儀。飲酒之禮後，則取肉脯拜見母親，以盡成年反哺報孝之心意，並藉以實
習與婦人相見之禮，母親則亦以成人之禮回拜。拜見母親後，再拜見兄弟，
兄弟亦以對待成人之禮回敬。由於家中之人與自己親疏有別，因此由冠者拜
見親人之先後順序，即可看出禮儀之設計極重視尊卑親疏的觀念。人能分辨
尊卑有等、親疏有別的關係，就是建立秩序的觀念。一旦秩序能建立，就是
達到和諧的依據。拜見家人之後，即是學習以成人之身分拜見鄉大夫、鄉先
生，正式展開對外的社交活動。這即是說明人際關係的開展要循序漸進，先
由與自家人以禮相待，然後再擴及與族中親友、再推展至與其他諸人之相待。
彼此之間，若能遵循該守的禮儀，則人與人之相處自能和諧愉快，因此在人
生邁入正式的社交活動時，即以和諧有序的觀念灌輸冠者，並期勉其在往後

的生命旅途中，能在和諧中求發展。

　　婚姻，是人生的一大轉捩點，因爲複雜的親屬關係之建立與生命的繁衍任務，均有賴於婚禮而完成，故而禮數較冠禮繁雜，意義也更爲深刻。婚禮是一種社會儀式，其功能在藉由敬重的禮節、繁多的儀式，以增強兩個家族的友好關係，促進夫妻的親和感，以建立恆久的、和諧的婚姻關係爲理想，並期求盡到穩定社會的任務，〔註34〕因此婚禮所涉及的，就不僅只是要求一般性的和諧關係，而是要求更細密的人際和諧，故婚禮中多以各種象徵物表示人與物之和諧，也隱約顯示人與鬼神的和諧。

　　婚姻關係要成立，其最大要件即是男女當事人，因此婚姻絕非個人事件。尤其在古代，婚姻更是兩個家族的大事，因而婚禮最大的特色即是非常注重和諧的概念，尤其是新婦與男方家族成員間的和諧關係最爲重要。

　　從父母之命、媒妁之言開始，雙方家長即已開始爲自己子女慎選合適的結婚對象。至於婚姻對象的選擇，則多以門當戶對，男女才貌匹敵爲考慮原則，再由媒人代爲議論婚嫁。至於男女當事人更是要求達到陰陽和合，因而親迎之禮即已明示雙方之親和關係，而以「共牢而食，合巹而酳，所以合體、同尊卑，以親之。」〔註35〕爲夫妻雙方和諧關係的最高理想。又由於重視家族觀念，故而「成婦」之意義更重於「成妻」之意義。

　　《小戴禮·昏義》頁一○○一云：

> 成婦禮，明婦順，又申之以著代，所以重責婦順焉也。婦順者，順
> 於舅姑，和於室人，而后當於夫，……是故婦順備，而后內和理；
> 內和理，而后家可長久也。

古代對婦順的要求，是促成社會穩定的重要維繫因素，亦即須由單純的夫妻二人和諧的訴求，提昇至宜室宜家的家族穩定層次。更由於主婦治內的觀念，因此要求媳婦須先和順舅姑、室人，而以夫妻之私情爲後，亦即將夫妻的親和關係統合於更高的家族和諧之中。

　　至於象徵人與物之和諧，可多從禮物的種類、數量、文采表達陰陽和合的概念（詳見第三章第一節）提示和諧的觀念。尤其是婚禮用雁，更有以物類比的作用，由於雁之知節候、具向陽性、雁行有序，可以啓示人：人當明辨節氣，注意人與自然氣候之關係；陽性代表生發之力量，人亦須掌握陽發

〔註34〕劉增貴：〈琴瑟和鳴——歷代的婚禮〉，見《敬天與親人》，頁461。
〔註35〕《小戴禮·昏義》，頁1000。

之氣，以求更高之發展；有序不亂的排列關係，不但是社會安定的磐石，也是社會發展的底基。人是符號的動物，由於特殊的符號，帶來特別的象徵意義，因而婚禮中的禮物多是象徵意義大於經濟實值意義，同時由於各種象徵的義涵，豐富了婚禮敬慎重正的要求。

　　婚禮儀式之顯示人與鬼神和諧者，則可從「問名」與「納吉」中初露端倪。藉著家族對歷代祖先的崇敬，並加強當事人對婚姻的信心，且強化謹慎隆重、正大光明的意義，故以占卜的儀式取得祖靈的贊同，並顯示男女雙方的結合，可與祖神和氣相通，日後祭祀之時才可以共事宗廟。再從古禮之親迎，男女均須穿著祭服，亦表示婚禮之中具有人神和諧之觀念隱藏。

　　冠、婚二禮處理的是人生存時的重要關口，而由其禮儀活動顯出的則是以表達人與人的和諧關係為主，再兼及人與物、人與鬼神的和諧。此即表示人之生命發展，雖以總體存在的和諧觀為生命的最高境界，但是在發展歷程上，卻仍有先後之順序，必須先立足自己，站穩腳步，然後才可邁開步伐，向外界更廣闊的時空作深一層的探究，由於見多識廣，才懂得宇宙間更深刻的自然生態平衡現象。至於如何在平衡中謀求更高的和諧，則是人類該設想的主題。

　　喪禮的舉行，要以生命的和諧穩定性遭遇最大的破壞——死亡——為前提。為了彌縫這個最大的壞損，因此需要更多細密的修補，需要更長時期的療養，才能再次達到另一層次的穩定和諧狀態。故而喪禮的複雜儀節，可同時兼及三層面的和諧訴求。

　　人是一種有機體的生命存在。這種機體生命包含四個條件：一、由細胞組織構成，二、具有新陳代謝的現象，三、處於不持久的平衡狀態，四、除非機體藉分裂增長，否則最後難免一死。〔註36〕機體生命的特色，即是隨時充盈著一股生命力，隨著細胞的新陳代謝，始終處於平衡——破壞——平衡……的螺旋式和諧發展。死亡，即是對於這種和諧發展模式的破壞，造成有機體生命與有機形質的分野，有機形質則繼而進行分解還原，回歸基本物質。這是人的生物性有機生命的發展與回歸，在大自然的法則下，始終不離大的和諧律則，亦即人從自然界走出來，創造了人文價值世界，死後，仍將以其機體生命回歸自然界，回歸於原始和諧。至於生前所創造的人文價值世界，則留供後世子孫作繼承式發展。換言之，死亡之鉅變，將原本統合的生

〔註36〕項退結：《人之哲學》（中央文物，1982年），頁13。

命，分裂為二：自然生命化歸塵土，回歸本源。至於屍身的諸多裝飾與陪葬器物，說明人自始至終均與自然資源有密不可分的連鎖性，人與自然物有共存的和諧關係。〔註37〕社會生命部分，則將自己生前所創造的價值留傳給子孫，繼續參與價值界的成長；亦即社會生命可賴由不同的個體，而進行接續性的和諧發展。至於生者與死者之間，則經由無所不之的魂氣〔註38〕與子孫的齋戒、冥想，而造成精氣的感通、達到人神的和諧。此外，並由於喪居生活配合自然界週期循環，更能使人體驗人與自然界具有同體的律動性。

喪禮中表現人與鬼神之和諧關係的，則由開始的招魂復禮到為銘、設重與作主，均代表生者與死者神魂的相依而不忍分離，並由大小不下百計的饋奠之禮，表示人對鬼神的親敬之意。亦即表示古人的心中始終不與鬼神相隔，未曾與超越的世界切斷關係。

至於喪禮中表現人與人之間的和諧關係的，則從「親始死，水漿不入口，三日不舉火，故鄰里為之糜粥以飲食之。」〔註69〕開始，即已顯露人與人之間的關懷之意。由於死亡的不可逆轉性，死者與親友之間的和諧關係，亦因死亡的發生而造成重大的破壞。由於這個破壞非比尋常，因而要超越這層破壞、達到另一平衡，就需要長久的努力與緩慢的調適。從鄰里友人的參與幫忙，到親族戚朋的相互支持，以及長官僚屬的慰藉弔唁，在各界的實際關懷行為中，增進人際間的和諧感受。尤其是執引、執紼以助葬，不但展現生人之間的相互和諧性，也表現了生者與死者之間不曾割離的和諧關係。至於居喪期間，為幫助喪親者安全的渡過傷痛期，重返和諧的生活，因而極其注重「毀不滅性，不以死傷生也。喪不過三年，……告民有終也。」的節制原則，並配合居喪者的特殊情況，而有「傴者不袒，跛者不踊，老病不止酒肉。」〔註40〕等八種權宜措施。這都代表喪禮雖屬凶禮，然而凶禮之中，仍是隨處可見和諧性的更高訴求。

祭禮的進行，同時兼有三類和諧關係，而以人神的和諧為最高的和諧，由執事人員的事前籌備到祭禮的實際進行，均須有各類人員的和諧共事，並

〔註37〕原始洪荒時期，人與自然界存在著較強的對立性，然而在人類進一步曉解自然現象以後，逐漸知曉人與自然之區分，也知曉人對自然資源的倚賴，於是進入人與自然物共存共榮的和諧關係。

〔註38〕《小戴禮‧檀弓下》，頁195：骨肉歸復于土，命也。若魂氣則無不之也，無不之也。

〔註69〕《小戴禮‧問喪》，頁946。

〔註40〕《小戴禮‧喪服四制》，頁1033。

備妥各類祭物，而歸於與神明交的最終和諧。

　　為求祭禮之時，主祭者能圓滿的上交於神明，因而須於特定的場所——正寢；在特定的時間——祭前散齋七日，致齋三日；從事齋戒的活動——心不苟慮，手足不苟動，耳不聽樂，以求「防其邪物，訖其耆欲，專致精明之德」〔註41〕作為交於神明之準備。亦即藉由齋戒的工夫，將人從俗界漸次提昇到聖界的層次，進而以人之聖與神之靈作溝通之準備。

　　祭之日，則須夫婦親自共事，以備內外之官。舉凡水草之菹、陸產之醢、三牲之俎、八簋之美、昆蟲之異、草木之實，各種分屬陰陽之物，都為之備辦妥當。亦即凡天地間所生長之物，苟可得而薦獻者，皆盡獻於此。〔註42〕此即表明人、神與自然物之間均有密切之相關：人參贊天地之造化，使自然生物生長繁茂，祭祀之時，則以豐收之作物上祭鬼神，表達對天地化生之德的崇敬與感恩之意。

　　祭禮之中最能表達總體存在的和諧觀的，當屬郊祭與社祭。

　　基於「萬物本乎天，人本乎祖，此所以配上帝也。郊之祭也，大報本反始也。」之理，〔註43〕可知推極人之生命本源，即可由祖宗再上溯至天、帝，使生命獲得最後的始源。因而從神聖的祭天之禮，可對生命的浩浩長流作崇高的禮敬，並由尊祖后稷的配饗，而對有跡可尋的本（周）朝生命近源作特定的致禮。亦即由時間之回溯，可掌握人與鬼神的淵源關係，由源流的相通，建立人與鬼神的和諧關係。

　　至於社祭之禮，則為祭地之禮。由於地能承載萬物，供給人類生存所須的自然資源，又是人之骨肉所回歸之處，因此對於地母的禮敬，即是從存在的空間推源人與一切自然物的和諧共存關係。

　　和諧的最高點在於人神的感通。又由於音樂可通達宇宙的律動，為禮之無形本源，因此在典禮的進行中演奏合適的音樂，可由於節奏、旋律的效用，而將鬼神從彼界迎至此界，此即所謂「列其琴瑟管磬鍾鼓，修其祝嘏，以降上神與其先祖。」〔註44〕因此《周禮・春官・大司樂》頁三四二亦載有：

　　　　冬日，至於地上之圜丘奏之，若樂六變，則天神皆降，可得而禮矣。

〔註41〕《小戴禮・祭統》，頁832。
〔註42〕《小戴禮・問喪》，頁831。
〔註43〕《小戴禮・郊特牲》，頁500。
〔註44〕《小戴禮・禮運》，頁417。

夏日，至於澤中之方丘奏之，若樂八變，則地示皆出，可得而禮矣。

黃鍾爲宮，……於宗廟之中奏之，若樂九變，則人鬼可得而禮矣。

由於「樂」本於「氣」之流動，由於氣之無處不在、無孔不入，故由於氣之振動頻率不同，而產生不同的「樂」，而分別與天神、地示、人鬼取得溝通的管道，達到祭禮的目的。

喪、祭二禮之進行，由於人已死亡，因而將存在的和諧要求，由以偏重人際之間的和諧取向，轉而推擴生命的活動領域，加重人與物之間的和諧發展，並以人與鬼神的和諧感通爲最寬廣深刻的境界。如此，則能成就總體存在的和諧觀，使生命的視域可達於整體的宇宙觀層面。

第三節　以死教生的價值觀

往者已矣，來者可追。

一切生命——包括逝世的生命——都是十分珍貴、神聖無比，不可加以貶抑的。因爲逝去的事物，正如現在與將來的一樣獨特、一樣不可代替。逝去的一切之所以值得珍重，而不可貶抑，並不在於它是單一、獨特與不可代替的，且在於人能藉由對過去存在事實的回顧，發現過去生命的意義，更藉由對逝去的哀傷之接觸，悔悟過去生命的錯誤。因爲隨之而來的改變，可以都是奠基於對過去的悔悟，故而過去的一切實際上包含了珍貴的意義與價值。〔註45〕因此，懂得後悔是很重要的。〔註46〕因爲後悔代表意識對過去的反思，並在反思之中覺察過去的不完滿性，因而可以激發對可完滿性的悟求，且以通過行爲的改變而企求完滿性的達成。

因此，無論是對自己或對別人的過去的反省，或是對已逝生命之全部生命歷程的反思，都可以提供自己草創往後生命藍圖時作參考。由於死亡之必然性，於是在生與死兩臨界點之間畫定了顯性生命的範圍。〔註47〕由於生命有一定的

〔註45〕葉頌壽譯：《死亡的答案》，頁68～69。

〔註46〕懂得後悔和只知道後悔是不同的。只是後悔當然無濟於事，然而對於過去的錯誤，若不願反省、不知後悔，則錯誤只有愈陷愈深。因此，對於過去一切的反省，無論是採取不知後悔或只是後悔的態度都是於事無補的，唯有能懂得後悔，重作改變，才有可能超離後悔，才能從消極無助的深淵躍升至積極嶄新的層面。

〔註47〕生命有顯隱之分，是屬於生命的本質部分。至於生命的活動部份，則目前人類所能掌握，且可經由抉擇而改變的，還僅止於從生到死之間的階段。因此本文凡未稱隱性生命之處即指顯性生命，亦即一般所謂之生命。

範圍，因而已逝的生命實已渡過其完整的生命歷程，故而可從其成敗得失、哀榮毀譽的實際個案中，析取生命的教訓，達成以死教生的積極價值。

一、生命價值的建立須在社會文化的脈絡中達成

「情境」一詞用來指稱個人的、社會的、歷史的以及文化的因素和情況等的綜合體，而價值則只有在一種特定的情境中才存在並具有意義。價值是一種完形性質，〔註 48〕是綜合主觀與客觀的相互關係，並且只在具體的人類情境中才存在及具有意義。〔註 49〕由於人類懂得創造文化，然後才能和一般生物分離，成為萬物之靈。然而文化之泉源不是價值，而是生活的經驗之流，是人類在遭受環境的限制後，產生突進跳躍，於是才形成的生命活動內容。當文化的根基奠定後，哲學家們即在該文化的氛圍中，進行價值的估定。因此，文化為形成價值判斷的前因，價值判斷則為文化影響下的結果。〔註 50〕

所謂文化，就是人類生活各方面的表現。由於儒家重在現世關懷，因而儒者的一貫作風，即是以積極用世的態度，實踐人生的理想，而以死亡為一個人一生努力的最終靜息，此即所謂「望其壙，皋如也，填如也，鬲如也，此則知所息矣」之說。〔註 51〕人生就是一場無止境的奮鬥，須到最後的喪鐘敲響，才可卸下人生的承擔與責任，不可中途逃避，因而儒家特重人對社會文化的積極影響。由於個體存在的有限性與一次性，因此為安頓人的身心性命，解決人類的終極歸宿問題，故而儒家對生命價值的反思，以人倫為起點，而以人道的展現為歸宿。亦即不以人的生命為單純的自然事件，而是更屬於社會性事件，因此任何個體必須生活在群體族類中，在族類的「人道」生活方式下，展現人的生命價值。換言之，是個體的自然生命雖然有限，但精神生命卻可透過其畢生的德行功業而克服存在之有限性，將自我融入歷史文化的積累中，通過族類的延續性而使個體生命獲得不朽的意義。

追求永生與不巧，為人性的普遍欲求。人由於有後代子孫的延續，因而

〔註 48〕「完形」的特徵：是殊多的統一，是具體、真實的存在（亦即兼有形式與內容），其所組成之各部分具有整合與相互依存的關係，組成的各份子並非同質。
〔註 49〕黃藿譯、方迪啓（Risieri Frondiai）著：《價值是什麼——價值學導論》，頁 124 ～131。
〔註 50〕朱謙之：《文化哲學》（北京：商務，1990 年），頁 12。
〔註 51〕《荀子・大略》，頁 802。

若欲在生物學上達成自然生命不朽的意義，以至於精神生命之不朽，則除了由後人的繼承祖業，以使先祖的遺志發揚光大，而達到先人精神生命的間接不朽外；更直接、積極的不朽方式，則是要求自我在生前能達到「太上有立德，其次有立功，其次有立言。」〔註52〕的層次，亦即以自身的積極作為而達成精神不朽的欲求。

所謂立德、立功、立言，即是指人在死後，其道德、事功、言論仍能流傳於世上，對後人造成影響，則即使個體生命不復存在，然其德慧事業卻依然留在後人心中，活在他人的心裡。亦即是人的生命因為反映在別人的心裡而有價值可言。〔註53〕換言之，價值須在情境中顯現，處在真空之中是無價值問題的。因此誰的所作所為能在更寬更廣的情境中顯現其影響力，誰所凸顯的價值就愈高。易言之，將小我的生命融入人群世道中，便獲得不朽。其中機括，則全在人心之互相照映，互相反應。〔註54〕至於所謂世道人心的作用，即是社會文化氛圍下的集體意識與潛意識的綜合反射，也即是價值判斷所依據的標準所在。

孔子繼承人生在於追求三不朽的思想，認為個人須存在於社會群體之中，因此抱定「鳥獸不可與同群，吾非斯人之徒與，而誰與？」〔註55〕的處世態度，認定社會群體的價值是崇高的，於是提出「承禮啟仁」的主張，以維護社會群體的和諧安定，並進而開展源源不絕的生機。春秋時期，雖已禮壞樂崩，然而孔子深切體認「禮」是維護社會群體和諧的安定力量，因而極力主張恢復日漸危墜的禮教，建立安定社會秩序的規範制度。然後再進而開啟「仁道」，啟悟人心的自我覺醒，以「仁」為維護社會群體和諧的情感環節，要求人應在內心情感方面要求「仁以為己任」，〔註56〕外在行為規範則要求「克己復禮」，〔註57〕並以「修己」為自我道德的完善修養，而以「安人」〔註58〕為實現群體價值，的目標。在既強調群體價值又不失尊重個體價值〔註59〕的原則下，建立「朝聞

〔註52〕《左傳・襄公二十四年》，頁609。
〔註53〕錢穆：《靈魂與心》，頁9。
〔註54〕錢穆：《靈魂與心》，頁11。
〔註55〕《論語・微子》，頁165。
〔註56〕《論語・泰伯》，頁71。
〔註57〕《論語・顏淵》，頁106。
〔註58〕《論語・憲問》，頁131。
〔註59〕《論語・子罕》，頁81：三軍可奪帥也，匹夫不可奪志也。

道，夕死可矣！」〔註60〕的對生命價值之最高信念。一個人能聞道、行道，即能掌握世道人心，體現社會群體價值，因而即使雖死，亦可以體現其道德價值，而免於「君子疾沒世而名不稱」〔註61〕之慮。

孟子則繼承孔子之觀念而有所發展。主張推行仁政，並求能兼善天下。即以社會群體價值為重，並常懷不知自己能否因行仁義而導致人群之和，且獲得生命之不朽而憂慮。因此《孟子‧離婁下》頁一五三云：

> 君子有終身之憂，無一朝之患也。乃若所憂則有之：舜人也，我亦
> 人也，舜為法天下，可傳後世，我由未免為鄉人也，是則可憂也。

舜能行仁，導致人倫之和，因而能為法於天下，且傳諸於後世，使生命獲得最高價值。因此君子之憂，即是對於自己之能否不朽而憂。

孟子在主張「為群」之時，也主張「貴己」。注重培養個人至大至剛的浩然之氣，成為「居天下之廣居，立天下之正位，行天下之大道。得志，與民由之；不得志，獨行其道」〔註62〕之「大丈夫」。

荀子則繼孔、孟之後，更充分發揮生命價值於群體社會中之意義。

人由於能群，能組成社會，於是能高於其他生物之存在。由於要合組社會，故須以義畫分等級。

《荀子‧王制》頁三二五～三二六云：

> 故義以分則和，和則一，一則多力，多力則彊，彊則勝物。…故人
> 生不能無群。群而無分則爭，爭則亂，亂則離，離則弱，弱則不能
> 勝物。…君者，善群也。群道當，則萬物皆得其宜，六畜皆得其長，
> 群生皆得其命。

《荀子‧榮辱》頁一九七～一九八更進而指出：

> 故先王案為之制禮義以分之，使有貴賤之等，長幼之差，知愚、能
> 不能之分，皆使人載其事而各得其宜，然後使慤祿多少厚薄之稱，
> 是夫群居和一之道也。

可見，荀子高度肯定群體的力量。人由於能組成群體，因而能發揮各自的能力，創造生命的價值。由於「群居」，故須求「一」；由於群居中的每個個體均有其獨立性與差異性，故只能求「和」。因此，「群居和一」的特徵即是：

〔註60〕《論語‧里仁》，頁37。
〔註61〕《論語‧衛靈公》，頁140。
〔註62〕《孟子‧滕文公下》，頁108。

在強調群體價值的前提下，也肯定並重視個體之價值。〔註63〕

《禮記》為孔子沒後，七十子之徒所共錄，著作時代則由戰國延至漢初，所載內容則兼夾夏商周秦之事而有之，因此在思想上較為駁雜，然而因其駁雜、缺乏揀擇統貫，而相對的提高其對各代文化的保存之功。故而《禮記》中隱然可見孔子欲求恢復周代禮制的心意，孟子為群與兼善天下的主張，尤其是荀子注重禮分、群別的思想更與《禮記》的核心思想相吻合。

《禮記》的內容龐雜，但從總體來看，其思想不單是先秦儒家各派思想的簡單重複，而且也包含了對漢代歷史條件、文化現象的特徵反映。〔註64〕故《小戴禮・大傳》頁六一七云：

> 立權度量，考文章，改正朔，易服色，殊徽號，異器械，別衣服，
>
> 此其所得與民變革者也。其不可得變革者則有矣。親親也、尊尊也、
>
> 長長也，男女有別。此其不可得與民變革者也。

在漢初政治要求統一的情況下，親親、尊尊、長長，男女有別的宗法思想，是漢初儒家論述的共同主題。由於時代的需求，《禮記》中亦包含有適於統治者採納的政治哲學與倫理哲學。

由於封建思想的強化，因此對於政治與倫理的講求，更要求階階有序，層層有理，在階層分位有定的理序中，服膺於更高階級之期許，以求社會達到秩伍不亂的穩定性。此外，也由於封建組織的網路，使得每個人均非僅是單一的個體，而是有其隸屬的更大群體、更高團體，因而一個人的價值就在不同的群體中，分別具有不同的含義。人，非單向度的存在，因而人的生命價值亦非僅止於單向度的價值。人，以生物層級為生命的起點，而以社會層級的知性、覺性之開展為生命的多向度、高廣度目標發展。

二、生命禮儀中以死教生的價值觀念

梁啟超曾說：歷史現象只是「一趟過」，自古及今，從沒有同鑄一型的史跡。因為史跡是人類自由意志的反影；而各人自由意志之內容，絕對不會從同。故而史家的工作，和自然科學家正相反，專務求「不共同」。〔註65〕

如果歷史現象真的只是「一趟過」，史家的工作只是專務求「不共同」，

〔註63〕趙馥潔：《中國傳統哲學價值論》（陝西：人民，1990年），頁384。

〔註64〕任繼愈：《中國哲學發展史・秦漢》，頁164。

〔註65〕朱謙之：《文化哲學・序》，頁6，引梁任公所言。

那麼，史家不必要存在。因為他們記載的只是「過去的」、「不再發生的」、「個別的殊相」，既無律則可言，又與現在生活無關，則歷史又有何價值可言？的確，每一個歷史事件的發生，都有其不可比擬的特殊性，然而這只是其中的一面性。歷史之所以可貴，可供後人作為借鏡，就在於歷史雖已成為過去，而且人類的自由意志也儘管會有所不同，然而在諸多「殊相」之中，卻永有「共相」存在。這種「不變的共相」才是人類文化進展的最大動力，才是歷史對人類的價值。亦即是人必須同時了悟時間之重要性及不重要性，才是進入智慧之門。〔註 66〕了悟時間之重要性，即是掌握歷史的殊相性，明瞭在何種特殊條件下會發生何種狀況；了解時間之不重要性，即是掌握歷史的共相性，明瞭萬變不離其宗的規律法則。能同時理解歷史的雙重性，才能增強自我的主體性，也懂得尊重所有客體的存在，能役物卻不為物所役。簡而言之，歷史要有價值，即是基於以「死」（過去的歷史）可以教「生」（現在）的信念，唯有「以死教生」能建立價值義，人類的生活始不致於永遠處於原始洪荒之中，更不只是存在於盲目的偶然性律則之下。

冠禮之中，能展現以死教生的價值義的，當屬冠者於冠禮後以摯見於鄉大夫、鄉先生、聽取長輩們的經驗與訓勉，而獲得歷史教育的價值。有智慧的人總是會從歷史中析取教訓，而愚笨的人卻總是天真的認為歷史絕不會重演。因而能否虛心的接受歷史的「教導」，是關係日後成敗的重要因素。欒武子以趙朔華而不實，故訓勉趙武做事須求務實，亦即以評述前人的行事，作為教導後人奮勉的指標。荀罃則期望趙武能多自勉，能時刻以擁有趙盾之忠貞與趙衰之文采自我期許，念茲在茲，自然能樹立自我型塑的標竿，更能珍視先人遺留的德業與榮耀，更進而能激發承先啟後的歷史承擔與自我負重的責任感，這就是真正的歷史教育。透過以死教生的方式，使前人的功過得失，榮辱毀譽皆成為真實的歷史教材，並從後人所加之於歷史的評斷，分析其中成敗的因素，供作自我模仿或戒棄的對象，這就是以死教生的價值。

婚禮為人生中之大事，是繁衍後代的契機，因此偏重於生之喜悅，僅以婚禮不賀暗喻父母年華已老之隱憂，所以典禮中以死教生之觀念隱而不明。

最能凸顯以死教生的價值觀的，則在於喪、祭二禮。

每一套喪祭禮儀的背後，都有其各自的信仰系統，其所使用的「象徵」

〔註66〕孫智燊譯，方東美著：《中國哲學之精神及其發展上》（成均，1984 年），頁48。

與「符號」也都有具體的歷史文化背景，帶著一定時代的烙印。因爲宗教信仰基本上是社會制度與政治體系的一種反映，〔註67〕因此《禮記》中喪、祭二禮所凸顯的死後世界即是地上世界的模本。這種死後世界爲地上世界的模寫，在盤庚遷都時即已顯露端倪。

《尚書·盤庚中》頁一三二云：

> 古我先后，既勞乃祖乃父，汝共作我畜民。汝有戕則在乃心，我先
> 后綏乃祖乃父：乃祖乃父，乃斷棄汝，不救乃死。茲予有亂政同位，
> 具乃貝玉。乃祖乃父，丕乃告我高后曰：「作丕刑于朕孫。」迪高后
> 丕乃崇降弗祥。

在商人的觀念中，祖先是死而不絕的。祖先的靈魂在形體死後，仍然保持生前所具有的地位、權威、感受與各種享樂欲望。不僅如此，他們在形體死後尚獲得一種神祕的能力，可以福佑或懲戒子孫。〔註68〕基於這種信仰，殷人充分表現神權政治的特色，先鬼而後禮。周代之後，雖然神道思想漸衰，人道思想漸興，漸能區分人神之別與天人之際，注重人的能動性，轉而加強以人的情感因素解釋喪祭禮制設立的意義，而不再以祈禱福佑、避免懲戒爲祭祀之目的，然而在「神道設教」的前提下，對死後世界的信仰是不曾動搖的。

「神道」之所以能成立制度，廣爲實施，政府尚且設立大宰、大宗、大史、大祝、大士、大卜之職司，〔註69〕分掌祭祀事宜，以達到教化世人爲目的，則代表這種制度所涵括的思想已能把握當時人的集體潛意識，在群體社會文化的氛圍下，以相同的信仰與共識，從事各種禮儀活動，達到穩定民心，建立規範之目的。當人們漸能掌握自然現象的變化，人的主體性也相對的擡高，知識分子們於是對死後世界的現象重作評估，知道對於死後世界的信仰，雖然無法實證，但也無法否證。因爲這種信仰可以不是基於盲目的鬼神崇拜，也不基於鬼神作祟的恐懼心態，而是在理性上所作的合理化解釋，〔註70〕更是感性上無可迴避的最後歸宿。〔註71〕

〔註67〕 王國維：《觀堂集林》卷一，頁 466～467。

〔註68〕 董作賓：〈中國古代文化的認識〉《大陸雜誌》第三卷十二期、1951 年 10 月。

〔註69〕 見《周禮》各類職掌。

〔註70〕 生命的奧秘，至今尚無法作最完滿的解釋。然而對於這種人類最切身的問題，則是古今中外學者所關注的，因而各學者也紛紛提出各種解釋。這些對於死後世界的設定及其活動的方式，均是各學者視以爲然的合理化解釋，至於其是否合理，則須將其思想置於當時情境之下而論。

〔註71〕 既已存在，即不忍其歸於虛無，因而認爲人死後必是歸於另一世界，而且繼

在《禮記》所處的社會制度和政治體系下，對死後世界的描摩即是此岸世界的翻版。因此，禮制的設計，從招魂開始，即有明確的禮數異等之現象，配合死者生前所屬的社會階級，生者為死者作各種妥貼的準備。亦即是經由情感的投射，信仰人於肉體歸於塵土之後，仍能保有原有的地位、威權，一個家族的人仍能與其先前的祖先共同組成一個群體，彼此並無隔離與分界。因此從貼身的衣物、陪葬的配備、棺槨的重數、墓穴兆域的設置，舉凡死者所擁有的，均與其生前的身分相對應。

生者在親人遭遇死亡對個體生命的最大破壞後，自身更是面臨與死者平日和諧關係的最大割離，而處於情感的傷痛期，因而須藉由每一道細瑣的儀節，重新彌縫出與現世世界相類的彼岸世界，以取得心靈上的安頓。同時更以彼岸世界的階層分明、和諧穩定，啟示生者：生與死並非不相容的對立衝突，而是生命的陰陽兩面。生命在遭受死亡的大破壞後，死後仍可有另一狀態的大和諧呈現。由於具有此一信仰，故而可消除人對死亡的恐懼，同時也可取得對未來的歸屬感。亦即是由於死後有著落，因此，今生可以更專心致力的從事各種努力。尤其是族墓的設置、兆域的區分，更是對生者顯示死後有和諧安寧的一面，死後並不寂寞，仍可按其原屬階層繼續與同僚親友共渡另一階段的生活。由於生者的心靈獲得慰藉，因此能生活於希望與信仰之中，心情平靜，生命具有指標，更能甘於辛勤的耕耘，發揮潛藏的能力，創造生命的價值。

「兵者不入兆域」更是以死教生的最適切說明。代表社會意識對「不義之罪」的永遠隔離與排斥。除卻消極的隔離與排斥之外，其積極的目的則在教導生者於有生之年須戰戰兢兢，隨時保持臨淵履薄的心境，以防節守之不保，而陷先人於恥辱，並且徒貽後人於愧羞，因此古代更有於人死後加謚的禮法。謚號之命取，其目的則在維護與促進一個團體的尊嚴和福祉。為避免氏族遭遇墜入滅族亡氏的厄運，無論公室、私家都必須勸善懲惡，因此縱然是族長、王侯，倘若其為害整體，仍屬於惡類，仍須於死後加以批判，以誡後世。〔註72〕因此由謚號之美惡，即代表永遠的褒貶，具有以死教生的永恒價值。

續延續今生的各種關係。

〔註72〕《小戴禮・檀弓上》，頁 136：幼名，冠字，五十以伯仲，死謚，周道也。潘英：《中國上古史新探》，頁 526～527：封建、宗法制度的確立以及人文運動的勃興，提供了謚法成長的環境。周的謚法成立於孝王、夷王之時，謚號的決定權在氏族會議，諸侯、大夫的謚，依禮法必須經過請謚和賜謚的程序。

　　在封建體制下，社會群體對個人的約束力極強，因而對個人角色的規範也要求嚴明，一切行爲要求中規中矩。由於要保證行爲的中規中矩，就產生人與人之間的各種儀式行爲，連帶的，人與神的關係也以更複雜的儀式來表達。在這種社會觀念下，人對超越界的看法是有秩序的，具規範性的，認爲神的存在是促使宇宙合理運行的力量，並且由於其善惡分明、賞罰有據，故而可使人際間的往來和諧有序。天神系統中更有層層複核的組織，以監視世間，作爲最後審決的依據。人處於這種層級繁複，且具有積極規範作用，最後定於一尊的天神系統之下，因而建立起欲達到幸福生活的最高依據，就是砥礪道德的信念。〔註73〕故而由祖宗配食天神之崇祀，在類比原則下，可因爲對天神之仰敬，而增加對祖宗功德慧業之欽崇；由加強對道德屬性的追求，而達到樹立生者正確的生命價值取向。甚且由對「法施於民」、「以死勤事」、「以勞定國」、「能禦大菑」與「能捍大患」者〔註74〕的祭祀，更可以顯示個人的生命價值必須置於社會整體文化中考量。苟能如此，則雖有限的個體生命不復存在於世間，然而其德業卻永遠存活於世人之心中。亦即是個體在突破自身的限制後，即可邁向更高的社會層級，而當其掌握天地之「心」與「德」時，生命即可由有限而歸於無限，成爲精神意識之高廣度存有，而與宇宙共存在。

〔註73〕李亦園：《文化的圖象（下）──宗教與族群的文化觀察》（允晨，1992年），頁18～24。
〔註74〕《小戴禮·祭法》，頁802。

第七章 結 語

第一節 本論文的回顧

　　本文是藉由現象學的方法，對預定的主題——古代（以《禮記》爲中心）生命禮儀中的生死觀——而作描述的研究。由於現象學必須是描述的，並且描述現象的途徑必須經由直接意識，因此，現象學上的「眞」，即是指描述能準確的回歸事物本身。由於現實世界的一切存在物（包括有形的事物或無形的思想、感覺等）都是一種「現象」，現象學即是欲以回歸事物的特別方式去檢視與描述一切客體，使之顯示爲現象，並且在不預作各種假設下，只是使現象如實的展現，然後再加以仔細檢視一切現象，直到這些現象被詳細闡釋與描述，而不落入簡單的化約主義爲止。然而這其中的問題關鍵則在於何謂眞正「回歸事物的現象」，如何才是「被詳細闡釋與描述」，因此，現象學的方法無疑的具有方法論與認識論的循環論述傾向。不過現象學的這種循環論述傾向，並不礙於它是一種學術研究的重要方法，因爲本質不離現象，是各類事物不變的律則。由於現象學只能藉著應用於自身而逐步發展，因而須避免將現象學家的稱述視爲完善的解析——這是現象學家努力的目標與殷切的期待，但非目前現象學已達到的成果。〔註1〕

　　由於現象學的特色在於要求對現象背後之本質作最完善的解析，雖然目前尚無法達到此預期的效果，不過這又未必是現象學的一項不可彌補的缺憾。因爲能認清現象學本身的限制，即可保障自我不陷入獨斷論的傾向，而

〔註1〕傅佩榮編著：《現代哲學述評（一）》（東大，1986年），頁1～40。

能保持廣闊的心胸，認真追尋每個現象背後可能的潛在本質，並且由於自我能認知所描述的現象尚非最完善的解析，因而可容許不斷的補充與修正，以期達到對最後本體的掌握。雖然事物的最後本體無法認知（此也即是現象學家的稱述並非已是完善的解析之因），然而為求認知本體，由現象的闡釋與解析入手卻是不二法門，因此誰能對任何一存在的現象作更周延、詳盡的析釋，誰就愈能「趨近」本體的真象。故而本文對現象的透視，期望能掌握黑格爾（Hegel）所說的「凡合理的皆是實在的，凡實在皆是合理的。」原則，尋求愈多的「合理的」因素，以趨向「更完善的解析」為目的。

基於對現象學的認定，認為從現象出發是達成對本體之掌握的重要途徑，因此藉由一個人生命歷程中實際參與的各項禮儀活動，而掌握古人對生命的期許與生死的觀念。因此本文的論述程序，即是依照人的生命歷程，按冠、昏、喪、祭的先後順次加以陳述。對於每一生命禮儀的描述，本諸先「儀」後「禮」的原則，並於每一「儀」或「禮」之後，加以詳盡的闡釋其隱藏之「義」，因而行文之時不免有冗長、反覆之處，但總以達成對本質的合理掌握與解釋，為本文論述的優先考量。當然，本文所提出的「生死觀」絕非完善的解析，但是本於學術為公器的原則，在「商量古學以開發新知」〔註2〕的理念下，依循現象學的方法，承認現象學的限制，嘗試提出古禮背後的生死觀念。期望能從非完善的解析中，激盪出更完善的生死觀念，以便更趨近古人對生命本質的掌握。

至於對禮儀現象的闡釋、解析，由於要求能達到詳盡、透徹，因此多有借用現代各相關學科知識加以詮釋者，因為，古代雖無心理學、人類學、生物學、社會學……諸現代學科之名稱與其特定之內容，然而人類的文化活動卻早已擁有各學科的實質內容。因此，利用現代的相關學識加以解析古代的現象，只是以此學識為工具，並以現代人能接受、理解的語言模式，對古禮加以詮釋，幫助現代人重回生命的原點，追溯生命的本源。因此，以現代知識輔助解析古禮的儀義，雖然未必是最適切的詮釋法，然而欲使現代人明瞭古禮的現象，此法卻不失為可理解的途徑之一，因此本文敢於作此嘗試。至於本文所作的闡釋能否與該現象取得相應，是否合於當時的社會文化脈絡，則是本文更為關心的重點。因此文中闡釋的內容與現象的相關性多少，合理程度如何，才更是有待評估考量的。

〔註2〕王祥齡：《中國古代崇祖敬天思想》中高懷民之序。

　　由於要配合禮儀活動內容的多寡與陳述的完整性，所以每章每節的份量並不一致，實有章節比重不一的現象。然而由此現象，與孔子之言「未知生，焉知死？」〔註3〕相對照，卻可發現制禮者對死亡問題的關注。因此在《儀禮》的篇幅中，言喪禮的部分，十七篇之中即占有四篇，〔註4〕言祭禮的部分也占有三篇；〔註5〕亦即《儀禮》中有關死亡之禮為各禮之冠，可見儒家對死亡問題之重視。《小戴禮》中討論喪、祭之事的篇章亦占全書三分之一以上，〔註6〕可見要明瞭儒家對生命的態度，更須注意「未知死，焉知生？」的相對層面。亦即是通過對死亡問題的關注，從實際處理死亡事件的儀節，而達到反觀生命生存的意義。由於關係死亡問題的最切實部分就是喪禮的儀節，因而本文在討論生死觀時，喪禮的分量位居四禮之首，而且幾占四類禮儀的一半，其因即在此。這種內容比例的缺失，實又緣於本文所採的現象呈顯之方法所生的限制。

第二節　由古禮中的生死觀反思現代人的生死觀

　　研究古禮的目的，不在於開歷史的倒車，而在於探求古禮的教化精神；描述禮數的差異，不在於加強階層的對立性，而在於知曉階層的區分具有穩定社會秩序的作用。秩序，是達到和諧的前提；和諧，是社會安定的先聲；安定，則是生命發展的保障。因此，除非人能否認他是社會的生物，否則人自始至終即須受到社會的制約、規範的限定。因為，人是一種特殊的生物，當其不可屈從的群體本能發動後，人已注定要生生世世屬於社會而存在，無法脫離社會而獨存。古代如此，現代亦然。

　　《禮記》中的體制，即是極為注重群體組織的社會結構。因此，生命禮儀的設計，絕非僅止於為單一的個人而設計，而是具有整合群體的作用。因為儀式的作用，總以達到平衡寧靜、普遍和諧為目的。故而從其禮儀中型塑而出的「死而不絕的生命觀」、「總體存在的和諧觀」與「以死教生的價值觀」，即是以個體生命為基礎，不以個體生命為限制的大的、群體的、社會生命觀，使一個人的存在不但是本根鞏固，而且是枝幹挺立、枝葉茂密，可生長繁殖，並且擁有族群、聚落的生命網路。因此生活在生命網路之中，可以體會生死

〔註3〕　《論語・先進》，頁97。
〔註4〕　〈喪服〉、〈士喪禮〉、〈既夕禮〉、〈士虞禮〉四篇。
〔註5〕　〈特牲饋食禮〉、〈少牢饋食禮〉、〈有司徹〉三篇。
〔註6〕　周師一田：〈禮記導讀〉（收於《國學導讀叢編》），頁195～199。

並非截然的對立與衝突，並且在群體的相互慰藉關懷下，可以超脫死亡的強力破壞性，重整生命於更高層級的和諧性。

然而，現代人的生活環境與生活意識卻多與《禮記》的時代相異。當人類在脫離鬼神與自然的盲目控制後，即積極開展科技文明，謀求物質資源的豐隆，轉而追求個體意識的伸展。這種改變本無可厚非，然而這種自我意識高度伸張的結果，卻造成有我無神、有我無物、有我無人的自我孤立現象，無視於人與家庭的血脈相連性，更無視於人與社會的相互依存性，斬斷根源的結果，則是徒然暴露人類存在的危機。由於標榜人是自由的、是自己生命的主人，在「只要我願意，有何不可以？」的謬誤前提下，認定道德只是個人當下快樂的感覺，而不必理會他人的感受，更無須對社會負責，只要活得不厭煩，隨時可以以其自由之手剪斷生命的線路。因此，為情為慾可以死，為財為利可以死，為一點芝麻小事也可以死，視生命僅為個人私有的財產，隨時可以拋棄，不知道珍愛自己的生命，更不懂得體貼親友的感情，外則任性縱情，內則空虛落寞，感覺價值疏離。在內外交逼的情況下，產生病態的生死觀念，使個人的生命充滿危機，也造成社會價值意識的混淆與動盪，影響社會的和諧與穩定。

人一旦養成「活著，是與社會、人群疏離；死亡，則一切都歸於虛無而不存在。」的意識型態，則人雖存而實已若亡，生命既無意義，更無價值。活著而製造社會遺憾，又豈是生命的目的？這種由於價值疏離而導致的生死觀念扭曲，影響所及，即是人心的不安與社會的亂離。因此，如何扭轉危墜的道德，重建社會的秩序，安頓生命的重心，應是大家關切的課題。

要建立適合人類身心發展、安定社會秩序的生死觀念，古禮中所凸顯的三大觀念，仍可大體適用。亦即只須在實際內容中，更動因社會文化變遷所造成的差異，即可重構現代人的生死觀。

首先，在「死而不絕的生命觀」中，可增加因器官移植、遺愛人間的實際餽贈，而達到死而不絕的意義。亦即不朽的意義，將因贈予他人器官而使他人延長生命，因而相對的提高器官捐贈者的不朽價值。在「總體存在的和諧觀」中，則應多注意人與自然界的和諧關係，因為人從自然界走出來，並且須依賴自然界而生活，因此更須注意自然生態環境的平衡、注意環境保護，曉得愛護大自然就是為人類保存生機，製造污染源，就是為人類挖掘墳墓，因而時刻警惕自己，勿為人類之罪人。在「以死教生的價值觀」中，則須更

加強道德行為的實踐。價值的評斷誠然不易，然而在真、善、美的人生境界追求中，三者比較之下，無疑的應以對道德善的追求為較具普遍性，也更具有客觀性，因為它關係整個人際間的和諧發展，也是穩定社會民心的重要磐石。尤其是在道德淪喪的現代社會中，更須加強對前人的道德論斷，從實際的品評中，重塑適合這時代社會的道德行為以供現代人取法。從消極的避免觸犯社會規範開始，到不自覺的實踐規範道德為止，建立起穩固的俗世道德基礎，然後等而上之者，才能更據而提昇至超越的層次。目前的社會極需要的即是平實的道德行為，而非蹈空的道德理念，雖然這難免會遭世俗之譏與庸俗之議，然而它卻是達到超昇的必經歷程。

為保障社會的繼續發展性，並配合人類嚮往和諧的共通性，將死亡視為結算一個人生命歷程中功過得失的機會，仍是現代人應建立的較健康合理的死亡觀。藉由這種對道德的總評估，可以砥礪生者致力於道德行為的實踐，並促進社會的和諧性，更算是「以死教生」的最適切價值。

第三節　本論文的前瞻

無論是原始社會或是最文明的社會，沒有那一種生命可以完全避開宗教。因為宗教能超越一切區別與差異，涵括所有的對立，具有統合對立物的力量，是生命之整體價值所在。〔註7〕因此，對生命的終極關懷，自然就是宗教所關心的核心問題。故而本文在探討古禮中的生命觀時，即不可避免的要進入人類的心靈深處，發掘潛在的意識型態，接觸深沈的宗教情操，因而同意：信仰絕非只是當下的感受或情感。信仰，是一種覺悟，覺悟生命的全部經驗具有一種超越的向度；信仰，又是一種肯定，肯定在明顯的現象之下有一更深刻的實在界。〔註8〕由於這種信仰，可以刺激自我對生命作更深入的思考；由於更深入的思考，又可以幫助自我更認清自身存在的情境；由於更認清所處的情境，才可以促使自我選擇更完美的生命方式。因而繼生死觀的探究之後，擬擴延至「古禮中的宗教思想」之鑽研，希望能從全面性的宗教思想探討，更深切的掌握天與人的親密關係。

要瞭解一個國家和民族的社會、歷史、文化和心理特性，卻不明瞭其宗教

〔註7〕 傅佩榮譯：《人的宗教向度》，頁15～16。
〔註8〕 傅佩榮編著：《現代哲學述評（一）》，頁156。

傳統，終不過是隔岸觀花，難盡其妙。〔註9〕尤其是在講求宗法思想的時期，宗教活動更是當時生活的重心。爲了論證宗法思想的合理性，於是《禮記》一方面重整春秋戰國以來受到破壞的傳統天神崇拜和祖先崇拜等祭儀，組成一完整的祭祀系統，爲宗法思想提供神學的依據，另一方面，則廣爲吸收春秋戰國以來哲學思想的成果，從天道人情的角度對天神崇拜和祖先崇拜作理性的解釋，爲宗法思想提供邏輯的依據。〔註10〕因此，在《禮記》的思想系統裡，交織著宗教與哲學並立的複雜圖景，也顯現出天人不相隔的原始親和關係。

「合鬼與神，教之至也。」〔註11〕這種假神道以設教的思想，是《禮記》中宗教和哲學思想的軸心。「神道設教」之詞，則源於「觀天之神道，而四時不忒。聖人以神道設教，而天下服矣。」〔註12〕之記載。有關「神道設教」問題的關鍵，即在於：聖人與天之神道二者之間的相關性如何？聖人如何掌握神道？如何設教？聖人所設的「教」與天之神道有何必然相關？聖人依天之神道而設之「教」何以能行於天下，且爲天下所服？此二者之間的必然關係如何確立？諸如此類的問題，關係整個古代社會的政治、宗教、文化各層面，表現於當時人類的生活現象之中，鎔鑄於古人的生活意識之內。因此，要想透徹的瞭解古代文化的眞象，即須從當時次數頻繁的各種祭祀禮儀著手。〔註13〕能把握當時的宗教思想，即能明瞭當時的人類文化眞象。因爲宗教從一開始就是人類的團體行爲，是一種社會的組織型態。〔註14〕

孔子以能明瞭禘祭之道理者，即可以知曉治理天下之道，〔註15〕即是上承《易》「神道設教」的思想，將政治、宗教、文化三者鎔於一爐。這種神道設教的思想，實質上是對殷周時期傳統宗教的一種繼承和改造，〔註16〕是哲學與宗教相互協調的結果。禘祭爲天子行使的最高祭天之禮，然而天子何以能獨掌此祭天之權？天子與天如何聯繫？古之天子與大卜、大祝、大巫之間的關係如何？神靈與人之間如何產生神祕的契合？天人合一的思想如何產

〔註9〕　呂大吉主編：《宗教學通論》（中國社會科學，1990年），頁3。

〔註10〕　任繼愈主編：《中國哲學發展史・秦漢》，頁196。

〔註11〕　《小戴禮・祭義》，頁813。

〔註12〕　《易・觀卦・象傳》，頁60。

〔註13〕　國之大事在祀與戎。

〔註14〕　卓新平：《宗教與文化》（人民，1988年），頁35～36。

〔註15〕　《論語・八佾》，頁27、28：或問禘之說。子曰：「不知也。知其說者之於天下也，其如示諸斯乎！」指其掌。

〔註16〕　任繼愈主編：《中國哲學發展史・秦漢》，頁220。

生？這些問題也均有待於進一步的思索。

　　天道範疇的提出，其主要目的在於對天神崇拜作合理的哲學解釋；人情範疇的呈現，其重要企圖則在於對宗法制度尋求合情的人性說明。其中的問題，則在於天道的範疇與天神系統的相關如何？天地、鬼神之間的關係如何？人情的本然與制度的建立，這二者之間有何關聯？天道與人情之間如何聯繫？天人交感有何可能性與必然性？禮與樂如何與天道人情作緊密的聯繫？這些問題雖於本文中略有提及，然而並未深入，因此仍有待於作更深刻的、統貫性的探討，如此才能真切掌握人於宇宙中的地位，明瞭人情何以本於天道，又何以須用天道來治理人情；何以須順民之性，又何以須節人之情；何以須用理智節制情感，又何以須用情感充實理智。凡此問題，均可經由當時的各種禮儀活動，而探討其根源性的宗教思想，並由其堅定的信仰，照見完美生命的藍圖；情感雖然重要，但仍須通過禮的外在規範加以節制，因為人須有高度的義務感去履行宗法倫理。〔註17〕

　　從對當時宗教思想的探討，可以達到人與宇宙整體交融的和諧感受，對生命產生全面統合的力量，可以使人明瞭人是具有主觀內在的個體，但是群體的意識又是人類價值、意義與存在的根基。誠如法蘭克（Frank. Erick）所說：人類不是受性慾、侵略性或補償作用所推動，而是為意義之追尋所推動。〔註18〕故而光是感覺快樂是膚淺的，獲得幸福也還不是深邃的；因為，人還有責任！這種對人生的責任感，就是生命意義之追尋；而健康的宗教思想，就是統整生命意義的指標。

〔註17〕任繼愈主編：《中國哲學發展史‧秦漢》，頁 217。
〔註18〕葉頌壽譯：《死亡的答案》，頁 32。

徵引及主要參考書目資料

一、古代典籍與今人中文專書

1. 《人之哲學》，項退結，中央文物，1982 年。
2. 《人文精神之重建》，唐君毅，學生，1988 年。
3. 《人生之體驗續編》，唐君毅，人生，1961 年。
4. 《人生哲學》，鄔昆如，五南，1989 年。
5. 《人格心理學及人格之培育》，余昭，三民，1989 年。
6. 《人類行為與社會環境》，沙依仁，五南，1983 年。
7. 《三禮圖》，聶崇義，通志堂經解本，漢京，不載。
8. 《三禮論文集》，黎明，1982 年。
9. 《上村嶺虢國墓》，北京科學出版社，1959 年。
10. 《大戴禮記》，戴德，四部叢刊本正編，商務，1979 年。
11. 《大戴禮記今註今譯》，高師仲華，商務，1981 年。
12. 《中西哲學思想中的天道與上帝》，李杜，聯經，1991 年。
13. 《中國人文精神之發展》，唐君毅，學生，1988 年。
14. 《中國人性論史・先秦篇》，徐復觀，商務，1988 年。
15. 《中國上古史新探》，潘英，明文，1985 年。
16. 《中國文化之精神價值》，唐君毅，正中，1991 年。
17. 《中國古代心理學思想研究》，潘菽、高覺敷主編，江西：人民，1983 年。
18. 《中國古代宗教初探》，朱天順，谷風，1986 年。

19. 《中國古代社會史》（一）（二），李宗侗，中華文化，1954年。

20. 《中國古代崇祖敬天思想》，王祥齡，學生，1992年。

21. 《中國宗教倫理與現代化》，黃紹倫編，商務，1992年。

22. 《中國宗教與西方神學》，孔漢思、秦家懿，聯經，1989年。

23. 《中國青銅時代》，張光直，聯經，1987年。

24. 《中國封建家禮》，李曉東，文津，1989年。

25. 《中國思想史論集》，徐復觀，學生，1975年。

26. 《中國思想傳統的現代詮釋》，余英時，聯經，1987年。

27. 《中國風俗史》，張亮采編，商務，1984年。

28. 《中國哲學大綱》，張岱年，藍燈，1992年。

29. 《中國哲學之精神及其發展》（上），方東美著，孫智燊譯，成均，1984年。

30. 《中國哲學史》（二），勞思光，三民，1981年。

31. 《中國哲學史》，馮友蘭，不載，不載。

32. 《中國哲學史新編》（一）（二），馮友蘭，藍燈，1991年。

33. 《中國哲學的特質》，牟宗三，學生，1977年。

34. 《中國哲學原論‧原道篇》，唐君毅，學生，1976年。

35. 《中國哲學原論‧導論》，唐君毅，新亞，1974年。

36. 《中國哲學發展史》‧先秦，任繼愈主編，北京：人民，1983年。

37. 《中國哲學發展史》‧秦漢，任繼愈主編，北京：人民，1985年。

38. 《中國哲學範疇發展史》‧天道篇，張立文，中國人民大學，1989年。

39. 《中國家族社會之演變》，高達觀，九思，1978年。

40. 《中國通史》（上），傅樂成，大中國，1973年。

41. 《中國傳統哲學價值論》，趙馥潔，陝西：人民，1990年。

42. 《中國禮俗研究》，何聯奎，中華，1978年。

43. 《五禮通考》，秦蕙田，新興，1970年。

44. 《公羊傳》，十三經注疏本，藝文，1985年。

45. 《天人關係論》，楊慧傑，水牛，1989年。

46. 《孔子家語》，王肅，四部叢刊本，商務，1979年。

47. 《孔叢子》，王肅，四部叢刊本，商務，1979年。

48. 《文化人類學》，林惠祥，商務，1968年。

49. 《文化的圖像（下）──宗教與族群的文化觀察》，李亦園，允晨，1992年。

50. 《文化的圖像（上）——文化發展的人類學探討》，李亦園，允晨，1992年。

51. 《文化哲學》，朱謙之，北京：商務，1990年。

52. 《毛詩》，十三經注疏本，藝文，1985年。

53. 《古史新探》，楊寬，北京：中華，1965年。

54. 《古禮今談》，周師一田，國文天地，1992年。

55. 《史記會注考證》，瀧川龜太郎，洪氏，1977年。

56. 《左傳》，十三經注疏本，藝文，1985年。

57. 《民俗學》，林惠祥，商務，1968年。

58. 《生死之間——道德難題與生命倫理》，邱仁宗，中華，1988年。

59. 《生死道》，王邦雄，三友，1991年。

60. 《生命論》，曾霄容，青文，1969年。

61. 《生命禮俗研討會論文集》，文復會，1984年。

62. 《生與死、癡情與智慧》，香港中文大學編，香港：商務，1990年。

63. 《白虎通疏證》，陳立，皇清經解續編，漢京，不載。

64. 《先秦心理思想研究》，燕國材，湖南：人民，1980年。

65. 《先秦兩漢冥界及神仙思想探原》，蕭登福，文津，1990年。

66. 《先秦喪服制度考》，章景明，中華，1971年。

67. 《先秦禮制研究》，陳戍國，湖南、教育，1991年。

68. 《死亡教育概論（一）——死亡態度及臨終關懷研究》，黃天中，業強，1991年。

69. 《自我心理學》，郭爲藩，開山，1975年。

70. 《孝經》，十三經注疏本，藝文，1985年。

71. 《求古錄禮說》，金鶚，皇清經解續編本，漢京，不載。

72. 《周易》，十三經注疏本，藝文，1985年。

73. 《周禮》，十三經注疏本，藝文，1985年。

74. 《周禮今註今譯》，林尹，商務，1983年。

75. 《孟子》，十三經注疏本，藝文，1985年。

76. 《宗教哲學》，曾仰如，商務，1989年。

77. 《宗教與文化》，卓新平，北京：人民，1988年。

78. 《宗教學通論》，呂大吉主編，中華社會科學，1985年。

79. 《尚書》，十三經注疏本，藝文，1985年。

80. 《東方死亡論》，郭大東，遼寧教育，1989年。

81. 《社會變遷與傳統禮俗》，黃有志，幼獅，1991 年。

82. 《春秋吉禮考辨》，周師一田，嘉新水泥，1970 年。

83. 《春秋繁露》，董仲舒，四部叢刊本，商務，1979 年。

84. 《洛陽中州路（西工段）》，北京科學出版社，1959 年。

85. 《美的歷程》，李澤厚，谷風，1987 年。

86. 《原始信仰和中國古神》，王小盾，上海：古籍，1989 年。

87. 《哲學相近概念比較研究》，于超、王革主編，山東大學，1988 年。

88. 《殷周廟制論稿》，章景明，學海，1979 年。

89. 《荀子集解》，王先謙，藝文，1988 年。

90. 《國語》，四部叢刊本正編，商務，1979 年。

91. 《國學導讀叢編》（上），田師博元、周師一田主編，康橋，1979 年。

92. 《婚姻研究》，朱岑樓，霧峯，1970 年。

93. 《婚姻與家族》，陶希聖，商務，1966 年。

94. 《現代哲學述評》（一），傅佩榮編著，東大，1986 年。

95. 《超越自我心理學》，水島惠一，智慧，1991 年。

96. 《敬天與親人》，劉岱總主編，聯經，1991 年。

97. 《經義考》，朱彝尊，四部備要本，中華，1970 年。

98. 《經義述聞》，王引之，廣文，1963 年。

99. 《資治通鑑外紀》，劉恕編集，四部叢刊本正編，商務，1979 年。

100. 《壽縣蔡侯墓出土遺物》，北京科學出版社，1956 年。

101. 《漢書》，班固，鼎文，1976 年。

102. 《爾雅》，十三經注疏本，藝文，1985 年。

103. 《管子》，二十二子本，先知，1976 年。

104. 《說文解字注》，段玉裁，蘭臺，1972 年。

105. 《說苑》，劉向，四部叢刊本，商務，1979 年。

106. 《儀禮》，十三經注疏本，藝文，1985 年。

107. 《儀禮士昏禮儀節研究》，張光裕，中華，1971 年。

108. 《儀禮士喪禮墓葬研究》，鄭良樹，中華，1971 年。

109. 《儀禮士喪禮器物研究》，沈其麗，中華，1971 年。

110. 《儀禮鄭注句讀》，張爾岐，學海，1978 年。

111. 《穀梁傳》，十三經注疏本，藝文，1985 年。

112. 《論語》，十三經注疏本，藝文，1985 年。

113. 《論衡校釋》（下），黃暉，商務，1968 年。

114. 《鄭州二里岡》，北京科學出版社，1959 年。

115. 《儒家的理想國——禮記》，周師一田，時報文化，1981 年。

116. 《儒道天論發微》，傅佩榮，學生，1988 年。

117. 《歷代社會狀況史》，尚秉和編，文海，1981 年。

118. 《歷代社會風俗事物考》，尚秉和，商務，1985 年。

119. 《禮書通故》，黃以周，華世，1976 年。

120. 《禮書綱目》，江永，四庫全書本，商務，1983 年。

121. 《禮記》，十三經注疏本，藝文，1985 年。

122. 《禮記之天地鬼神觀探究》，方俊吉，文史哲，1985 年。

123. 《禮記今註今譯》（上）（下），王夢鷗，商務，1990 年。

124. 《禮記析疑》，方苞，四庫全書本，商務，1983 年。

125. 《禮記集解》，孫希旦，蘭臺，1971 年。

126. 《禮記集說》，衛湜，通志堂經解本，漢京，不載。

127. 《禮儀民俗論述專輯》，內政部，1989 年。

128. 《讀史札記》，呂思勉，上海：古籍，1982 年。

129. 《靈魂與心》，錢穆，聯經，1990 年。

130. 《觀堂集林》，王國維，世界，1961 年。

二、譯　著

1. 《人在宇宙中的地位》，陳澤環、沈國慶譯，馬克斯、舍勒（Max Scheler）著，1989 年。

2. 《人性尊嚴的存在背景》，項退結編訂，馬賽爾（G. Marcel）著，東大，1988 年。

3. 《人的宗教向度》，傅佩榮譯，杜普瑞（Louis Dupr'e）著，幼獅，1988 年。

4. 《人的現象》，李弘祺譯，德日進（P. T. de Chardin）著，聯經，1989 年。

5. 《人的潛能和價值》，孫大川譯，馬斯洛、弗洛姆（Maslow, A. H. & Fromm, E.）等著，結構群，1992 年。

6. 《人論》，結構群編譯，卡西爾（E. Cassirer）著，結構群，1991 年。

7. 《四大聖哲》，傅佩榮譯，雅斯培（Karl Jaspers）著，業強，1990 年。

8. 《生死大事》，陳芳智譯，大衛‧卡羅（David Carroll）著，遠流，1990 年。

9. 《死亡的答案》，葉頌壽譯，克伊斯坦巴汪（P. Koestenbaum）著，杏文，

1990 年。

10. 《死亡與垂死》，嚴平等譯，威克科克斯、蘇頓（S. G. Wilcox & M. Sutton）著，北京：光明日報，1990 年。

11. 《死亡與瀕死》，謝文斌譯，庫伯勒、蘿斯（Kuebler-Ross）著，牧童，1973 年。

12. 《西洋哲學辭典》，項退結編譯，布魯格（W. Brugger）編著，華香園，1989 年。

13. 《巫術、科學與宗教》，朱岑樓譯，馬凌諾斯基（B. Malinowski）著，協志，1989 年。

14. 《形上學》，葛慕藺，先知，1989 年。

15. 《宗教本質講演錄》，林伊文譯，費兒巴赫（Feuerbach）著，商務，1968 年。

16. 《金枝》，汪培基譯，弗雷澤（J. G. Frazer）著，桂冠，1991 年。

17. 《哲學人類學》，劉貴傑譯，佟西爾（J. F. Donceel, S. J.著，巨流，19891 年。

18. 《神祕的死亡經驗》，胡英音譯，慕地（Raymond Moody）著，法爾，1991 年。

19. 《現象學入門》，范庭育譯，大衛‧史坦瓦特、阿爾吉斯‧麥庫納思（D. Stewart & A. Mickunas）著，康德，1988 年。

20. 《符號、神話、文化》，羅興漢譯，卡西爾（E. Cassirer）著，1990 年。

21. 《發展心理學》，胡海國譯，赫洛克著，桂冠，1990 年。

22. 《價值是什麼──價值學導論》，黃藿譯，方迪啓（Risieri Frondizi）著，聯經，1991 年。

三、學位論文

1. 《中國上古鬼魂觀念及葬祀之探索》，林登順，文大中研碩士論文，1988 年。

2. 《中國古代天人鬼神交通之四種類型及其意義》，楊儒賓，臺大中研博士論文，1987 年。

3. 《先秦生死觀研究》，全明鎔，輔大中研碩士論文，1984 年。

4. 《周代宗廟祭禮之研究》，梁煌儀，政大中研博士論文，1986 年。

5. 《周代祖先祭祀制度》，章景明，臺大中研博士論文，1973 年。

6. 《東周喪葬制初探》，李淑珍，師大史研碩士論文，1986 年。

7. 《對臨終病人及家屬提供專業善終服務之探討》，吳庶深，東海社工碩士論文，1988 年。

8. 《儀禮士喪禮既夕禮儀節研究》，徐福全，師大國研碩士論文，1979 年。

9. 《禮記中所表現的社會情況》，洪乾佑，臺大中研碩士論文，1971 年。

四、期刊論文

1. 〈「士冠及笄禮」之運用對青年輔導實效之研究〉，李本燿，《中臺醫專學報》第五期，1989 年 3 月。

2. 〈一論定司命、竈、中霤、族厲、門五祀〉程敏政，《四庫全書》，第一二五二冊。

3. 〈人生的意義〉，陳應，《孔孟月刊》，1990 年 8 月。

4. 〈人者陰陽之交、天地之心——對若干涉及人性論的中國古代典籍之詮釋〉，項退結，《哲學與文化》，1990 年 8 月。

5. 〈人間有愛萬物有情〉（上）（中）（下），嚴定暹，《中華文化復興月刊》，1989 年 3～5 月。

6. 〈三代宗法社會的起源與發展〉，《中國歷史學會史學集刊》第八期，1976 年 3 月。

7. 〈A Van Gennep 生命儀禮理論的重新評價〉，《中研院民族所集刊》第六十期，1985 年。

8. 〈大汶口：新石器時代墓葬發掘報告〉，北京：《文物》，1974 年。

9. 〈小戴禮記之喪禮理論研究〉，黃俊郎，《中華學苑》第二十七期，1983 年 6 月。

10. 〈小戴禮記考源〉，王夢鷗，《政大學報》第三期，1961 年。

11. 〈中國人對喪亡的諸般觀念〉，劉光義，《東方雜誌》，1986 年 11 月。

12. 〈中國古代文化中的鬼神思想〉，高懷民，《文史哲學報》第三十五期，1987 年 12 月。

13. 〈中國古代文化的認識〉，董作賓，《大陸雜誌》，1951 年 12 月。

14. 〈中國古代的人牲、人殉問題〉，黃展岳，北京：《文物》，1987 年第二期。

15. 〈中國古代的婚禮制度〉，孟繁舉，《中華文化復興月刊》，1985 年 1 月。

16. 〈中國古代的殮葬品——珠襦玉匣〉，傅樂治，《中華文化復興月刊》，1978 年 3 月。

17. 〈中國奴隸社會的人殉和人祭〉（上）（下），胡厚宣，北京：《文物》，1974 年第七、八期。

18. 〈中國先哲的生死觀〉，孫振青，《哲學與文化》，1978 年 5 月。

19. 〈中國祖先崇拜的意義探討〉，黃有志，《實踐學報》第十九期，1988 年 6 月。

20. 〈中國傳統喪葬取向與民生主義喪葬理念之研究〉，黃有志，《高雄師院學報》第十七期，1989 年 10 月。

21. 〈孔子的宗教信仰〉，羅光，《哲學與文化》，1988 年 4 月。

22. 〈古婚禮探尋〉，江重文，《民俗曲藝》，1987 年 1 月。

23. 〈未曾及時表達的愛〉，莊慧秋，《張老師》，1987 年 3 月。

24. 〈生死之間是連繫還是斷裂〉，杜正勝，《當代》，1991 年 2 月。

25. 〈生命的整體性〉，羅光，《哲學與文化》，1988 年 5 月。

26. 〈由喪葬服飾看中國人的死亡觀〉，林政言，《國文天地》，1991 年 1 月。

27. 〈由禮記論儒家之禮教──和夫婦〉（上）（下），李毓善，《輔仁學報》（文學院），1991 年 6 月、12 月。

28. 〈安陽大司空村發掘報告〉，《考古學報》，1955 年第九期。

29. 〈成年禮的淵源與時代意義〉，徐福全，《臺北文獻》，1991 年 3 月。

30. 〈死亡的意義〉，趙雅博，《哲學與文化》，1979 年 8 月。

31. 〈死亡的藝術層面〉，劉光義，《中國國學》，1988 年 2 月。

32. 〈死亡與自殺的社會學分析〉，陳秉璋，《當代》，1991 年 2 月。

33. 〈形體、精氣與魂魄──中國傳統對「人」認識的形成〉，杜正勝，《新史學》，1991 年 9 月。

34. 〈宗法略論〉，孔德成，《孔孟月刊》，1981 年 7 月。

35. 〈俑──階級壓迫的見證〉，谷聞，北京：《文物》，1976 年第十期。

36. 〈冠禮的起源及其意義〉，黃俊郎，《孔孟月刊》，1980 年 10 月。

37. 〈殉與用人祭〉（上）（中）（下），楊景鶴，《大陸雜誌》，1956 年 9～11 月。

38. 〈記葬用柏棺事〉，程頤，《四庫全書》，第一三四五冊。

39. 〈唅蟬與貂蟬〉，王大智，《故宮文物》，1984 年 7 月。

40. 〈崇德報功、禪益風教──我國先秦祭義述評〉，嚴定暹，《復興崗學報》第三十九期，1988 年 6 月。

41. 〈從「儀禮」到「文公家禮」談喪禮中的「飯」與「含」〉，《國民教育》，1991 年 4 月。

42. 〈從哲學觀點看自殺問題〉，鄔昆如，《哲學與文化》，1984 年 1 月。

43. 〈從禮記談祭禮的意義〉，黃俊郎，《孔孟月刊》，1983 年 8 月。

44. 〈從禮記論儒家社會哲學思想〉，鄔昆如，《國際孔學會議論文》，1987 年 11 月。

45. 〈淺析中國傳統禮俗中「禮」與「俗」的關係〉，黃有志，《東吳文史學報》第七期，1989 年 3 月。

46. 〈喪親危機的哀傷諮商〉，沈湘縈，《輔導月刊》，1991 年 8 月。

47. 〈對「儒家哲學中的生命觀」一文之評論與補充〉，傅佩榮，《哲學與文化》，1986 年 4 月。

48. 〈說墳〉，黃展岳，北京：《文物》，1981 年第二期。

49. 〈儀禮士喪禮「設重」一節之探討〉，張長臺，《亞東工專學報》，1990 年 6 月。

50. 〈儒家哲學中的生命觀〉，項退結，《哲學與文化》，1986 年 4 月。

51. 〈儒道生死觀異同論〉，胡木貴，《孔子研究》，1990 年 12 月。

52. 〈禮記的道德哲學〉，魏元珪，《中國文化》，1984 年 4 月。

53. 〈禮記思想體系試探〉，王夢鷗，《政大學報》第四期，1961 年 12 月。

54. 〈禮樂的宗教性與藝術性〉，任培道，《孔孟學報》第二期，1961 年 9 月。